LAWRENCE BEESLEY

TRAGÖDIE DER TITANIC

Lawrence Beesley

Tragödie der Titanic

Letztes Geheimnis gelüftet?

2., überarbeitete und erweiterte Auflage

Übersetzt und kommentiert
von
Rolf-Werner Baak

Koehlers Verlagsgesellschaft mbH
Hamburg

In eigener Sache

Ich danke allen Beteiligten, die mir bei der Fertigstellung dieses Manuskriptes durch Rat und Tat geholfen haben und dazu viel Geduld aufbringen mußten. Meine Frau Jasna gab mir den nötigen Rückhalt, um diese Arbeit bis zum druckreifen Abschluß zu bringen. Namentlich bin ich Gisela und Jochen Nagel verbunden, die das mühsame Korrekturlesen der ersten Fassungen auf sich nahmen, außerdem brachten sie berechtigte Kritik an, und eine Vielzahl nützlicher Anregungen ein. Die erste und die zweite Auflage des Buches wurden dankenswerterweise von Herrn Heise mitredigiert. Ergänzendes Material für die jetzt vorliegende Fassung ist bei Recherchen gewonnen worden, an denen auch Mitglieder des Titanic Vereins Schweiz großen Anteil hatten. Interessenten finden die Adresse bei den Quellenhinweisen.

✳

Die Darstellungen der *Titanic* basieren auf den in dem Originalbuch verwendeten Skizzen.

Originaltitel
THE LOSS OF THE SS. TITANIC
by Lawrence Beesley
Werkgetreue Bearbeitung des englischen Originaltitels
Erschienen bei der HOUGHTON MIFFLIN COMPANY im Juni 1912

Bildnachweis
Schwarz-Weiß-Abbildungen: Ullstein Bilderdienst, Berlin
Skizzen im Text und auf den Vorsätzen: Rolf-Werner Baak
Grafiken Seiten 144 und 158: Norbert Böttcher, N Point, Berlin

Die Deutsche Bibliothek – CIP-Einheitsaufnahme

Beesley, Lawrence:
Tragödie der Titanic : letztes Geheimnis gelüftet? / Lawrence Beesley. Aus dem Engl. übers. und kommentiert von Rolf-Werner Baak. – 2., überarb. und erw. Aufl. – Hamburg : Koehler, 1997
ISBN 3-7822-0697-5
NE: Baak, Rolf-Werner [Hrsg.]

ISBN 3 7822 0697 5
© 1997 by Koehlers Verlagsgesellschaft mbH, Hamburg, 10–15 Tsd.
Alle Rechte, insbesondere das der Übersetzung, ausdrücklich vorbehalten
Umschlaggestaltung: Martina Billerbeck, Bielefeld,
unter Verwendung zweier Fotos
aus dem Ullstein Bilderdienst, Berlin
Produktion: Alexandra Busch
Gesamtherstellung: freiburger graphische betriebe, Freiburg i. Br.
Printed in Germany

Inhalt

5

... *wie es dazu kam*
(Warum noch ein Titanic-Buch?)

Der Zufall wollte es, daß mir ein unscheinbares Buch – THE LOSS OF THE SS. TITANIC – by Lawrence Beesley – bei einem Verwandten in die Hände fiel. Ich hatte mich schon früher mit dem Schiff und seinem Schicksal ausführlich beschäftigt, aber warum elektrisierte mich gerade dieses *Titanic*-Buch? In zweierlei Hinsicht erscheint mir dieses Werk außergewöhnlich:

1. Es stammt von einem aufmerksamen, gut beobachtenden Augenzeugen (Hochschullehrer).
2. Es erschien im Juni 1912, also nur wenige Wochen nach der Kollision und kurz nach dem offiziellen Ende der amerikanischen Senats-Untersuchung.

In der Zwischenzeit sind unzählige Veröffentlichungen erschienen, und eine der letzten (1987) zu diesem Thema bildet meines Erachtens einen echten Schlußpunkt: Robert D. Ballards Bericht über das Wiederauffinden des Wracks in 3800 Meter Tiefe. Die Rückschlüsse daraus und das Zusammenfassen bisheriger Erkenntnisse aus anderen Quellen erlauben uns heute eine ziemlich genaue Kenntnis des Ablaufs der damaligen Tragödie.
Unter diesem Aspekt halte ich eine unkommentierte Übersetzung für solche Leser, die mit der Materie nicht so vertraut sind, für ungenügend. Daher habe ich an einigen Stellen Ergänzungen [..] oder Fußnoten mit * eingefügt, wo es mir interessant erschien und verweise auf die heutigen Erkenntnisse, allerdings ohne Anspruch auf absolute Vollständigkeit. Dieses Nebeneinander von historischer und aktueller Betrachtungsweise sorgt hoffentlich für eine zusätzliche Lesefreude. Vielleicht findet selbst der Belesene noch Unbekanntes; oder kennen Sie zum Beispiel die Episode mit dem mysteriösen zweiten Schiff in Untergangsnähe, dem Segler *Samson*? Im Laufe der monatelangen Arbeit und aufgrund spezieller Recherchen hat sich so viel Material angesammelt, daß ich am Ende ein eigenes Kapitel angefügt habe.

Zunächst einige nützliche Hintergrund-Informationen: Anfang des 20. Jahrhunderts entbrannte auf dem Nordatlantik ein Wettrennen zwischen großen Reedereien in England, USA und Deutschland. Nicht nur die schnellsten Überfahrten standen im Mittelpunkt des Interesses der zahlreichen Passagiere (Geldreiche und Auswanderer) – auch Komfort und teils protziger Luxus waren die Argumente der Zeit. Seit 1907 hatte die Cunard Line die

Nase vorn mit dem berühmten Duo *Mauretania* (bis 1934 im Dienst) und *Lusitania* (1915 von deutschem U-Boot versenkt). Zur Zeit ihrer ersten Reisen wurde von der konkurrierenden White Star Line der Bau eines Trios beschlossen, das alles in den Schatten stellen sollte: *Olympic, Titanic* und mutmaßlich *Gigantic*, Taufname beim Stapellauf 1914 *Britannic*.

Lawrence Beesleys Eindrücke werden von anderen Verfassern gern als Sekundär-Literatur zitiert, zum Teil aber gekürzt benutzt oder neudeutsch übersetzt. Jetzt besteht die Möglichkeit, Beesleys persönliche Beobachtungen und sein weitreichendes Meinungsbild aus erster Quelle nachzulesen. Auch wenn manche seiner soziologischen Beurteilungen heute antiquiert erscheinen mögen, seine Offenheit und sein flammender Einsatz für Reformen verdienen Respekt und Anerkennung. Darum lassen Sie uns nun gemeinsam zurückkehren in eine Zeit, die über achtzig Jahre in der Vergangenheit liegt und uns in eine äußerst vielschichtige, heute noch packende Geschichte eintauchen ...

Vorbemerkung zur zweiten Auflage

Vom Untergang der *Titanic* im Jahre 1912 bis zur Gegenwart ist versucht worden, Unerklärliches mit zeitgemäßen Methoden zu überprüfen und neu zu überdenken, und dieser Prozeß dauert an. Dabei halfen Erkenntnisse, die bei verschiedenen Expeditionen zu dem noch immer auf dem Meeresgrund liegenden Wrack des Schiffes gesammelt wurden.
Aber auch ganz neue Hypothesen zum Untergang der *Titanic* fanden den Weg zu einem nach wie vor an dieser Thematik interessierten Publikum.
Grund genug, die erste Auflage zu überarbeiten und sie in einigen Punkten zu ergänzen. Auf gänzlich neue Aspekte zu der Problematik des Untergangs gehe ich im erweiterten letzten Kapitel ein. Um meinem Anliegen treu zu bleiben und auch in dieser Auflage die neuesten Erkenntnisse zu berücksichtigen, ist mitunter ein längerer Einschub notwendig geworden. Ich hoffe, Beesley bringt dafür ebenso Verständnis auf wie der Leser von heute.

Hamburg, im Januar 1997   Rolf-Werner Baak

Anmerkungen: Ausdrücke in **Fettdruck** sind Hervorhebungen des Bearbeiters.
PS: Ob die »Landratte« Beesley bei seinen persönlichen Angaben nun Land- oder Seemeilen meint, ist ungeklärt. An allen Stellen, bei denen nicht eindeutig auf Navigationsberechnungen Bezug genommen wird, habe ich mich für eine Umrechnung nach englischen Landmeilen (=1609m) entschieden.

Vorwort zum Original

Die Umstände, daß dieses Buch geschrieben wurde, sind folgende: Etwa fünf Wochen, nachdem die Überlebenden der *Titanic* in New York angekommen waren, war ich als offizieller Mittagsgast bei Ehrwürden Samuel J. Elder und Ehrwürden Charles T. Gallagher, beide bekannte Rechtsanwälte in Boston, eingeladen. Nach dem Essen wurde ich gebeten, den Anwesenden von den Erfahrungen der Geretteten zu berichten, die die *Titanic* verlassen und die *Carpathia* erreicht haben.

Als ich geendet hatte, drängte mich Herr Robert Lincoln O'Brien, der Herausgeber des »Boston Herald«, im öffentlichen Interesse die tatsächliche Geschichte des *Titanic*-Desasters aufzuschreiben. Er wüßte von der Vorbereitung etlicher Veröffentlichungen von Leuten, die gar nicht dabei gewesen waren, die sich aber aus Zeitungsberichten eine Vorstellung davon zusammenreimten. Er sagte, daß diese Publikationen wahrscheinlich fehlerhaft, voll von schillernden Details, und allgemein darauf ausgerichtet sein würden, die öffentliche Meinung zu untergraben. Er wurde in seiner Auffassung von allen Anwesenden unterstützt und diesem allgemeinen Druck nachgebend, begleitete ich ihn zur Firma Houghton Mifflin, wo wir die Frage einer Veröffentlichung besprachen.

Die Firma Houghton Mifflin nahm zu dieser Zeit genau die gleiche Haltung ein, wie ich sie hatte, nämlich, daß es vermutlich nicht ratsam war, die Aufmerksamkeit auf die Umstände des Untergangs der *Titanic* zu richten; es schien besser zu sein, alle Einzelheiten so schnell wie möglich zu vergessen. Jedoch vereinbarten wir einige Tage des Nachdenkens. Bei unserem nächsten Treffen befanden wir uns wieder in Übereinstimmung – aber diesmal auf der Grundlage, daß es eine kluge Tat sei, die Geschichte des *Titanic*-Unglücks so genau wie möglich aufzuschreiben.

Ich wurde in dieser Entscheidung durch einen kurzen Artikel unterstützt, den ich an Bord der *Carpathia* abschnittsweise geschrieben hatte, in der Hoffnung, es könnte die öffentliche Meinung beruhigen, wenn man die Wahrheit des Geschehens verbreiten würde, so gut ich mich erinnern konnte. Der Artikel erschien in allen amerikanischen, englischen und kontinentalen Zeitungen, und hatte genau den Effekt, den er haben sollte. Das ermutigte mich zu der Hoffnung, daß die Wirkung dieses Werkes die gleiche sein würde.

Ein anderer Umstand erleichterte es mir, zu dieser Entscheidung zu kommen: Die Pflicht, die wir Überlebenden des Unglücks jenen schuldig sind, die mit dem Schiff untergegangen sind, um zu erreichen, daß die dringend erforderlichen Reformen nicht in Vergessenheit geraten dürfen.

Wer immer auch Berichte über die Schreie gelesen hat, die uns auf dem Wasser von jenen erreichten, die im eiskalten Wasser versanken, sollte daran erinnert werden, daß sie an ihn genauso gerichtet sind wie an jene, die sie unmittelbar hörten. Darum ist es die Pflicht all jener, die die Schreie in der Nacht, in der die *Titanic* sank, in ihrer äußersten Hilflosigkeit kennen, Reformen in die Wege zu leiten.

Konstruktion und Vorbereitungen für die erste Reise

Die Geschichte des Royal Mail Ship *Titanic* der White Star Line ist von einer kaum vorstellbaren tragischen Kürze. Die Welt hatte erwartungsvoll auf ihren Stapellauf und auch auf ihre Abreise geblickt, hatte von der Ankündigung ihrer atemberaubenden Größe gehört, von ihrer beispiellosen Vollkommenheit und Luxuriösität. Man hatte es mit größter Befriedigung vernommen, daß so ein komfortables und dazu noch so sicheres Schiff konstruiert und gebaut werden konnte – das »unsinkbare Rettungs-Boot« – um dann einen Moment später zu hören, daß es auf Grund gegangen war, als ob es der gewöhnlichste Trampdampfer von ein paar hundert Tonnen gewesen wäre; und mit ihm fünfzehnhundert Reisende, von denen manche weltberühmt waren! Daß diese Unwahrscheinlichkeit überhaupt passieren konnte, bringt die Menschheit ins Schwanken.

Wenn die Geschichte in einem Satz gesagt werden sollte, würde er aussehen wie etwa dieser: »Die R.M.S. *Titanic* wurde von der Firma Harland & Wolff in ihrer gutbekannten Werft auf Queen's Island, Belfast, gebaut, Seite an Seite mit ihrem Schwesterschiff *Olympic*. Die beiden Rümpfe – sie beanspruchten den Platz von drei normalen Schiffen – markierten eine Vergrößerung der Ausmaße, so daß Schreiner- und Kesselwerkstätten extra eingerichtet wurden, um ihre Entstehung zu ermöglichen. Der Kiel der *Titanic* wurde am 31. März 1909 gestreckt, und sie lief am 31. Mai 1911 vom Stapel, absolvierte ihre Probefahrt vor dem Handels-Ministerium am 31. März 1912 in Belfast, kam am 4. April in Southampton an und lief am folgenden Mittwoch, dem 10. April, mit 2 208 Passagieren und Besatzungsmitgliedern zu ihrer Jungfernfahrt nach New York aus. Am selben Tag legte sie in Cherbourg an, am Donnerstag in Queenstown, von wo aus sie nachmittags nach New York auslief, wo sie voraussichtlich am nächsten Dienstag morgen ankommen sollte. Aber die Reise wurde nie beendet. Sie stieß am Sonntag um 23.45 Uhr auf einer Breite von 41 Grad 46 Minuten Nord und einer Länge von 50 Grad 14 Minuten West mit einem Eisberg zusammen und sank zweieinhalb Stunden später mit 815 ihrer Passagiere und 688 Besatzungsmitgliedern, 705 wurden von der *Carpathia* gerettet.«

So lautet der Bericht über die *Titanic*, dem größten Schiff, das die Welt je gesehen hat – sie war drei Zoll länger als die *Olympic* und hatte [in der Vermessung] tausend Tonnen mehr – und ihr Ende war das größte bekannte maritime Unglück. Die ganze zivilisierte Welt war bis zum Grunde aufgewühlt, nachdem der hohe Verlust an Menschenleben begriffen wurde.

11

Sie hat sich noch nicht von diesem Schock erholt, und das ist ohne Zweifel eine gute Sache!

Ich werde mich mit meiner Meinung nicht zurückhalten, bis die Möglichkeit eines neuerlichen Unglücks von der menschlichen Gesellschaft genommen ist, entweder durch die Rechtsprechung in unterschiedlichen Ländern oder durch internationale Übereinkommen. Keine lebende Person sollte sich für nur einen Moment in Gedanken aufhalten wegen eines solchen Unglücks, es sei denn im Bestreben, das Wissen zu sammeln, welches einen Gewinn für die ganze Welt in der Zukunft verspricht. Es wird die Zeit kommen, nicht mehr an das *Titanic*-Unglück und an die Hunderte von Männern und Frauen, die so unnötig geopfert wurden, zu denken; allerdings nicht eher, bis dieses Wissen eingeht in die Konstruktion, Ausstattung und Navigation der Passagierschiffe.

Nachfolgende Ausführungen zur Schiffskonstruktion und Ausrüstung sind nötig, um einige Punkte klarzustellen. Es wurden Abbildungen ergänzt in der Hoffnung, daß der Leser den Ausführungen so besser folgen kann, als er es ohne sie könnte. Die Überlegungen, welche die Erbauer bei der Auslegung der Konstruktion der *Titanic* inspirierten, waren solche der Geschwindigkeit, der Wasserverdrängung und des Raumes für Passagier- und Ladungsaufkommen. Höchstgeschwindigkeit ist sehr teuer, weil die Investitionskosten der dafür notwendigen kraftvollen Maschinenanlage enorm sind und hohe laufende Kosten zur Folge haben. Außerdem müssen Passagier- und Ladungskomfort herabgesetzt werden, um den Wasserwiderstand so klein wie möglich zu halten und das Gewicht zu verringern.

Eine Vergrößerung der Abmessungen bringt die Erbauer sofort in einen Konflikt bezüglich der Frage nach den Anlegemöglichkeiten bei den anzulaufenden Häfen: Wenn ihre Gesamtverdrängung sehr groß ist, während ihre Linien für hohe Geschwindigkeit ausgelegt sind, kann die Grenze der Eintauchtiefe erreicht werden. Die *Titanic* wurde mit bauchigeren Linien gebaut als die Ozeanrenner. Dies erhöhte zwar ihre Gesamtverdrängung – damit lag sie aber innerhalb der Tiefgangsbegrenzungen aller Häfen, die sie anlief. Gleichzeitig war sie in der Lage, mehr Passagier- und Ladungsaufkommen zu bewältigen und deshalb ihren Raum für zahlende Kapazität zu vergrößern. Ein Vergleich zwischen der *Mauretania* und der *Titanic* zeigt die Unterschiede in dieser Hinsicht:

	Wasserverdrängung	Maschinenleistung	Geschwindigkeit
Mauretania	44 640 t	70 000 PS	26 kn
Titanic	60 000 t	46 000 PS	21 kn

Ergänzungen zur *Titanic*: Vermessung 46 328 BRT, Länge 269 Meter, maximale Maschinenleistung über 50 000 PS, Kohle-Vorrat maximal 8 500 Tonnen, Baukosten 1 500 000 £, Gesamtversicherungswert bei der Ausreise: 12 Mio. $

Fertiggestellt war sie 883 Fuß lang, 92,5 Fuß breit, ihre Höhe vom Kiel zur Brücke betrug 104 Fuß. Sie hatte acht Stahldecks, einen zellenförmigen Doppelboden, fünfeinviertel Fuß dick (sogenannte innere und äußere Hülle) und war mit Seitenkielen von zwei Fuß Breite auf 300 Fuß Länge ausgestattet. Diese Anordnung war dazu gedacht, die Rolltendenz zu verkleinern, was die Seitenkiele ohne Zweifel sehr gut taten. Aber als es passierte, schienen sie der schwache Punkt zu sein, weil sie den ersten Berührungspunkt des Schiffes mit dem Eisberg darstellten. Es wurde angenommen, daß diese Kiele bei der Kollision nach innen gedrückt wurden und so auf einfache Weise verantwortlich waren für den Einbruch in die Doppelhülle. Aber so oder so wäre das tatsächliche Ende nicht anders gewesen [siehe nächste Seite].

Ihre Maschinenanlage stellte den letzten Entwicklungsstand in der Antriebstechnik dar, eine Zusammenstellung von Kolbendampfmaschine und Parsons Niederdruck-Turbine, — eine Kombination, welche große Kraft mit dem gleichen Dampfverbrauch erzeugt, den man mit Kolbendampfmaschinen allein erreicht hätte. Die Kolbendampfmaschinen trieben die Seitenpropeller, die Turbine den Mittelpropeller an, was sie zu einem Dreischraubenschiff machte. Um diese Maschinenanlage zu betreiben, hatte sie 29 riesige Kessel und 159 Feuerstellen. Drei elliptische Schornsteine, 24 Fuß 6 Zoll in der größten Breite, nahmen ihren Rauch und ihr Abgas auf, der vierte war eine Attrappe zur Ventilation.

> ... bei einem täglichen Kohle-Verbrauch von 650 Tonnen ergibt sich eine Verfeuerung von mehr als 3 Zentnern pro Stunde und Feuerstelle ...

Sie war ausgerüstet mit 16 Rettungsbooten von 30 Fuß Länge, eingeschwungen auf Davits vom »doppeltwirkenden« Typ Welin. Die Aufhängung war speziell ausgelegt für die Handhabung mit zwei, wenn nötig mit drei Rettungsbooten, zum Beispiel 48 insgesamt, mehr als genug, um jede Seele an Bord in der Nacht des Zusammenstoßes zu retten. Sie war in 16 Abteilungen durch 15 wasserdichte Querschotten eingeteilt, die vorn vom Doppelboden bis zum oberen Deck reichten, hinten bis zum Salondeck, in beiden Fällen aber bis weit oberhalb der Wasserlinie. Die Verbindung zwischen Maschinen- und Kesselräumen bestand aus wasserdichten Türen, die alle sofort von der Brücke aus geschlossen werden konnten. Dazu genügte ein einfacher Schalter, der kraftvolle Elektromagnete steuerte. Sie konnten außerdem noch per Handrad geschlossen werden und im Falle, daß das Unterdeck durch einen Unfall überflutet wäre, würden sie von einer Vorrichtung unterwärts automatisch geschlossen.

Die Abteilungen waren so bemessen, daß, wenn zwei der größten mit Wasser gefüllt wären — im Normalfall höchst unwahrscheinlich — das Schiff sicher bleiben würde. Aber natürlich wurden mehr als zwei überflutet in

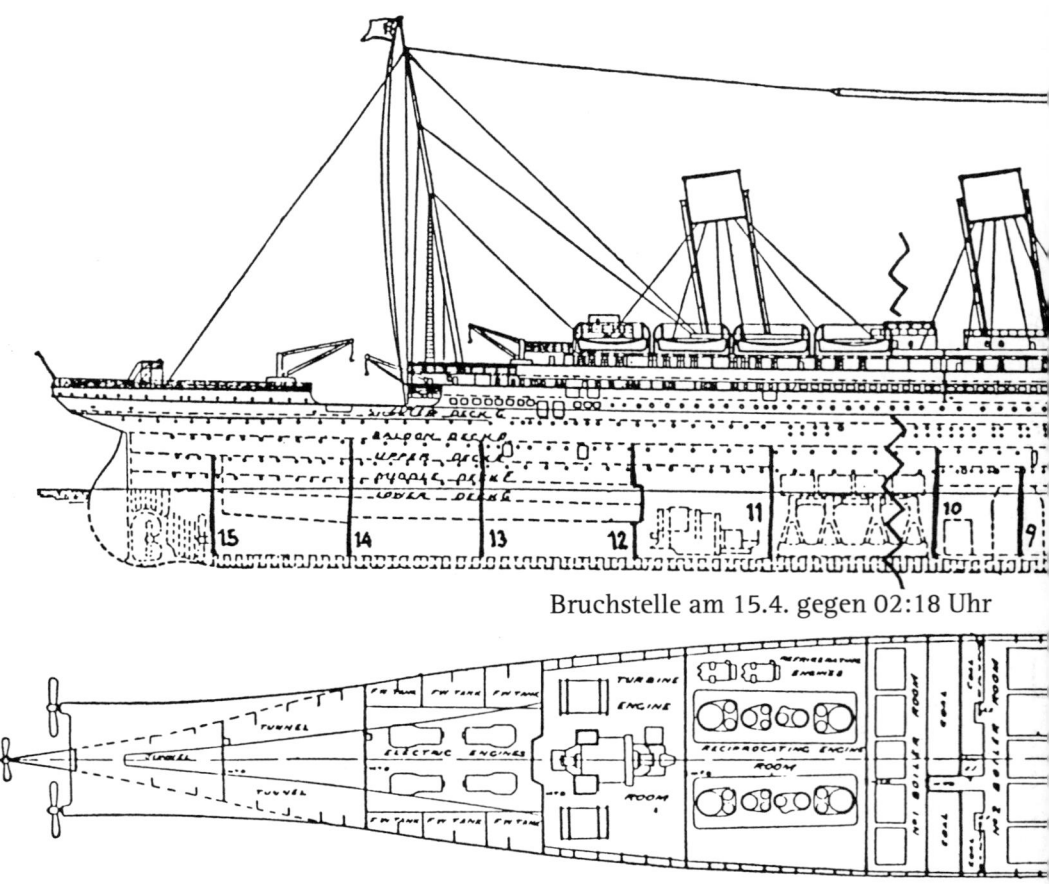

Bruchstelle am 15.4. gegen 02:18 Uhr

Seitenriß des RMS *Titanic*
Entwurfsstadium 1911,
später Änderungen, siehe nächste Seite.

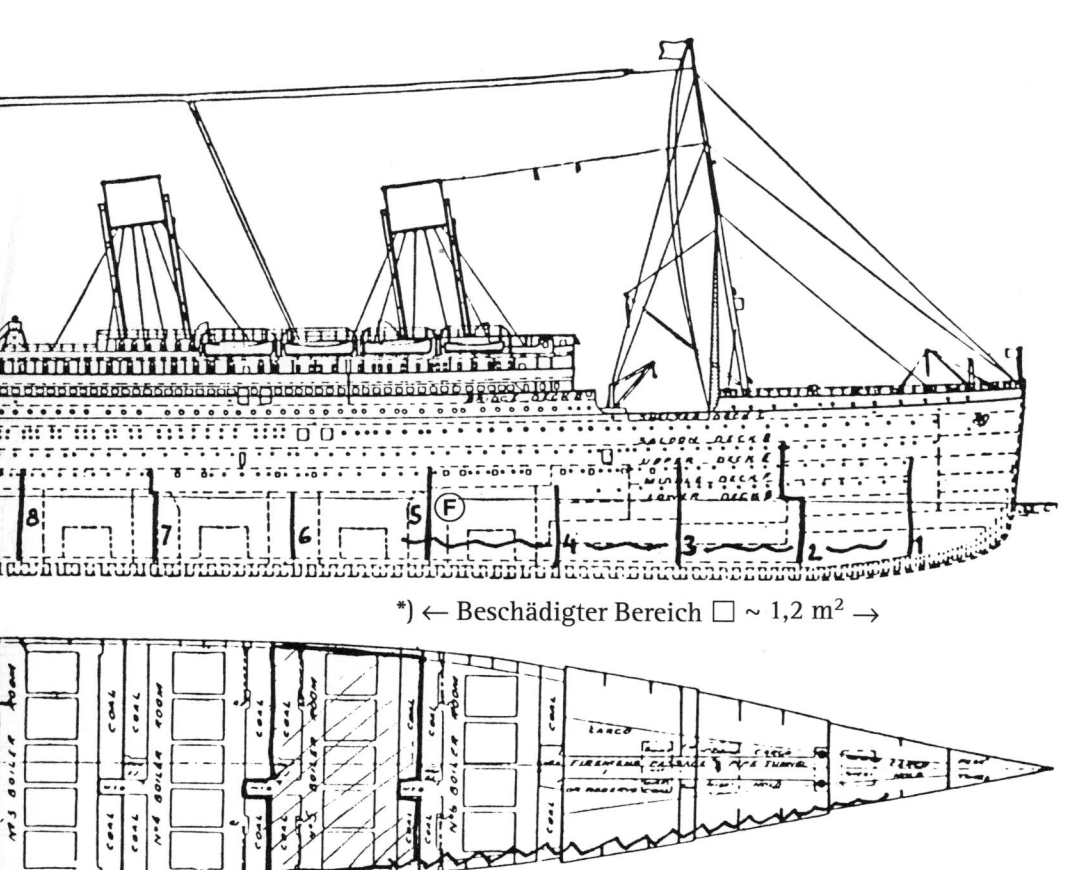

*) ← Beschädigter Bereich □ ~ 1,2 m² →

*) ... das Schicksal der 6. Abteilung: Kesselraum Nr. 5
Wäre der Riß nur bis zur 5. Abteilung gegangen, hätte das Schiff überleben können ...
F = Schwelbrand im steuerbordseitigen Kohlebunker Nr. 10

der Nacht des Zusammenstoßes, aber wie viele es genau waren, ist zur Zeit noch unbekannt. [Siehe Skizze Seitenriß]

... der Riß war steuerbords 75 bis 90 Meter lang und betraf fünf Abteilungen oberhalb des erwähnten Doppelbodens. Der abgebildete Seitenriß zeigt den Entwurf zur »Olympischen« Klasse von 1911 (nach »The Shipbuilder«). Die *Olympic* als Typschiff, Bau-Nummer 400, wurde entsprechend ausgeführt, *Titanic* und *Britannic* wichen in Details davon ab. Bei oberflächlicher Betrachtung fallen die Unterschiede kaum auf, so daß die Bilder der Schwesterschiffe oft verwechselt wurden — und werden. Sogar in Beesleys Original wurde die *Olympic* statt der *Titanic* abgebildet; ob aus urheberrechtlichen Gründen oder aus Versehen, bleibt dahingestellt. Die wenigen Original-Fotografien der *Titanic* (außen wie innen) sind bekannt und nur seriöse Veröffentlichungen geben bei bestimmten Motiven als Quelle die *Olympic* an. Überliefert sind folgende Unterschiede:
Außen: Vorn geschlossene Verkleidung des A-Decks (Promenadendeck). Im B-Deck darunter ist im hinteren Bereich ein längerer Abschnitt verkleidet und eine andere Fensteraufteilung zu erkennen.
Innen: Andere Anzahl und Aufteilung der Luxus-Suiten auf dem B-Deck und im Restaurationsbereich. Diese Änderungen begründeten die größere Vermessung der *Titanic* gegenüber der *Olympic* und eine etwas höhere Passagierkapazität. Ganz unten wurde noch etwas Wichtiges geändert, von keinem Passagier bemerkt, aber mit Konsequenzen für den Ablauf des Untergangs: Ein sogenannter Heizertunnel von den Quartieren im Vorschiff bis zum ersten Kesselraum sollte dem zahlenden Publikum den Anblick der »schwarzen Gang« beim Wachwechsel ersparen. Er führte zu einer Unterbrechung des »wasserdichten« Schottensystems, wie es später beschrieben wird.
Information zum Schwelbrand im Kohlebunker Nr. 10: Dieser war irgendwann nach dem Verlassen von Belfast entstanden und wurde bis Southampton nicht gelöscht. Schwelbrände kamen bei Dampfern gelegentlich vor und wurden nicht immer ernst genommen — im Falle der *Titanic* tat man jedenfalls nichts bis zum knapp kalkulierten Termin der Jungfernfahrt. Das macht verständlich, warum der Inspekteur des Handelsministeriums, Mr. Clarke, der die Ausklarierung unterschreiben mußte, hiervon nichts erfahren hat. Chefingenieur Bell wollte den Brand selbst bekämpfen und heuerte zwölf zusätzliche Heizer an, die sich während der Reise um die Angelegenheit kümmern sollten. Nach Aussage von Heizer Frederick Barret (gerettet in Beesleys Boot) vor der britischen Kommission kühlten die Heizer das Schott mit Seewasser, da es »rotglühend aussah«, kamen aber nicht an den Herd heran — bis zum Untergang. Nach der Zeichnung auf Seite 15 kann es sich dabei aber nicht um das wasserdichte Schott Nummer 5 gehandelt haben, sondern um die Trennwand des Kohlebunkers zum vorderen Heizraum. Gleichwohl wurde damals bereits angenommen, daß die Struktur dieses kritischen Bereichs durch das Feuer geschwächt war und dem Wasserdruck weniger Widerstand leisten würde als ein intaktes System. Insofern war der Schwelbrand nicht ohne Bedeutung für den Untergang, ob er ihn tatsächlich beschleunigte, muß offenbleiben.

16

Beesleys patriotisches Lob der britischen Qualitätsarbeit wurde von kritischen Ingenieuren nicht in allen Punkten geteilt. Beispielsweise war schon damals bekannt, daß der Schiffbaustahl des Rumpfes der *Titanic*, wie auch anderer Schiffe ihrer Epoche, eine gewisse Sprödigkeit bei niedrigen Temperaturen aufwies. Im Normalbetrieb war diese Eigenschaft ohne Belang, jedoch könnten die Beschädigungen der Bordwand beim Eiskontakt vergrößert worden sein. Bei den dort wirkenden Kräften dürfte aber der eingeschränkten Festigkeit des Stahls nur eine untergeordnete Bedeutung zukommen. Für eine ausgezeichnete Langzeitqualität sprechen zwei Umstände:

1. Die *Olympic* hätte nicht über 20 Jahre Jahre im Dienst gestanden,
2. das Wrack der *Titanic* wäre nach über 70 Jahren auf dem Meeresgrund nicht in einer derart guten Verfassung, wie es 1985 vorgefunden wurde.

Ihre Besatzungsstärke betrug 860 Personen, davon 475 Stewards, Köche usw., 320 Mann Maschinenpersonal und 65 kümmerten sich um die Navigation. Die technische Ausstattung der *Titanic* war die beste, die erhältlich war und entsprach dem letzten Stand maritimer Konstruktion. Ihre gesamte Struktur war aus Stahl, mit einer Dicke und von einem Gewicht, größer als irgendeines anderen Schiffes: Die Stützen, Masten, Schotten und Böden, alle von außergewöhnlicher Festigkeit. Es würde kaum nötig sein, dieses zu erwähnen, wenn es nicht den Eindruck eines Teils der Allgemeinheit gäbe, daß Einrichtung mit Türkischen Bädern, Turnhallen und anderem sogenannten Luxus ein Nachteil für einige wichtige Dinge gewesen wäre, dessen Fehlen verantwortlich war für den Verlust so vieler Leben. Aber dies ist eine fehlerhafte Feststellung. Alle diese Dinge waren zusätzliche Ausstattungen, die der Bequemlichkeit und Annehmlichkeit der Passagiere dienten, und es gibt keinen Grund, warum sie nicht auf diesen Schiffen vorhanden sein sollten, ebenso wie in Hotels. Es gab Platz auf dem Deck der *Titanic*, um mehr Boote und Flöße aufzubewahren, ohne diese Dinge einzuschränken. Der Fehler lag darin, sie nicht angeschafft zu haben. Wer die Verantwortung tragen muß für die fehlende Vorsorge ist eine andere Geschichte und wird später behandelt.

Als ich die Reise durch die Vereinigten Staaten vorbereitete, entschied ich mich aus verschiedenen Gründen für die Überfahrt mit der *Titanic* — erstens, daß es etwas wirklich Ungewöhnliches war, an Bord des größten Schiffes zu sein, das je vom Stapel gelassen wurde und zweitens, daß Freunde, welche die Überquerung mit der *Olympic* gemacht hatten, diese als das bequemste Schiff auf den Meeren beschrieben, und es wurde berichtet, daß die *Titanic* auf diesem Gebiet noch weiter entwickelt war, da ihr tausend zusätzliche Tonnen größere Stabilität geben würden.*

---

* Gemeint sind die etwa 1000 Register-Tonnen, die durch eine andere Raumaufteilung hinzu kamen, die aber nichts mit der Gewichtseinheit zu tun haben! Das Argument der größeren Stabilität entfällt somit.

Nachdem ich die Nacht in Southampton verbracht hatte, ging ich um 10.00 Uhr am Mittwoch, den 10. April, an Bord. Es ist großartig, sich daran zu erinnern, wie ich an diesem Morgen im Frühstücksraum des Hotels saß, genau vor dem Fenster, von dem aus man die vier hohen Schornsteine der *Titanic* sehen konnte. Sie überragten die Dächer der verschiedenen Abfertigungsgebäude gegenüber und die Prozession von Heizern und Stewards, die ihren Weg zum Schiff hin nahmen. Hinter mir saßen drei Passagiere der *Titanic*, die die kommende Reise besprachen und − neben anderem − abschätzten, wie die Wahrscheinlichkeit eines Unfalls auf See mit dem Schiff wäre. Als ich mich vom Frühstück erhob, warf ich einen Blick auf die Gruppe und erkannte sie später an Bord wieder, aber sie waren nicht unter denjenigen, die auf den Namensaufruf an Bord der *Carpathia* am folgenden Montagmorgen antworteten. Zwischen der Zeit des Anbordgehens und dem Ablegen besuchte ich mit zwei Freunden, die zur Verabschiedung aus Exeter gekommen waren, die unterschiedlichen Decks, Salons und Büchereien, die so ausgedehnt waren, daß es nicht übertrieben ist zu behaupten, man könne seinen Weg auf dem Schiff verlieren.

Wir schlenderten beiläufig in die Turnhalle auf dem Bootsdeck und waren mit einem Fahrrad-Trainer beschäftigt, als der Instrukteur mit zwei Photographen hereinkam und darauf bestand, daß wir zurücktreten sollten, bis seine Freunde − wie wir zu dieser Zeit dachten − eine Aufnahme von dem Gebrauch seiner Apparate machten. Es war wenig später, als wir entdeckten, daß sie die Photographen einer der Londoner Illustrierten Zeitungen waren. Immer mehr Passagiere kamen herein und der Lehrmeister lief hierhin und dorthin. Er sah aus wie das Ebenbild kräftiger, rosawangiger Gesundheit und Fitneß in seinem weißen Anzug, wie er einen Passagier auf das elektrische »Pferd«, einen auf das »Kamel« setzte, während die lachende Gruppe der Zuschauer den ungeübten Reitern zusahen, wie sie auf- und abgeschwungen wurden, als er einen kleinen Motor einschaltete, der die Maschinen zu wirklichkeitsnahen Pferde- und Kamelbewegungen veranlaßte.
Es ist erzählt worden, daß in der Nacht des Unglücks, genau zu der Zeit als die *Titanic* sank, während die Musik draußen vor der Turnhallentür mit außergewöhnlichem Einsatz spielte, im Angesicht des Fuß um Fuß steigenden Wassers, der Instrukteur drinnen im Dienst war, mit Passagieren auf den Fahrrädern und den Rudermaschinen, helfend und aufmunternd bis zuletzt. Mit den Musikern sollte sein Name, der meines Wissens noch nicht bekanntgegeben wurde − er ist McCawley − aufgenommen werden in die Ehrenliste derer, die ihre Pflicht treu erfüllt haben gegenüber dem Schiff und der Reederei, der sie dienten.

Von Southampton bis zur Nacht der Kollision

Gleich nach Mittag verkündete die Dampfpfeife den Freunden, daß sie von Bord gehen sollten. Die Gangway wurde eingezogen und die *Titanic* bewegte sich langsam aus dem Hafenbecken, begleitet von den letzten Mitteilungen und Abschiedsgrüßen jener am Kai. Es gab kein Hurra und kein Getute von der Flotte der anderen Schiffe im Hafenbecken, wie man es bei dieser Gelegenheit eigentlich erwartet hätte, wenn das größte Schiff der Welt zu seiner Jungfernfahrt in die See verabschiedet wird. Die ganze Begebenheit verlief recht ruhig und ziemlich gewöhnlich und enthielt wenig von der malerischen und interessanten Zeremonie, die wir uns unter diesen Umständen vorgestellt hätten. Aber an ihre Stelle traten zwei unvorhersehbare dramatische Zwischenfälle, die dem Abschied vom Hafen einen besonderen Reiz verliehen.

Der erste ereignete sich genau bevor die letzte Verbindung unterbrochen wurde: Eine Gruppe von Heizern rannte entlang des Kais auf die Gangway zu, ihre Kleider und Habseligkeiten um ihre Schultern geschlungen in der Absicht, das Schiff noch zu erreichen. Aber ein Unteroffizier, der dort Wache stand, führte sie zum landseitigen Ende der Brücke, entschlossen, sie nicht an Bord zu lassen. Sie erklärten sich, gestikulierten, offensichtlich um zu versuchen, ihre Verspätung zu begründen, doch er blieb unnachgiebig und wies sie mit einer bestimmenden Geste zurück. Die Landungsbrücke wurde trotz ihres Protestes zurückgezogen, ein endgültiges Ende unter ihre Bemühungen setzend, die *Titanic* noch zu erreichen. Diese Heizer müssen heutzutage dankbare Männer sein, daß irgendwelche Umstände, sei es die eigene Unpünktlichkeit oder eine unvorhersehbare Verspätung, auf die sie keinen Einfluß hatten, sie vor dem rechtzeitigen Erreichen der letzten Verbindung geschützt hatten. Sie werden – und das ohne Zweifel für Jahre – diese Geschichte immer wieder erzählen, wie ihr Zuspätkommen zur *Titanic* ihr Leben gerettet hat.

Der zweite Zwischenfall passierte unmittelbar danach, und trotz der ausführlichen Beschreibung von der Landseite her, sollte die Begebenheit vom Oberdeck aus betrachtet nicht ohne Interesse sein. Als die *Titanic* majestätisch aus dem Hafenbecken fuhr, lief auch eine Gruppe von Freunden den Kai entlang und wir kamen zusammen, Kopf an Kopf, bei dem Dampfer *New York* an, der an der Seite mit der *Oceanic* am Rande lag. Die Gruppe winkte für die bei uns an Bord wie für die Menge auf den beiden dazwischenliegenden Schiffen ihr »Auf Wiedersehen« zu.

19

... Dampfer *New York* der American Line, 10 508 BRT groß, also kaum ein Viertel der *Titanic*. Dampfer *Oceanic (II)*, Baujahr 1899, White Star Line, erstes Schiff, das nach einer neuen Geschäftsphilosophie gebaut war: Komfort und Preiswürdigkeit ...

Als aber unser Schiffsbug den der *New York* erreichte, trat eine Serie von Ereignissen ein, schnell wie aus dem Revolver geschossen. Auf der Kaiseite der *New York* flogen schlangenförmige dicke Taue durch die Luft in die Menge, die zurückwich, um den fliegenden Seilen zu entkommen. Wir hofften, daß niemand von den Seilen getroffen worden war, aber ein Seemann neben mir war sicher, daß er eine Frau gesehen hätte, die weggetragen wurde, um versorgt zu werden. Und dann, zu unserer Verwunderung, kroch die *New York* auf uns zu, langsam und heimlich, wie von einer unsichtbaren Kraft gezogen, der sie nicht widerstehen konnte. Das erinnerte mich sofort an ein Experiment, das ich oft zu Unterrichtszwecken vor Knaben gezeigt hatte, um Elementarphysik im Labor zu erläutern. Ein kleiner Magnet auf einem Korken in einer Wasserschale und ein kleines Stahlteil, plaziert auf einem Kork in der Nachbarschaft, wurde vom Magneten durch die magnetische Kraft angezogen. Es erinnerte mich außerdem an meines kleinen Jungen Kinderbadewanne, in der eine große Zelluloid-Schwimmente durch kappilare Anziehungskraft kleinere Enten, Frösche, Käfer und anderes Getier bewegte, bis sie als Einheit schwammen, ihre natürlichen Antipathien vergessend.

Auf der *New York* wurden Befehle gerufen, Seeleute rannten hin und her, ließen Seile herab und warfen Fender über die Seite, an der wir scheinbar zusammenstoßen würden. Der Schlepper, der einige Momente vorher von unserem Bug losgeworfen hatte, rundete unser Heck und lief zur Kaiseite zum Heck der *New York*, machte dort fest und versuchte, mit aller zur Verfügung stehenden Kraft seiner Maschine, sie zurückzuziehen. Dabei sah es nicht so aus, als ob der Schlepper einen großen Eindruck auf die *New York* machte. Abgesehen von der ernsten Art des Unglücks war es ein unwiderstehlich komisches Bild anzusehen, wie das große Schiff das Hafenbecken mit einem schnaufenden Schlepper hinter sich entlang trieb, so wie manchmal kleine Buben ihre miniaturisierten Spielzeuge die Straße hinabziehen, mit dem Seil im Mund, breitbeinig, Kopf und Rumpf schwingend, um die größte Kraft in jedes Gramm ihres Körpers zu legen.

Zuerst sah es so aus, als ob die Hecks der Schiffe zusammenstoßen würden, aber von der hinteren Brücke der *Titanic* dirigierte ein Offizier Maßnahmen, die uns stoppten, der Sog hörte auf, und die *New York* bewegte sich mit ihrem Schleppernachspann gezwungenermaßen das Hafenbecken herunter und ihr Heck glitt nur einige Meter entfernt an der Seite der *Titanic* entlang. Das gab einen außergewöhnlichen Eindruck von der Hilflosigkeit des großen Schiffes und von den Kräften, es zu steuern. Aber die Aufregung war noch nicht vorüber: Die *New York* drehte ihren Bug zur Kaiseite, ihr Heck kam gerade klar von unserem passierenden Bug und bewegte sich langsam auf die *Teutonic* zu, die an der Seite vertäut lag. Schnell wurden Fender ausgeworfen, um die Kraft des Zusammenstoßes abzufangen. Von der Stelle, an der wir uns befanden, sah es so aus, als wären sie nicht geeignet, eine Deformierung zu vermeiden. Ein weiterer Schlepper erschien und nahm die *New York* am Bug, und beide zogen sie sie um eine Ecke des Kais, der hier in einer Flußbiegung endete.

Wir bewegten uns langsam voraus und passierten die *Teutonic* in kriechendem Tempo, aber ungeachtet dessen, zerrte sie so heftig an ihrer Vertäuung, daß sie um mehrere Grad in dem Bestreben schlingerte, der *Titanic* zu folgen. Die Menge wurde zurückgerufen und eine Gruppe von goldbetressten Offiziellen, vielleicht der Hafenkapitän und sein Stab, die an der Außenseite bei den festgemachten Trossen standen, sprangen über sie zurück wie von einer Feder gezogen und drängten die Leute weiter zurück. Aber wir kamen gerade klar, und als wir langsam die Kaispitze in den Fluß rundeten, sah ich die *Teutonic* langsam auf ihre normale Position zurückkehren, die Spannung in den Trossen nachlassend wie auch die der Gemüter aller, die Augenzeuge dieser Begebenheit waren.
So unangenehm dieser Zwischenfall auch war, zeigte er doch allen Passagieren, die über der Reling lehnten, daß es Mittel und Wege gab, um Zusammenstöße zu vermeiden, indem Offiziere und Mannschaften der Schiffe zusammenarbeiteten. Sie sahen auf der rückwärtigen Brücke der *Titanic* einen Offizier und einen Seemann. Sie telephonierten und läuteten Glocken, tauschten Flaggensignale aus und verringerten damit die Gefahr der Kollision.
Niemand anders war mehr interessiert als ein amerikanischer Kinematograph, der mit seiner Frau die Szene mit ungeduldigen Augen verfolgte, seine Handkurbel mit einer Inbrunst drehend, als bekäme er die unvermutet stärkste Einstellung auf seinen Film. Es war unverkennbar ein Zufall für ihn, heute an Bord zu sein. Aber weder der Film noch jener, der ihn entwickelte, erreichte das andere Ufer, und die Aufzeichnung des Unfalls vom Deck der *Titanic* aus wurde nie auf eine Leinwand gebracht.
Als wir den Fluß hinunterdampften war die Begebenheit, dessen Augenzeuge wir waren, auch Mittelpunkt jeder Unterhaltung. Ein Vergleich zwischen dem Zusammenstoß der *Olympic* mit der *Hawke* wurde in jeder kleinen Gruppe von Passagieren gezogen, und es sah so aus, als gäbe es eine allgemeine Übereinstimmung, welche die Sog-Theorie bestätigte, die von der Besatzung des Kreuzers *Hawke* so erfolgreich vor Gericht vertreten worden war. Aber viele Leute verspotteten die Britische Admiralität, die

erstmals die Sog-Theorie als Ursache für das Rammen der *Olympic* durch den Kreuzer annahm. Aber seit dieses auch an Bord der *Titanic* geschehen war, wäre es ein Angriff auf historische Fakten.

> ... gemeint ist ein Vorfall, bei dem es einen heftigen Expertenstreit gegeben hatte: Am 20. September 1911 kollidierten die *Olympic*, auf der 5. Ausreise im Solent begriffen, mit dem sich langsam nähernden Kreuzer *Hawke*. Bei einer bestimmten Position der Annäherung traten Sogeffekte auf, die den leichteren Kreuzer trotz Gegenruder an die *Olympic* heranzogen. Weitere Einzelheiten dazu im letzten Kapitel ...

Es muß darüber gesprochen werden, auch wenn es schwer fällt, daß es inmitten der Passagiere und der Besatzung die fürchterlichsten Ahnungen gab über den Unfall, dessen Augenzeuge wir waren.
Seeleute sind außergewöhnlich abergläubisch. Viel zu viele Menschen sind geneigt, ihrer Eingebung zu folgen, oder, tatsächlich irgend jemand zu folgen, der eine Meinung mit einer Spur von Überzeugung äußert, mit der Aussicht, beständige Anerkennung zu erhalten. Eine Aura von Geheimnissen rankt sich um prophetische Äußerungen, besonders wenn es unheilvolle sind. Offenbar ist die menschliche Natur so eingerichtet, daß sie einer negativen Prophezeiung mehr Glauben schenkt als einer positiven; vielleicht durch unbewußte Ängste, die sie fürchtet, vielleicht durch die morbide Anziehungskraft, die das Schlechte im Inneren anspricht. Sie verleitet viele Leute dazu, abergläubischen Theorien Aufmerksamkeit zu schenken.

Nicht, daß sie ihnen vollständig trauten oder es sich wünschen, daß Freunde wüßten, daß man an sie nur einen Gedanken verschwendet, aber in dem Gefühl, daß »alles in allem doch etwas dran sein könnte«, folgen sie stillschweigend den absurdesten und kindlichsten Theorien. Ich möchte in einem späteren Kapitel diese Form des Aberglaubens in ihrer Auswirkung auf unser Leben an Bord der *Titanic* aufgreifen, will aber einige Fakten vorwegnehmen, indem ich ein zweites sogenanntes düsteres Vorzeichen anspreche, das sich in Queenstown ereignet hat. Als sich eins der Zubringerboote mit Passagieren und Post der *Titanic* näherte, blickten einige von denen unten auf das Schiff, das sich über ihnen erhob und sahen den Kopf eines Heizers, schwarz von der Arbeit in seinem unteren Heizraum, der von der Spitze eines mächtigen Schornsteins — es war die Attrappe zur Belüftung — herabsah. Er war zum Spaß innen hinaufgeklettert, aber für einige, die ihn sahen, war damit ein Zeichen gesetzt, daß eine böse Prophezeiung eines Tages eine unbekannte schreckliche Frucht tragen könnte. Eine amerikanische Frau — sie möge mir vergeben, wenn sie diese Zeilen liest – wandte sich an mich in tiefster Überzeugung und mit großer Ernsthaftigkeit, daß sie das Erscheinen des Mannes mit dem Umstand in Verbindung brachte, daß die *Titanic* bald sinken werde. Ausgesprochener Blödsinn, Dummheiten!, könnte man sagen. Ja, tatsächlich, aber nicht für diejenigen, die daran glauben, und es ist besser, keine gefahrenträchtigen Gedanken zwischen Passagieren und Besatzung aufkommen zu lassen: es könnte einen ungesunden Einfluß haben.

Wir fuhren ums Spithead, passierten die Küste der Isle of Wight, die im Gewande des heraufziehenden Frühlings wunderschön aussah, grüßten einen White-Star-Schlepper, der in Bereitschaft auf Innenreede lag und auf ein Schiff wartete und bemerkten in der Ferne einige Kriegsschiffe, assistiert von schwarzen Zerstörern, die die Einfahrt von See her bewachten. Im ruhigsten Wetter erreichten wir Cherbourg, gerade als es dunkel wurde und verließen es um 20.30 Uhr, nachdem wir Passagiere und Post übernommen hatten. Donnerstagmittags erreichten wir Queenstown nach einer höchst angenehmen Fahrt durch den Kanal, obwohl der Wind morgens meist zu kalt war, um an Deck zu sitzen.

Die Küste Irlands sah sehr schön aus, als wir Queenstown-Reede erreichten. Die brillante Mogensonne beschien die grünen Hügel und hob hier und da Gruppen von Landsitzen heraus, die über grauen, abweisenden Felsen lagen, die die Küste säumten. Wir nahmen den Lotsen an Bord, fuhren langsam in den Hafen, die ganze Zeit lotend, und kamen an einem sicheren Ankerplatz. Die Schrauben wühlten den Grund auf und färbten die See braun. Es machte auf mich den Eindruck, als hätte das Schiff zu schnell gestoppt – wobei mein Unwissen, was die Wassertiefe im Hafen anging, und daß das Loten vielleicht weniger Tiefe ergab, als es bei der Größe der *Titanic* notwendig erschien, scheinbar durch das Auftreten von aufgewühltem Bodensand bestätigt wurde – aber es ist nur eine Vermutung.*

Passagiere und Post kamen an Bord von zwei Zubringerschiffen und nichts kann uns einen besseren Eindruck von der enormen Länge und Breite der *Titanic* vermitteln, als so weit wie möglich hinten stehend vom Oberdeck über die Seite zu blicken, vor und zurück, dort wo die Tender rollten, nichts als Nußschalen neben dem königlichen Schiff, das Deck für Deck über ihnen wuchs.

Sicherlich war sie ein zauberhaftes Schiff! Da war so etwas Würdevolles in ihren Bewegungen, wie sie so in leichter Dünung des Hafens rollte, ein langsames, stetiges Eintauchen und Wiederaufrichten, nur bemerkbar, wenn man ihren Bug im Vergleich zu einer Landmarke in der näheren

---

* Die Queenstown-Reede hat eine Wassertiefe von 13 bis 18 Meter, der Tiefgang der *Titanic* war mit 11 Meter angegeben.

Umgebung betrachtete. Die zwei kleinen Tender tanzten an ihrer Seite auf und ab wie Korken und demonstrierten lebendig den Unterschied im Komfort, den die Bewegungen von kleineren Dampfern ausmachen.

Jetzt war die Zeit der Übernahme beendet, die Zubringerboote warfen los, und um 13.30 Uhr, mit einem weiteren Aufwühlen des Grundes durch die Schrauben, drehte die *Titanic* langsam einen Viertelkreis, bis ihr Bug entlang der irischen Küste zeigte, um dann schnell fort von Queenstown abzudampfen, und das kleine Haus am Ende der Stadt leuchtete noch viele Meilen lang weiß von den Hügeln. In unserem Kielwasser kreischten und tummelten sich Hunderte von Möwen. Sie stritten sich und kämpften um die Essensreste, die aus den Abfallrutschen fielen, als wir in der Hafeneinfahrt lagen. Sie folgten uns in der Erwartung auf weitere Fütterung. Ich beobachtete sie eine ganze Zeit und war erstaunt über die Leichtigkeit, mit der sie an uns hingen, fast ohne eine Flügelbewegung. Ich suchte mir eine bestimmte Möwe aus, behielt sie für Minuten im Blickfeld und sah keine Bewegung der Flügel auf oder ab, um ihren Flug zu unterstützen. Sie verschlug es nur ein wenig zur Seite, wenn sie eine Böe traf: unbeugsam, ungebunden; wie ein Flugzeug in einem Seitenwind ausweicht. Und jetzt hielt sie würdevoll Schritt mit dem Tempo der *Titanic* von 20 Knoten. Als sie der Wind traf, schoß sie aufwärts und indirekt vorwärts, schwebte wieder hinunter, wobei ihre Flügel einen wunderbaren Bogen zogen und der Schwanz wie der eines Pfaus gespreizt war.
Es war klar, daß sie von einem Geheimnis beseelt war, das wir gerade erst lernen wollen. Es war die Ausnutzung des Luftstroms zum Auf und Ab wie ein Fahrstuhl, ebenso wie ihr Wille zu gleiten mit dem Einsatz eines Minimums an Energie, oder die Anströmung zu nutzen wie ein [Segel-]Schiff, wenn es gegen den Wind segelt. Flieger imitieren natürlich die Möwen und vielleicht werden wir in Zukunft Flugzeuge oder Gleiter sehen, die würdevoll auf- und abtauchen können, trotz widriger Winde und das über den ganzen Atlantischen Ozean hinweg. Die Möwen waren immer noch hinter uns, als die Nacht begann und sie schrien und tauchten in unser Kielwasser, das wir hinter uns ließen. Am Morgen waren sie fort, vielleicht hatten sie einen Dampfer in der Nacht gesehen, den sie zu ihrem Queenstown zurückbegleiteten.

... berücksichtigt werden sollte: bei der ersten Fahrt war die *Titanic* bei weitem nicht ausgelastet, wie folgende Zusammenstellung zeigt:

	bautechnische Kapazität	gebucht: Anzahl/Auslastung in Prozent	
1. Klasse	905	337	37
2. Klasse	564	271	48
3. Klasse	1134	712	63
Passagiere	2603	1320*	51
Besatzung	915 (Soll), 898 (Ist)		

von den maximal möglichen 3518 Personen an Bord hätten lediglich 33 Prozent einen Bootsplatz gehabt ...

Den ganzen Nachmittag dampften wir entlang der irischen Küste, wo graue Felsen die Ränder säumten und sich Hügel in der unfruchtbaren Landschaft erhoben. Als die Dunkelheit anbrach, verschwand die Küste nach achtern und das letzte, was wir von Europa sahen, waren die irischen Berge, die in der beginnenden Finsternis schwach leuchteten. Mit den Gedanken, daß wir das letzte Land gesehen hatten, bevor wir unsere Füße auf amerikanischen Boden setzen würden, zog ich mich in die Bibliothek zurück, um einige Briefe zu schreiben. Ohne zu ahnen, daß uns allen noch viele Dinge erwarten würden – viele Gefahren und Erfahrungen, plötzliche, lebhafte und eindrucksvolle Begegnungen mit vielen guten und treuen Gefährten, von denen wir Abschied nehmen sollten – bis wir wieder Land sichten würden.

Es gibt wenig zu erzählen über die Zeit nach dem Verlassen von Queenstown, von Donnerstag bis Sonntagmorgen. Die See war ruhig, – tatsächlich so ruhig, daß nur wenige Passagiere den Mahlzeiten fernblieben. Der Wind aus West bis Südwest, »frisch« – wie ihn die tägliche Wetterkarte beschrieb –, aber meist kalt, im allgemeinen zu kalt, um an Deck zu sitzen und zu lesen oder zu schreiben, so daß viele von uns eine große Zeitspanne lesend oder schreibend in der Bibliothek zubrachten. Ich schrieb eine große Anzahl von Briefen und brachte sie Tag für Tag zum Postkasten außen vor dem Eingang zur Bibliothek, wahrscheinlich sind sie noch dort.
Jeden Morgen ging die Sonne hinter uns auf in einem Himmel mit kreisförmigen Wolken, breitete sich in langen, schmalen Streifen über den Horizont aus und hob sich Stück für Stück über die Kimm, rot und orange und

---

* Es gibt in den verschiedenen Veröffentlichungen geringe Unterschiede in den Zahlenangaben. Da in Cherbourg und Queenstown insgesamt zugeladen wurde, halte ich die höheren Zahlen für eher wahrscheinlich.

schattiert von orange bis weiß, wenn die Sonne höher in den Himmel stieg. Es war eine wundervolle Ansicht für jemand, der den Ozean noch nicht überquert hatte (oder vielleicht die Küsten Englands noch nie außer Sicht hatte) auf dem höchsten Deck zu stehen und auf die Wellen zu schauen, die vom Schiff fortstrebten in einem ununterbrochenen Strom, bis sie die Kimm in der Unendlichkeit erreichen. Dahinter zeigte weißer Schaum die Kielwelle an, wo die Propellerblätter anscheinend die atlantischen »Roller« zerteilten. Mit ihnen auf gleicher Höhe zogen zu beiden Seiten grüne, blaue und grün-blaue Wellen, die die weiße Straße hinwegzuwischen suchen, so als erstreckten sie sich über den Horizont hinaus und reichten bis zu Irlands Küsten mit ihren Möwen, während sie in der Morgensonne glitzern und funkeln. Und jeden Abend sank die Sonne in die See, einen gleichsam glitzernden Pfad weisend, eine goldene Spur auf die Oberfläche des Meeres zeichnend, der unser Schiff unentwegt folgte, bis die Sonne hinter den Horizont gesunken war, während der Pfad vor uns herlief, schneller als wir ihm hinterhereilen konnten. Die Sonnenkugel glitt über die Kante der Kimm, – als wäre sie ein goldener Ball, dessen Goldanteil verschwindet, so schnell, daß wir nicht folgen können.

Von 12.00 Uhr mittags am Donnerstag bis 12.00 Uhr mittags am Freitag liefen wir 386 Meilen, Freitag bis Sonnabend 519, Sonnabend bis Sonntag 546 Meilen. Die Strecke am zweiten Tag war, wie uns der Zahlmeister verriet, eine Enttäuschung, und wir würden statt am Mittwochmorgen, wie wir angenommen hatten, erst Donnerstagmorgen anlegen. Wie auch immer, am Sonntag waren wir erfreut, daß ein längeres Stück geschafft wurde, und es wurde angenommen, daß wir New York deswegen schon Dienstagnacht erreichen könnten. Der Zahlmeister merkte an: »Sie treiben sie nicht auf dieser Fahrt und erwarten keine schnelle Überfahrt. Ich glaube nicht, daß wir mehr als 546 machen werden, es ist kein schlechtes Tagesergebnis für die erste Reise.« Das war beim Mittagessen und ich erinnerte mich an die Gespräche, die sich um die Geschwindigkeit und die Bauart von Atlantik-Kreuzern als Faktoren ihrer Komfortentwicklung drehten. All jene, die schon vielfach übergesetzt hatten, waren einstimmig der Meinung, daß die *Titanic* das komfortabelste Schiff war, auf dem sie je gewesen wären und daß sie unsere Geschwindigkeit der von schnelleren Schiffen vorzögen. Das gelte vom Standpunkt der verminderten Vibrationen her ebenso, wie von der Art der schnelleren Schiffe, wie sie die Wellen mit drehenden, korkenzieherartigen Bewegungen durchbohrten, anstelle des direkten Auf- und Abschwingens der *Titanic* [kein Wunder bei solch einem Wetter].

Dann gewann ich die Aufmerksamkeit unseres Tisches mit einer Bemerkung über die Schlagseite der *Titanic* nach Backbord (ich hatte sie zuvor bemerkt) und wir alle, die wir am Tisch des Zahlmeisters im Salon saßen, blickten aus den Bullaugen zur Kimm. Die Tatsache war offenkundig, denn auf der Backbordseite war meist das Wasser zu sehen, auf der Steuerbordseite meist der Himmel. Der Zahlmeister merkte an, daß vielleicht mehr Kohle von der Steuerbordseite verbraucht worden war. Es ist ohne Zweifel eine allgemeine Erscheinung, daß die Schiffe einige Grad über liegen. Aber im Hinblick darauf, daß die *Titanic* auf der Steuerbordseite aufgerissen wurde und als sie sank, so weit nach Backbord über lag, daß eine ziemliche Kluft zwischen ihr und den ausgeschwungenen Rettungsbooten auftrat, über die die Frauen gezogen wurden oder die auf flachgelegten Stühlen überwunden werden mußte, dürfte diese vorhergehende Schräglage nach Backbord von Interesse sein.

... es wurde berichtet, daß sich die Schlagseite der *Titanic* mehrfach geändert hat, je nach dem Vordringen des Wassers im Rumpf ...

Jetzt zu der Bewegung der *Titanic* zurückkehrend: es war interessant, auf dem Bootsdeck zu stehen, wie ich es gelegentlich tat, auf der Steuerbordseite in der Ecke zwischen den Rettungsbooten 13 und 15 (an die beiden Boote habe ich guten Grund, mich immer zu erinnern; das erste brachte mich in Sicherheit zur *Carpathia*, und es scheint so, als wäre das andere jenes, das auf unsere Köpfe herabkam, als wir in der Nummer 13 Sitzenden versuchten, vom Schiffsrumpf fortzukommen). Dort pflegte ich die allgemeinen Bewegungen des Schiffes durch die Wellen zu analysieren. Sie teilten sich in zwei Komponenten – eine gegen die rückwärtige Brücke zu beobachten, von wo aus die Logleine durch die schäumende Heckwelle gezogen wurde, gegen den Horizont: als langes langsames Heben und Senken wie wir auf- und abritten. Ich maß die mittlere Periode, die gebraucht wurde für einen Auf- und einen Abstieg, aber ich kann mich nicht mehr an die Zahlen erinnern. Die zweite Bewegung war das »Von-einer-auf-die-andere-Seite-Rollen«, und konnte wie zuvor durch Beobachtung der Backbord-Reling gegen den Horizont berechnet werden. Es scheint so, als stünde die Doppelbewegung in Zusammenhang mit dem Winkel unseres Kurses nach New York und der allgemeinen Strömungsrichtung des Golf-Stroms, der vom Golf von Mexiko nach Europa fließt. Aber es war die meist zeitgleiche Wiederkehr der beiden Bewegungen, die meine Aufmerksamkeit erregte. Es war während der Beobachtung des Seitenrollens, als ich der Schlagseite nach Backbord gewahr wurde.

Nach hinten sehend, vom Bootsdeck oder B-Deck zum Achterdecksteil, beobachtete ich oft, wie die Dritte-Klasse-Passagiere fröhlich ihre Zeit verbrachten: ein sehr lärmendes Seilspringen eines gemischten Doppels war die große Zugnummer, während ein Schotte »hin und her und rundherum« ging und auf seinem Dudelsack etwas spielte, das Gilbert* als »ähnlich wie mit kraftloser Luft gespielt« bezeichnet hätte. Abseits von allen, meistens oberhalb des Hinterdecks über dem Spielfeld, stand ein Mann von 20 oder 24 Jahren, gut angezogen, immer behandschuht und hübsch gepflegt, und ganz bestimmt völlig fehl am Platze zwischen seinen Mitpassagieren: die ganze Zeit sah er nie fröhlich aus. Ich beobachtete ihn und betrachtete ihn als ebenso gefährlich wie den Mann, der zu Hause auf irgendeine Art ein Versager ist, und nun den sprichwörtlichen Shilling und dazu eine Dritte-Klasse-Überfahrt nach Amerika erhalten hat. Er sah nicht energisch genug aus oder glücklich, als daß er seine Probleme würde lösen können. Ein anderer interessanter Mann war der Reisende dritter Klasse, der seine Frau in der zweiten Klasse einquartiert hatte: er kam die Stufen vom Achterdeck zum B-Deck herauf, um sich mit seiner Frau aufs zärtlichste über der kleinen Pforte zu unterhalten, die sie trennte. Ich sah ihn nicht mehr nach der Kollision, aber ich glaube, seine Frau war auf der *Carpathia*. Daß sie sich in jener Sonntagnacht gesehen haben, ist sehr unwahrscheinlich. Zunächst wäre es ihm nicht erlaubt worden, sich auf dem Zweite-Klasse-Deck aufzuhalten, und als er es doch durfte, wären die Chancen, seine Frau in der Dunkelheit und in der Menschenmenge zu erkennen, wirklich sehr klein gewesen. Von allen, die so glücklich auf dem Achterdeck spielten, bemerkte ich später nur wenige auf der *Carpathia*.

Kommen wir nun zum Sonntag, dem Tag an dem die *Titanic* den Eisberg streifte! Es ist sicherlich interessant, diese Tagesereignisse mehr im einzelnen aufzuzeigen, um die allgemeine Lage der Passagiere und ihrer Umgebung vor dem Zusammenstoß richtig einschätzen zu können.
Die Morgenandacht im Salon wurde vom Zahlmeister gehalten, und als wir nach dem Mittagessen an Deck gingen, bemerkten wir eine solche Temperaturänderung, daß nicht viele es vorzogen, sich dort dem kalten Wind auszusetzen − einem künstlichen Wind, der hauptsächlich, wenn nicht vollständig, durch die rasche Fahrt des Schiffes und die eisige Atmosphäre verursacht wurde. Ich bin sicher, es wehte zu dieser Zeit kein Wind. Ich hatte die gleiche Windstärke beim Ankommen in Queenstown bemerkt, die erstarb, als wir stoppten, um wieder aufzuleben, als wir den Hafen verließen.
Zur Bibliothek zurückkehrend, hielt ich mich einen Moment damit auf, das Etmal zu lesen und unsere Position auf der Karte zu betrachten. Dort traf ich Reverend Carter, einen Geistlichen der Kirche von England. Wir nah-

---

* Anspielung auf Sir (seit 1907) William Schwenck Gilbert, einem »literarischen« Rechtsanwalt in London, der komisch-satirische Gedichte verfaßte, sowie Parodien, außerdem Texte zu lustigen Operetten von A. S. Sullivan; * 1836, †1911.

men unsere vor einigen Tagen geführte Unterhaltung mit einer Diskussion über die Vorzüge seiner Universität – Oxford – und meiner – Cambridge – als weltweit führende Erziehungsstätten wieder auf. Wir sprachen über die Möglichkeiten der Universitäten zur Charakterbildung, unabhängig von der Erziehung als solcher, und leiteten über zum Mangel an ausreichend qualifizierten Mitarbeitern, die die Arbeit der Kirche von England vorantreiben (eine Angelegenheit, die ihn tief bewegte) und von diesem Punkt zu seiner eigenen Arbeit in England als Priester.

Er erzählte von seinen Problemen in der Gemeinde und von der Unmöglichkeit, seine Arbeit ohne die Hilfe seiner Frau zu schaffen. Ich kannte sie zu dieser Zeit nur oberflächlich, aber als ich ihr später begegnete, spürte ich etwas von dem, was der Vikar als wesentlichen Teil seines Erfolges ihr schuldete. Meine einzige Rechtfertigung, warum ich diese Einzelheiten über die Carters erwähne – jetzt und später am Tage – ist, obwohl das den Durchschnittsleser vielleicht kaum interessiert, daß sie keinen Zweifel haben sollten über den Zuspruch in der Gemeinde, der er vorsteht, und von der er geliebt wurde, wie ich glaube.

Als nächstes erwähnte er das Fehlen eines Gottesdienstes am Abend, und er fragte mich, ob ich den Zahlmeister so gut kennen würde, daß ich ihn fragen könnte, ob er erlauben würde, den Salon für einen Liederabend benutzen zu dürfen. Der Zahlmeister gab sofort seine Zustimmung und Herr Carter begann am Nachmittag mit Vorbereitungen durch eine Befragung aller, die er kannte – und es waren nicht wenige – um 20.30 Uhr in den Salon zu kommen.

Die Bibliothek war schon nachmittags bevölkert, auch wegen der Kälte an Deck, aber durch die Fenster konnten wir den klaren Himmel sehen mit herrlichem Sonnenlicht. Er versprach eine sternklare Nacht und auch einen klaren morgigen Tag, mit ruhigem Wetter auf dem Weg bis nach New York. Für uns alle war das ein Grund, zufrieden zu sein.

Ich kann zurückblicken und sehe jede Einzelheit vor mir an diesem Nachmittag in der Bibliothek – der wundervoll ausgestattete Raum mit Sofas, Sesseln und verstreuten schmalen Schreib- oder Konsoltischen, Stehpulten an den Wänden, und die Bibliothek mit ihren durchsichtigen Regalen an einer Seite, das ganze ausgeführt in Mahagoni mit weißen, länglichen hölzernen Säulen, die das Deck darüber stützten. Durch die Fenster ist ein geschützter Korridor zu sehen, der in allgemeiner Übereinstimmung als Kinderspielplatz genutzt wird. Dort spielen die beiden Kinder der Familie Navtrial* mit ihrem Vater – ihnen zärtlich zugewandt und sie nie aus den

---

* Zeitgenössischer »Skandal«: Vater Navtrial machte sich heimlich und unter falschem Namen auf, um mit seinen Kindern die Frau zu verlassen. Er ertrank, seine »Waisen« wurden von der Mutter später wieder in Obhut genommen.

29

Augen lassend. Wer wollte an eine dramatische Geschichte denken angesichts der glücklichen Gruppe, die an jenem Nachmittag in diesem Korridor spielte: Die Entführung der Kinder aus Nizza, der angenommene Name; die Trennung von Vater und Kindern in einigen Stunden, sein Tod und ihre nachträgliche Vereinigung mit der Mutter nach einer Zeitspanne des Zweifelns. Wie viele ähnliche Geheimnisse offenbart die *Titanic* in privaten Familienkreisen oder wie viele gingen mit ihr unter, ohne bekannt zu werden. Wir werden es nie erfahren.

Im gleichen Korridor befinden sich ein Mann und eine Frau mit zwei Kindern, eins davon wird meist von ihm getragen und alle sind jung und glücklich. Er hat immer einen grauen Knickerbocker-Anzug an und einen Photoapparat um die Schulter geschlungen. Ich habe niemanden von ihnen seit diesem Nachmittag gesehen.

Unmittelbar neben mir — so nahe, daß es sich nicht vermeiden ließ, daß ich Gesprächsfetzen mitbekam — befanden sich zwei amerikanische Frauen, beide in Weiß gekleidet; jung, möglicherweise Freundinnen: eine auf dem Rückweg von England nach Indien, die andere Lehrerin in Amerika, ein anmutiges Mädchen mit einer bemerkenswerten Ausstrahlung, gekrönt durch einen Kneifer. An ihrer lebhaften Unterhaltung nahm ein Gentleman teil, den ich nachträglich anhand eines Photos als populären Bürger aus Cambridge, Massachusetts, erkannte; genial, charmant und mit einer höflichen Art zu den beiden Frauen, die er erst vor einigen Stunden kennengelernt hatte. Von Zeit zu Zeit, während sie sprachen, unterbrach die Bekanntschaft eines Kindes ihre Unterhaltung und lenkte ihre Aufmerksamkeit auf eine große Puppe, die es mit seinen Armen umklammerte. Ich habe keinen dieser Gruppe je wieder gesehen. In der gegenüberliegenden Ecke befanden sich der amerikanische Kinematograph und seine junge Frau, augenscheinlich Französin, sehr gewandt in Geduldsspielen, so wie sie es jetzt spielte, während er, zurückgelehnt in seinen Sessel, das Spiel beobachtete und von Zeit zu Zeit Anregungen gab. Ich sah sie nicht mehr wieder. In der Mitte des Raumes hielten sich zwei katholische Priester auf, einer leise lesend — entweder Engländer oder Ire, und wahrscheinlich der höhergestellte —, der andere dunkel, bärtig, mit einem breitkrempigen Hut, einem Freund in deutsch etwas ins Ohr flüsternd und dauernd Textstellen aus der Bibel erklärend, die vor ihm aufgeschlagen lag. In ihrer Nähe stand ein Feuerwehr-Ingenieur, der sich auf dem Weg nach Mexiko befand, der gleichen Religion zugehörig wie der Rest der Gruppe. Niemand von ihnen wurde gerettet. Es soll an dieser Stelle gesagt werden, daß der Prozentsatz der geretteten Männer der zweiten Klasse der niedrigste von allen war — nur acht Prozent.

... die offizielle Rettungs-Statistik zeigt folgendes Bild:

	Frauen und Kinder	Männer	gesamt
1. Klasse	93 %	31 %	60 %
2. Klasse	81 %	10 %	44 %
3. Klasse	47 %	14 %	25 %
Besatzung	87 %	22 %	24 %

Viele andere Gesichter tauchen in Gedanken auf, aber es ist unmöglich, innerhalb eines kurzen Buches alle zu beschreiben: von allen an diesem Nachmittag in der Bibliothek befindlichen kann ich mich nur an zwei oder drei erinnern, die den Weg auf die *Carpathia* fanden. Den Raum bis zum Ende mit seinen Bücherregalen übersehend, steht der Bibliotheks-Steward, dünn, gebeugt und traurig blickend. Im allgemeinen ist er mit nichts anderem beschäftigt als mit der Bücherausgabe, aber an diesem Nachmittag ist er fleißiger als ich ihn je sah, er gibt Gepäck-Inhaltserklärungen an die Passagiere aus, die sie ausfüllen sollen. Die meine liegt jetzt vor mir während ich schreibe: »Formular für Besucher der Vereinigten Staaten. Dampfschiff *Titanic*: Nr. 31444, D« usw. Ich habe sie an jenem Nachmittag ausgefüllt und in mein Taschenbuch gesteckt, anstatt sie dem Steward zurückzugeben. Außerdem liegt vor mir ein schmaler Kartonabschnitt: »White Star Line. R.M.S. *Titanic*. 208. Dieser Anhänger muß ausgehändigt werden, wenn der Gegenstand zurückgegeben wird. Das Eigentum wird im Safe des Zahlmeisters aufbewahrt werden. Die Gesellschaft ist nicht schadensersatzpflichtig gegenüber den Passagieren, für den Verlust von Geld, Juwelen oder Schmuck durch Diebstahl oder sonstwie, wenn diese nicht eingeschlossen werden.«

In meinem Fall war das »hinterlegte Eigentum« Geld in einem Briefumschlag, versiegelt, beschrieben mit meinem Namen über der Klappe und an den Zahlmeister gegeben; der Abschnitt ist meine Quittung. Mit anderen Briefumschlägen zusammen ist er vielleicht noch unbeschädigt im Safe auf dem Meeresgrund, aber aller Wahrscheinlichkeit nach ist er es nicht, wie wir gleich sehen werden.

Nach dem Abendessen bat Herr Carter alle, die es wünschten, in den Salon und mit der Unterstützung eines Mannes am Klavier, der mir am Zahlmeistertisch gegenübersaß (ein junger schottischer Ingenieur, der auswanderte, um bei seinem Bruder mitzuarbeiten, der eine Fruchtplantage am Fuße der Rocky Mountains betrieb), brachte er einige hundert Passagiere dazu, Kirchenlieder zu singen. Sie wurden aufgefordert, sich jedes beliebige Lied auszusuchen, aber bei so viel Gewünschtem war es ihm unmöglich mehr zu tun, als die allgemeinen Lieblingsstücke anzustimmen. Wenn er die Stücke ankündigte, war es offensichtlich, wie sehr er mit deren Geschichte ver-

31

traut war: kein Stück wurde gesungen, ohne daß er eine kurze Anekdote über dessen Urheber erzählte oder in einigen Fällen die Umstände beschrieb, unter denen es komponiert wurde. Ich denke, alle waren beeindruckt von seinem Wissen über Kirchenlieder und seinem Eifer, uns davon zu erzählen. Es war merkwürdig zu sehen, wie viele Anwesende solche Lieder auswählten, die sich mit den Gefahren der See befaßten. Ich bemerkte den andächtigen Unterton, mit dem alle die Hymne »Für alle in Lebensgefahr auf See« sangen.

Der Gesang muß länger als bis 22.00 Uhr gedauert haben, denn wir sahen den Steward bereitstehen, darauf wartend, Kekse und Kaffee servieren zu dürfen, bevor er seinen Dienst beendete. Mit einigen Dankesworten an den Zahlmeister für die Erlaubnis, den Salon benutzen zu dürfen und mit einer kleinen Geschichte über das Glück und die Sicherheit der bisherigen Reise, das große Vertrauen aller an Bord in dieses große Schiff und die glückliche Aussicht auf die Ankunft in ein paar Stunden in New York zum Abschluß einer angenehmen Überfahrt, brachte Herr Carter den Abend zu Ende. Die ganze Zeit, die er zu uns sprach, lag ein paar Meilen vor uns die »Gefahr der See«, die dieses große Schiff zum Sinken bringen würde mit vielen von jenen an Bord, die gerade mit Dankbarkeit diesen einfachen, zu Herzen gehenden Worten lauschten. Soviel zu der Zerbrechlichkeit der menschlichen Hoffnungen und dem Vertrauen, welches einem Menschenwerk entgegengebracht wurde!
Denke an die Schande, daß eine nichtsnutzige Masse Eis die Kraft haben wird, die wundervolle *Titanic* zu vernichten! Daß ein unsensibler Eisblock im ungünstigen Fall fähig sein wird, die Leben vieler guter Männer und Frauen – die denken und planen und hoffen und lieben – aus der Bahn zu werfen; und nicht nur zu beeinträchtigen, sondern ihr Leben zu beenden. Es ist unfaßbar! Sind wir nicht in der Lage, solche Gefahren vorherzusehen und sie zu vermeiden, bevor sie auftreten? Die Geschichte beweist immer wieder, daß Tag für Tag unbekannte und unvermutete Naturgesetze entdeckt werden. Wenn dieses Wissen für die Menschheit gesammelt werden könnte, ist es dann nicht denkbar, daß die Möglichkeit zu erkennen und die Macht, die Gefahr vorher auszuschalten eine der Privilegien darstellt, die die Welt zusammenhält? Möge dieser Tag bald kommen! Bis das der Fall ist, sollte keine Vorsichtsmaßregel – und sei sie noch so einschneidend – ausgelassen werden, keine Sicherheitsbestrebung – und sei sie noch so kostspielig – sollte bei der Schiffsausrüstung versäumt werden!
Als das Treffen zu Ende ging, unterhielt ich mich mit den Carters bei einer Tasse Kaffee, sagte ihnen »Gute Nacht« und zog mich etwa um Viertel vor elf in meine Kabine zurück. Es waren gute Leute, und die Welt ist viel ärmer geworden durch ihren Verlust.

Es mag eine Quelle der Freude für einige Menschen sein, zu wissen, daß ihre Freunde zu dieser Versammlung im Salon gehörten und daß zuletzt der Klang der Kirchenlieder in ihren Ohren widerhallte als sie an Deck standen, ruhig und gefaßt. Wer kann es sagen, wieviel es mit dem Auftreten einiger zu tun hatte und dieses als Beispiel auf andere wirkte?

Die Kollision und das Einbooten

Ich hatte das Glück, eine Zwei-Bett-Kabine – D56 – für mich allein zu haben, nahe beim Salon und sehr günstig gelegen für alle Wege an Bord. Auf einem großen Schiff wie der *Titanic* war es von großem Vorteil auf dem D-Deck zu sein, nur drei Decks unterhalb des oberen oder Boots-Decks. Unterhalb des D-Decks lagen noch Kabinen auf dem E- und F-Deck, und um vom F- zum oberen Deck zu gelangen, mußte man fünf Stockwerke erklimmen, was sicher eine bedeutende Anstrengung für ungeübte Leute darstellte. Das Management der *Titanic* wurde, neben anderem, kritisiert, daß es das Schiff mit Fahrstühlen ausgerüstet habe: es wurde gesagt, daß es ein teurer Luxus wäre und der Raum, den sie verbrauchten, hätte besser zur Installation lebensrettender Geräte genutzt werden sollen. Was immer sonst übertrieben sein könnte, die Fahrstühle waren es nicht! Ältere Frauen, zum Beispiel, würden während der ganzen Reise kaum auf das obere Deck gelangen, wenn sie nicht nach dem Liftjungen klingeln könnten. Möglicherweise gibt kein anderer Eindruck die Größe des Schiffes besser wieder, als einen Fahrstuhl zu besteigen und mit ihm vom oberen Deck langsam abwärts zu fahren durch die verschiedenen Stockwerke, Passagiere ein- und aussteigen zu lassen wie in einem großen Hotel. Es würde mich interessieren, wo der Liftjunge in dieser Nacht geblieben ist. Ich wäre erfreut gewesen, ihn in unserem Rettungsboot zu finden, oder auf der *Carpathia*, als wir die Geretteten zählten. Er war sehr jung, nicht mehr als sechzehn glaube ich, ein hübscher Junge, mit einer Vorliebe für die See, den Decksspielen, und für den Blick über den Ozean – und er bekam nichts davon mit. Eines Tages, als er mich nach draußen begleitete und durch das Vorraum-Fenster dem Verlauf eines Decksspiels zusah, sagte er in einem hoffnungsvollen Ton: »Oh! Ich wünschte, ich könnte manchmal hinausgehen!« Ich wünschte es auch, und machte ihm das Angebot, für eine Weile auf seinen Lift acht zu geben, während er sich das Spiel anschauen könnte, aber er schüttelte freundlich lächelnd den Kopf und fuhr als Antwort hinab, einem Klingelbefehl von unten folgend. Ich denke, daß er nach dem Zusammenstoß nicht im Dienst war, aber wenn er es gewesen wäre, hätte er seine Passagiere die ganze Zeit über angelächelt, während er sie zu den Booten beförderte, um darauf zu warten, daß sie das sinkende Schiff verlassen können.

Nach dem Entkleiden und dem Besteigen des oberen Bettes las ich in der Zeit von Viertel nach elf bis zur Zeit des Rammens um Viertel vor zwölf. Während dieser Zeit bemerkte ich die stärkeren Vibrationen des Schiffes, und ich vermutete, daß wir eine größere Geschwindigkeit hatten als zu jeder anderen Zeit, seitdem wir Queenstown verlassen hatten. Heutzutage bin ich sicher, daß das ein ganz wesentlicher Punkt ist, der die Frage nach der Verantwortlichkeit für die Folgen des Zusammenstoßes berührt, denn der Eindruck, den diese gesteigerten Vibrationen in meinem Gedächtnis hinterlassen haben, ist so stark, daß ich ihn hier erwähnen muß. Zwei Dinge bringen mich zu dieser Annahme; erstens, als ich ausgezogen auf meinem Sofa saß, mit nackten Füßen auf dem Boden, spürte ich deutlich den Strom der Vibrationen direkt aus den Maschinen unter mir; und zweitens, als ich mich in meiner Koje zum Lesen aufrichtete, vibrierten die Spungfedern meiner Matratze schneller als sonst. Diese Schwingungen waren zwar immer zu spüren, wenn man im Bett lag, aber in dieser Nacht war mit Sicherheit eine Verstärkung der Bewegungen zu bemerken.

... diese Beobachtung trifft offensichtlich zu: der Vorsitzende des amerikanischen Senats-Ausschusses brachte heraus, daß im Laufe des Unglücks-Sonntags weitere Feuerstellen in Betrieb genommen worden waren und die Geschwindigkeit durchs Wasser etwa 22,5 kn erreicht haben dürfte ...

Mit Hilfe des Schiffsplans [Seite 14/15] kann man erkennen, daß die Vibrationen direkt von unten gekommen sein müssen, denn der Salon lag unmittelbar über den Maschinen — und meine Kabine lag direkt neben dem Salon. Diese beiden Eindrücke und die Überlegung, daß größere Vibrationen eine höhere Geschwindigkeit bedeuten — ich vermute, das es so ist —, machen mich sicher, daß wir schneller fuhren als je zuvor in der Nacht, als wir den Eisberg rammten — zumindest während der Stunden meines Wachseins, als ich es bemerken konnte.
Und dann ...
... wie ich so in der Stille der Nacht las, nur unterbrochen von undefinierbaren Geräuschen, die durch die Lüftungen drangen, von Gesprächsfetzen der Stewards, die sich über die Gänge bewegten,
... als fast alle Passagiere in ihren Kabinen waren, einige schlafend in ihrem Bett, andere sich entkleidend; oder andere, die gerade aus dem Rauchsalon kamen und sich über viele Dinge unterhielten,
... dann trat das ein, was auf mich nicht mehr wirkte, wie eine zusätzliche Anstrengung der Maschinen und eine weitere gewöhnliche, deutliche Bewegung der Matratze, auf der ich saß. Nichts mehr als das, — kein krachendes Geräusch oder etwas in der Richtung, kein Eindruck von Schock, kein Mißton wie er sein könnte, wenn sich zwei schwere Körper treffen. Und kurz darauf wiederholte es sich mit der gleichen Intensität. Es kam mir der Gedanke, daß sie nochmals die Geschwindigkeit erhöht hätten. Während dieser Zeit über wurde die *Titanic* aufgerissen durch den Eisberg, und

35

Wasser stürzte in ihre Seite, und kein Ereignis zeigte uns an, daß dieses Desaster j e t z t passierte. Es erfüllt mich heute noch mit Überraschung, wenn ich daran denke.

Überdenken Sie mal die Frage des Ausweichens zur anderen Seite für sich allein. Da war dieses enorme Schiff, das steuerbordseitig auf einen Eisberg fährt, und ein Passagier sitzt ruhig lesend im Bett, fühlt keine Bewegung oder einen Stoß in die Gegenrichtung oder nach Backbord, und dieser müßte doch gefühlt werden, wenn es mehr als ein gewöhnliches Rollen des Schiffes gewesen wäre in dem ruhigen Wetter, das wir die ganze Zeit über hatten. Noch einmal: Meine Koje war an der Wand der Steuerbordseite festgemacht und jeder Stoß nach Backbord hätte mich auf den Boden werfen müssen: Ich bin sicher, daß ich ihn bemerkt hätte – wenn es ihn gegeben hätte. Und in der Tat ist die Erklärung ganz einfach: Die *Titanic* rammte den Eisberg mit der geballten Kraft von über 1 Million Fußtonnen*. Ihre Beplankung, die eine geringere Stärke als 1 Zoll hatte, muß geschnitten worden sein, als wenn ein Messer Papier schneidet, deshalb gab es keinen Grund für ein Ausweichen zur anderen Seite [die »Schlitztheorie« ist widerlegt, der Stoß war hinten durch die momentane Lage des Schiffes einfach schwächer]. Aber es wäre besser gewesen, es hätte einen Stoß gegeben oder wenigstens einen Widerstand in der Bewegung, und dieser hätte uns aus den Betten geworfen. Denn so hätte es einen Hinweis gegeben, daß unsere Außenhaut nicht kräftig genug gewesen ist, und wir wären heute alle in Sicherheit.

... dieselbe Zeit auf der Brücke der *Titanic*: Das Kommando führt stellvertretend der Erste Offizier Murdoch (später Selbstmord) und im Ausguck steht der Matrose Fleet (überlebend). Um 23.40 Uhr sieht er eine schwarze Masse in Fahrtrichtung, läutet dreimal die Glocke und ruft sofort die Brücke an. Der Sechste Offizier Moody (gerettet) gibt die Meldung »Eisberg hart voraus« weiter. Murdoch reagiert sofort mit den Befehlen: »Ruder hart Steuerbord« (das Schiff soll nach Backbord abdrehen) und »Maschinen äußerste Kraft zurück«. Das Ruder wird gelegt ... und es passiert eine halbe Minute nichts. Dann nimmt das Schiff die Kursänderung auf und beginnt nach Backbord zu drehen, in diesem Moment gibt es die verhängnisvolle Unterwasserberührung, die gleichwohl auch auf der Brücke kaum wahrgenommen wird. Trotzdem läßt Murdoch auch die Schotten schließen und mag mit den anderen gedacht haben: »... noch mal Glück gehabt ...«. Leider ein Irrtum. Soweit die überlieferten Fakten. Mehr im letzten Kapitel ...

Und so, ohne einen Gedanken daran zu verschwenden, daß etwas ernsthaftes mit dem Schiff passiert sein könnte, nahm ich das Lesen wieder auf,

---

* Ins heute gebräuchliche MKS-System umgerechnet: ein Impuls (Masse mal Geschwindigkeit) von rund $6,8 \times 10^8$ kgm/s.

begleitet vom Gemurmel der Stewards und dem aus den anliegenden Kabinen. Kein anderes Geräusch, kein Schrei in der Nacht, keine Alarmmeldung, niemand aufgeregt – es gab wirklich nichts, das selbst ängstlichen Menschen hätte Furcht einflößen können.

Aber nach einiger Zeit fühlte ich die Maschinen sich verlangsamen und dann stillstehen, die tanzenden Bewegungen und die Schwingungen, die Teil unseres täglichen Lebens waren, verstummten plötzlich, und d a s war der erste Hinweis, daß etwas Außergewöhnliches passiert war. Wir kennen alle die tickende Uhr in einem ruhigen Raum, die erst wahrgenommen wird, wenn sie aufhört zu ticken, weil wir unbewußt das Ticken vermissen. In gleicher Weise kam uns an Bord ins Bewußtsein, daß die Maschinen, jener Teil des Schiffes, der uns durch das Wasser voranbringt, völlig gestoppt wurden. Aber das Anhalten der Maschinen gab uns trotzdem keine Information: Wir mußten uns jeder einen eigenen Reim darauf machen, warum wir festlagen. Wie ein Blitz kam mir der Gedanke: »Wir haben ein Schraubenblatt verloren, denn wenn das passiert, rasen die Maschinen, solange sie nicht wieder unter Kontrolle sind, das zeigte ihre zusätzliche Anstrengung.« Aus heutiger Sicht eine nicht sehr logische Schlußfolgerung, weil dann die Maschinen weiter gerast wären bis zum Augenblick des Anhaltens; aber es kam darauf an, erstmal eine zufriedenstellende Erklärung zu finden.

> Es war die *Olympic*, die sechs Wochen vorher ein Schraubenblatt verloren hatte und daran wird sich Beesley erinnert haben. Auf ihrer letzten Ostpassage fuhr sie am 24. Februar 1912 über ein Unterwasserhindernis, das ihre Backbord-Schraube (Durchmesser 7 Meter) beschädigte. Sie erreichte Southampton verspätet am 28. Februar und ging anschließend nach Belfast zur Reparatur. Nur dort gab es ein entsprechend großes Trockendock, in dem die *Titanic* gerade ihrer Fertigstellung entgegenging. So befanden sich die Schwesterschiffe für vier Tage direkt nebeneinander – eine Konstellation, die 1995 zu den Spekulationen der Herren Gardiner und van der Vat den Anlaß gab (siehe auch letztes Kapitel).

Ihr folgend, sprang ich aus dem Bett, schlug mir einen Umhang über den Pyjama, zog Schuhe an und ging aus meiner Kabine in die Halle nahe beim Salon. Hier traf ich einen Steward, der am Treppengeländer lehnte. Er wartete offenbar darauf, daß die letzten Gäste des darüberliegenden Rauchsalons zu Bett gehen würden, damit er die Lichter löschen könne.
Ich sagte: »Warum haben wir angehalten?« – Er antwortete: »Ich weiß es nicht, mein Herr, aber ich vermute, es ist nichts Ernstes.« – »Nun«, sagte ich, »ich gehe an Deck und schaue mal nach«, und schritt zur Treppe. Er lächelte mich nachsichtig im Vorübergehen an und sagte: »In Ordnung, mein Herr, aber es ist ziemlich kalt dort oben.« Ich bin sicher, daß er mich um diese Zeit für etwas verrückt gehalten hat, fast ohne Grund dort hinauf-

zugehen, und ich muß gestehen, daß ich es selbst absurd fand, nicht in die Kabine zurückzukehren. Es scheint ein unnötiges Aufheben zu sein, in einem Übermantel über das Schiff zu spazieren. Aber es war meine erste Reise zur See und ich freute mich über jede Minute und war gespannt darauf, neue Erfahrungen zu sammeln; und plötzlich stoppten wir auf hoher See, weil wir eventuell ein Propellerblatt verloren hatten: das war ein ausreichender Grund für mich, an Deck zu gehen. Und dann der Steward mit seinem väterlichen Lächeln und der Umstand, daß sonst niemand in diesem Gang war oder die Treppen benutzte um nachzusehen, was los war. Diese Konstellation machte mich auf eine unbekannte Weise schuldbewußt, daß ich die Regeln an Bord brach – eines Engländers Angst, für ungewöhnlich gehalten zu werden – möglicherweise!

Ich erklomm die drei Stockwerke, öffnete die Außentür, um an Deck zu gelangen und trat in eine Atmosphäre, die mich wie mit Messern schnitt, so wie ich angezogen war. Hinübergehend nach Steuerbord, blickte ich hinunter und sah das Wasser viele Fuß tiefer, ruhig und schwarz. Voraus erstreckte sich das verlassene Deck bis zum Abschnitt der ersten Klasse und der Kommandobrücke; und nach hinten bis zur Unterkunft der Zwischendeckspassagiere und der hinteren Brücke, sonst nichts. Kein Eisberg auf irgendeiner Seite oder hinter uns, jedenfalls so weit man bei der Dunkelheit sehen konnte. Außer mir waren noch zwei oder drei Männer an Deck, und mit einem von ihnen – dem schottischen Ingenieur, der den Gesang am Klavier im Salon begleitet hatte, verglich ich den Stand unserer Erfahrungen. Er hatte sich gerade ausziehen wollen, als die Maschinen anhielten und war sofort heraufgekommen, so daß er ziemlich wenig anhatte. Niemand von uns konnte etwas erkennen und alles blieb ruhig, und es bewegte sich nichts, so daß der Schotte und ich auf das nächste Deck hinabgingen.

Durch die Fenster des Rauchsalons beobachteten wir den Fortgang eines Kartenspiels mit einigen Zuschauern drum herum, und gingen hinein, um zu erkunden, ob sie mehr wüßten als wir. Auch sie hatten kaum mehr mitbekommen als die größere Maschinenanstrengung, aber soweit ich mich erinnere, ist niemand von ihnen hinausgegangen, um nachzufragen; auch nicht, als einer von ihnen einen Eisberg durchs Fenster gesehen hatte, der die Decks überragte. Dieser lenkte die allgemeine Aufmerksamkeit auf denselben, und alle sahen ihn verschwinden, aber dann hatten sie das Spiel fortgesetzt. Wir fragten nach der Höhe des Berges und einige sagten hundert Fuß, andere sechzig, und einer der Zuschauer – ein Autoingenieur, der mit seinem Vergasermodell nach Amerika wollte (er hatte seine Einwanderungserklärung in meiner Nähe ausgefüllt und den Bibliotheks-Steward gefragt, wie er seine Erfindung beschreiben sollte) – sagte: »Nun, ich bin es gewohnt, Entferungen zu schätzen und ich taxiere ihn zwischen 80 und 90 Fuß.« Wir akzeptierten seine Schätzung und stellten Überlegungen an, was wohl mit der *Titanic* passiert sein könnte. Der allgemeine Eindruck war, daß wir den Eisberg vorhin flüchtig an Steuerbord berührt hätten, und die Schiffsführung hätte in weiser Voraussicht angehalten, um das Schiff überall gründlich zu untersuchen. »Ich vermute, der Eisberg hat etwas von ihrer neuen Farbe abgekratzt«, sagte einer, »und der Kapitän möchte nicht gern weiterfahren, bis sie wieder frisch gestrichen worden ist.« Wir lachten über seine Einschätzung der Sorge des Kapitäns. Armer Kapitän Smith! — er wußte schon um diese Zeit nur zu gut, was passiert war.

... in der Tat war der Kapitän sofort auf die Brücke geeilt und ließ sich unterrichten. Zunächst schickte er den Vierten Offizier und den Zimmermann zu einer Erkundung, später machte er sich selbst auf den Weg und nahm den an Bord mitreisenden Schiffskonstrukteur Andrews (nicht gerettet) mit. Den beiden Fachleuten war nach dem Inspektionsgang klar, daß das Schiff verloren sein würde, Andrews rechnete in 1 bis 1 1/2 Stunden. Er wußte, daß bei fünf beschädigten Abschnitten das Wasser von einer Abteilung zur nächsten laufen würde, weil die wasserdichten Schotten für diesen Fall nicht hoch genug reichten ...

Einer der Spieler wies auf das Glas Whiskey neben seinem Ellenbogen, wandte sich an einen Zuschauer und sagte: »Geh' doch mal an Deck und schau nach, ob etwas Eis an Bord gekommen ist, ich hätte gern etwas davon.« Stellen Sie sich das Gelächter vor, als wir uns dieses vorstellten, wirklich gut, ehrlich!, denn als er das aussprach, war das vordere Deck tatsächlich mit übergekommenen Eisbrocken bedeckt. Als ich sah, daß keine weitere Information dabei herauskam, verließ ich den Rauchsalon und ging in meine Kabine, wo ich einige Zeit lesend verbrachte.

... zum Eisberg: Die Schätzungen der »Augenzeugen« lagen weit auseinander, rechnerisch sollen hier zwei Varianten aufgezeigt werden: 1) Erhebungshöhe 20 m, Durchmesser 20 m = ca. 20.000 t; 2) Erhebungshöhe 30 m, Durchmesser 40 m = ca. 120 000 t. Der erste hätte 1/3 der Masse der *Titanic* ausgemacht, der zweite die doppelte Masse, auf jeden Fall zuviel ...

Ich bin heute voller Sorge, daran zu denken, daß ich keinen der Mitreisenden aus dem Rauchsalon je wiedersah: fast alles junge Männer, voller Hoffnung in ihre Zukunftsaussichten in der Neuen Welt, meist unverheiratet, eifrig, aufgeweckt, mit allen Merkmalen eines guten Bürgers.
Dann hörte ich Leute auf dem Gang laufen, sah hinaus und erkannte einige von ihnen in der Halle stehend, um sich mit dem Steward zu unterhalten — die meisten von ihnen Damen in Bademänteln. Andere gingen treppauf, und

ich entschied mich, auch wieder an Deck zu gehen. Da es aber zu kalt war, so zu gehen, zog ich ein Norfolk-Jackett und Hosen an und ging hinauf.

Es waren nun mehr Menschen dort, die über die Reling schauten und hin und her gingen, einander fragend, warum wir angehalten hatten, aber ohne eine eindeutige Information zu erhalten. Ich stand einige Minuten an Deck, hielt mich durch Hin- und Hergehen warm und sah manchmal hinab auf die See, als gäbe es von dort einen Hinweis für unsere Verspätung. Das Schiff hatte seinen alten Kurs wieder aufgenommen und bewegte sich sehr langsam durch das Wasser, mit etwas weißem Schaum auf jeder Seite. Ich denke, wir waren alle erfreut, dies zu bemerken: es schien besser zu sein, als still zu liegen.

> ... hier liegt möglicherweise der Schlüssel zu einem scheinbar unerklärlichen Befehl des Kapitäns. Dieser ließ seine angeschlagene *Titanic* etwas später noch einmal »Halbe Kraft Voraus« gehen, wie lange das dauerte, ist umstritten. Aber vielleicht hatte der alte Seebär ein viel besseres Gefühl für die Situation, in der sich seine noch nicht informierten Passagiere befanden, als man ihm im nachhinein unterstellt hat: Bewegung als Beruhigungsmittel, jedenfalls erst mal ...

Nun entschied ich mich, wieder hineinzugehen und als ich von Steuerbord nach Backbord wechselte, um durch das Treppenhaus nach unten zu gehen, sah ich einen Offizier das hintere Rettungsboot – Nummer 16 – an Backbord ersteigen. Sogleich begann er, die Abdeckung zu entfernen, aber ich erinnere mich, daß ihm niemand sehr viel Aufmerksamkeit schenkte. Sicherlich dachte man nicht daran, daß die Rettungsboote bemannt werden sollten, um sich einzuschiffen. Die ganze Zeit über war nicht eine Spur von Panik oder Hysterie bei den Passagieren zu bemerken, da es offensichtlich keine Anzeichen für Gefahr gab.

Als ich die Tür passierte, um nach unten zu gehen, blickte ich nach vorn und erkannte zu meiner großen Überraschung eine leichte Schräglage von hinten nach vorn. Nur eine kleine Abweichung, von der ich annahm, daß sie keiner bemerkt haben dürfte, – die auf jeden Fall kaum zu spüren war. Als ich die Treppe hinabging, verursachte diese Neigung ein merkwürdiges Gefühl. Nichts schien mehr im Lot zu sein, als würde man nicht mehr sicher die nächste Stufe erreichen. Natürlich bilden die Stufen einen anderen Winkel, wenn die Treppe nach vorn geneigt ist, und man hat das Gefühl, nach vorn zu fallen. Ich konnte keine sichtbare Veränderung der Treppe erkennen, es war nur die Wahrnehmung des Gleichgewichtssinns um diese Zeit.

Auf dem D-Deck waren drei Frauen, die auf dem Gang vor ihrer Kabine standen – ich denke mir, sie wurden alle gerettet, und es ist eine gute

Sache, sich an Begegnungen zu erinnern, die Menschen betreffen, die gerettet wurden, nachdem wir soviel erfahren haben von Leuten, die es nicht schafften. »Oh, warum liegen wir fest?« sagten sie. »Wir haben angehalten«, antwortete ich, »aber jetzt fahren wir weiter.« – »Oh, nein«, sagte eine, »ich kann die Maschinen nicht wie sonst fühlen oder hören. Horcht mal!« Wir horchten und es war tatsächlich kein Geräusch auszumachen. Ich dachte daran, daß die Schwingungen der Maschinen am besten in der Badewanne zu spüren sind, wo das Pochen direkt aus dem Boden in die metallenen Seiten übertragen wird, so kräftig, daß man allgemein nicht seinen Kopf wohlig auf den Wannenrand legen kann. Also nahm ich die Damen mit über den Gang zu einem Badezimmer und ließ sie ihre Hände auf den Wannenrand legen: Sie waren sehr erstaunt, das Schlagen der Maschinen da unten zu spüren und zu wissen, daß wir vorankamen. Ich verließ sie und kam auf dem Weg zu meiner Kabine an einigen Stewards vorbei, die unbeteiligt an der Salonwand lehnten. Einer von ihnen, schon wieder der Bibliotheks-Steward, schrieb etwas über einem Tisch gebeugt.

Es ist keine Übertreibung zu sagen, daß sie weder eine Ahnung von dem Unfall noch von der Tatsache hatten, daß wir gestoppt hatten und noch nicht wieder die volle Geschwindigkeit fuhren. Ihre ganze Erscheinung brachte vollkommene Zuversicht zum Ausdruck, was das Schiff und die Offiziere anging.
In meinen Gang einbiegend (meine Kabine war die erste im Korridor), erblickte ich einen Mann am anderen Ende, wie er seinen Gürtel schloß. »Gibt's was Neues?« fragte er. »Nicht viel«, antwortete ich, »wir fahren langsam voraus, und sie liegt vorn etwas tiefer, aber ich denke nicht, daß es etwas ernstes ist.« – »Kommen Sie herein und schauen Sie sich diesen Mann an«, lachte er, »er will nicht aufstehen.« Ich sah hinein und in der oberen Koje lag ein Mann mit dem Rücken zu mir, bis auf seinen sichtbaren Hinterkopf vollständig eingebettet. »Warum steht er nicht auf, schläft er noch?«, fragte ich. »Nein«, lachte der andere, sich weiter anziehend, »er sagt ...« Aber noch bevor er den Satz zu Ende bringen konnte, grunzte der von oben: »Ihr bringt mich nicht dazu, ein warmes Bett zu verlassen, um zu Mitternacht aufs kalte Deck zu gehen. Ich weiß was besseres.« Wir beide erklärten ihm, lachend, warum er besser aufstehen sollte, aber er war sich sicher, daß er auch im Bett geschützt sei und die ganzen Umstände völlig unnötig seien. So verließ ich sie und ging endlich zu meiner Kabine. Ich zog zusätzliche Unterwäsche an und setzte mich aufs Sofa, um einige Zeit zu lesen. Da hörte ich durch die offene Tür das Hin- und Herlaufen von Leuten und eine laute Stimme von oben: »Alle Passagiere mit angelegten Schwimmwesten an Deck!«

41

Ich steckte die beiden Bücher, die ich las, in die Seitentaschen meines Jacketts, nahm meine Schwimmweste (merkwürdig genug: ich hatte sie bereits schon einmal aus der Garderobe herausgenommen, als ich das erste Mal in meine Kabine zurückkehrte) und meinen Morgenmantel und ging hinauf, während ich meine Schwimmweste umlegte. Als ich aus meiner Kabine trat, erinnere ich mich, den Assistenten des Zahlmeisters gesehen zu haben. Er hatte einen Fuß auf die Treppenstufe gestellt, als wollte er sie ersteigen; so flüsterte er mit auffällig zurückgelegtem Kopf einem Steward etwas zu. Nicht, daß ich um diese Zeit dachte, es hätte etwas zu bedeuten, aber ich habe keinen Zweifel, daß er ihm berichtete, was im Bugbereich passiert war und ihm Anweisung gab, alle Passagiere aufzuwecken.

Der Informationsfluß war schlecht, aber ein Teil davon war technisch bedingt: Im Jahre 1912 waren weder Mikrofon noch Lautsprecher erfunden, so daß Befehle nur per Telefon, Sprachrohr oder von Mund zu Mund übermittelt werden konnten. Das war wenig zuverlässig und vermutlich wurden nur die Passagiere der ersten und zweiten Klasse ausreichend informiert ...

Als ich mit anderen Passagieren die Treppe nach oben stieg — niemand rannte oder schien beunruhigt —, trafen wir auf zwei Damen, die herunterkamen: eine faßte mich am Arm und sagte: »Oh! Ich habe keine Schwimmweste, würden Sie bitte mit in meine Kabine kommen und mir suchen helfen?« Ich kehrte also mit ihnen zurück auf das F-Deck. Die Dame, die mich angesprochen hatte, hielt mich die ganze Zeit über in festem Griff, sehr zu meiner Freude — und wir trafen einen Steward in ihrem Gang, der ihnen half, die Schwimmwesten zu finden. Wieder auf dem Weg nach oben, kam ich am Schalter des Zahlmeisterbüros am F-Deck vorbei und bemerkte drinnen ein Licht. Auf halber Strecke zum E-Deck hörte ich den kräftigen metallenen Klang der sich schließenden Safetür, kurz darauf gefolgt von hastigen Schritten entlang dem Korridor zu den Erste-Klasse-Quartieren. Ich habe wenig Zweifel daran, daß das der Zahlmeister war, der alles Wertvolle aus seinem Safe in die Obhut des Zahlmeisters der ersten Klasse überführte, in der Hoffnung, daß alles zusammen mitgenommen werden würde. Das ist der Grund, weshalb ich vorhin anführte, daß vielleicht der Umschlag, der meine Wertsachen enthielt, sich nicht im Safe auf dem Meeresgrund befindet, sondern wahrscheinlich gebündelt zusammen mit anderen wasserdurchtränkt ganz unten liegt.

Beesley gibt meines Wissens als erster den Hinweis, daß Wertsachen eingesammelt wurden. Leider blieb es beim Versuch, denn ihre Spur verlor sich, da beide Zahlmeister nicht zu den Überlebenden zählten. Aber nicht nur die Safe-Inhalte, auch die Logbücher von Brücke und Maschine gingen verloren. So waren die amtlichen Untersuchungen fast nur auf Zeugenaussagen von Geretteten angewiesen. Es ist daher verständlich, daß es zu manchen Vorgängen verschiedene Versionen gibt, denen man Glauben schenken kann oder nicht.

Als ich das obere Deck erreichte, waren dort schon viele Leute versammelt. Einige waren vollständig mit Mantel und Schal angekleidet, gut gerüstet für alle Dinge, die da kommen könnten. Andere hatten nur hastig ein Tuch umgeschlungen, als sie die Aufforderung erreichte, sich mit Schwimmwesten zu versorgen und waren nicht in sehr guter Verfassung, der kalten Nacht zu widerstehen. Glücklicherweise gab es keinen Wind, der die Kälte durch unsere Kleidung blies. Auch die Luftbewegung, verursacht durch die Schiffsgeschwindigkeit war endlich verschwunden, denn die Maschinen waren wieder angehalten worden und die *Titanic* lag friedlich auf der Wasseroberfläche. Bewegungslos, ruhig, nicht mal den Schwingungen der Dünung folgend: Tatsächlich war, wie wir jetzt erkannten, die See so ruhig wie ein Binnengewässer, bis auf die kleinen Wellen, die keine Bewegung für ein Schiff von den Ausmaßen der *Titanic* erzeugten. An Deck zu stehen, so hoch über dem Wasser, das träge an ihre Seiten schwappte und in die Ferne zu blicken, allerdings durch die Dunkelheit eingeschränkt, das alles gab einem ein Gefühl der wunderbaren Sicherheit, als würde man auf einem großen Felsen mitten im Ozean stehen. Aber für einen Betrachter, der sich jetzt an Deck aufhält, gibt es nun mehr Anzeichen für die sich anbahnende Katastrophe. Da ist das Gebrüll des ausströmenden Dampfes der Kessel, das aus den Dampfrohren [Überdruckventilen] hoch oben von den Schornsteinen kommt: ein eindringlicher, tiefer Ton, der Unterhaltungen schwierig machte und wegen des Lärms ohne Zweifel die Furcht mancher Menschen erheblich verstärkte. Wenn man sich vorstellt, daß zwanzig Lokomotiven ihren Dampf in einer niedrigen Halle ablassen, dann gibt das eine Vorstellung davon, welch ungemütlicher Klang uns erwartete, als wir auf das Oberdeck traten.

Aber trotzdem war es ein uns allen bekanntes Phänomen, Dampfmaschinen lassen Dampf ab, wenn sie zum Beispiel im Bahnhof stehen, und warum sollte nicht ein Schiff das gleiche tun dürfen, wenn es nicht fährt? Ich habe nie gehört, daß jemand diesen Krach mit einer Kesselexplosion in Verbindung bringt, für den Fall, daß das Schiff mit den unter Druck stehenden Kesseln sinkt, was ohne Zweifel eine zutreffende Erklärung für diese Vorsichtsmaßnahme gewesen wäre. Aber das ist eine Spekulation, einige Leute könnten es vielleicht gewußt haben; doch um diese Zeit, als wir an Deck kamen bis Boot Nummer 13 abfuhr, hörte ich nur wenige Unterhaltungen irgendwelcher Art zwischen den Passagieren. Es ist nicht die geringste Übertreibung zu sagen, daß bei niemandem Beunruhigung zum Ausdruck kam, keine Schreie der Furcht und kein Hin- und Hergerenne, um zu entdekken, was der Grund dafür war, daß wir mit Schwimmwesten an Deck versammelt waren und was jetzt mit uns geschehen sollte. Wir standen ruhig zusammen und beobachteten die Arbeit der Mannschaft, wie sie die Rettungsboote vorbereiteten, wobei niemand es wagte, sie zu unterbrechen oder ihnen zu helfen. Es war klar, daß wir da nichts zu suchen hatten, und so wartete die Gruppe von Männern und Frauen geduldig an Deck oder sie gingen langsam auf und ab, weitere Anweisungen der Offiziere erwartend.

Nun, bevor wir die folgenden Ereignisse in Betracht ziehen, den Stand der Dinge für die Passagiere erwägen und uns die Motive ansehen, die jeden einzelnen unter diesen Umständen bewegt haben, dieses oder jenes zu tun, ist es notwendig, sich in Gedanken die Summe von Informationen zu vergegenwärtigen, die wir zur Verfügung hatten. Männer und Frauen handeln nach Gesetzen, die sich aus den Bedingungen um sie herum ergeben und die beste Art, sich unverständliche Dinge klarzumachen ist, sich vorzustellen wie man in dieser Nacht selbst an Deck steht. Es scheint für einige Leute unerklärlich zu sein, daß es Frauen gegeben hat, die sich weigerten, das Schiff zu verlassen, daß sogar einige Personen in ihre Kabinen zurückkehrten; aber so ist es nun einmal gewesen.

Zunächst einmal muß der Leser, der mit uns an Deck steht, sich von dem Wissen freimachen, daß die *Titanic* sinken wird – eine unabdingbare Voraussetzung, weil er nicht die Bedingungen richtig bewerten kann, wenn er im Hintergrund seiner Gedanken die Erkenntnis über die größte maritime Tragödie der Welt mit sich herumträgt. Er muß Abschied nehmen von jeder Art von Vorahnung des Desasters, wenn er das Verhalten der Leute würdigen will. Außerdem sollte er sich besser von allen Bildern freimachen, seien es die seiner eigenen Phantasie oder die durch fremde Künstler eingebrachten, bildlich oder verbal »vervollständigt in Einzelheiten«. Einige sind höchst ungenau (meist die Wortgebilde), und wo sie falsch sind, betonen sie die dramatische Seite. Sie brauchtes es nicht zu sein, die ganzen Umstände waren in ihrer ganzen Einfachheit dramatisch genug, ohne jede blühende Übertreibung.

Nach dieser mentalen Reduzierung wird sich der Leser als einer derjenigen in der Gruppe wiederfinden, die mit folgenden Bedingungen konfrontiert ist: eine vollständige Stille, brillantes Sternengefunkel, aber ohne Mond, und so mit wenig brauchbarem Licht; ein Schiff, das zur Ruhe gekommen war ohne irgend welche Anzeichen eines Unglücks – kein Eisberg erkennbar, kein Loch im Rumpf, durch das Wasser eindringt, nichts zerbrochen oder nicht an seinem Platz, keine Alarmmeldung, keine Panik, keine Bewegung außer dem eigenen Schritt. Das mangelnde Wissen über die Art des Unfalls, den Umfang der Zerstörung, die Gefahr des Sinkens des Schiffes in ein paar Stunden, die Anzahl der verfügbaren Boote, Flöße oder anderer Rettungsmittel und ihre Kapazität, ob andere Schiffe in der Nähe oder zur Hilfe unterwegs sind – tatsächlich, ein vollständiges Fehlen jeglicher Art von gesicherten Informationen über irgendeinen dieser Punkte. Ich denke, daß es das Ergebnis der wohlüberlegten Entscheidungen der Offiziere und vielleicht das Beste war, das sie tun konnten. Einige Einzelheiten zur Erinnerung für den Leser: Das Schiff war eine sechstel Meile lang, mit Passagieren, die auf jeder Seite drei offene Decks bevölkerten, und er wird einen Eindruck von der Schwierigkeit gewinnen, der sich die Offiziere gegenübersahen, ein so großes Gebiet zu kontrollieren, und sich über die Unmöglichkeit klar werden, daß irgendeiner wissen müßte, was passiert ist, außer jenem, welches sich in seiner unmittelbaren Umgebung abspielte. Vielleicht kann die ganze Situation am besten dadurch gekennzeichnet werden, daß es uns nicht gewundert hätte zu hören, wenn alle Passagiere gerettet worden wären, nachdem wir eingebootet und von der *Titanic* weggerudert waren. Es war dann wie ein Donnerschlag für uns, als wir die Schreie der hinabgerissenen Menschen hörten, als die *Titanic* ihr letztes Grab fand. Ich gebe zu, daß die Erfahrungen einiger Geretteter zu diesem Punkt voneinander abweichen können: einige hatten gesichertes Wissen, einige waren erfahrene Reisende und Seeleute, und erkannten deshalb schneller, was vor sich ging; aber ich denke, das vorhin Beschriebene gibt ausreichend genau wieder, was den Stand der allgemeinen Gedanken der Menschen an Deck in dieser Nacht betrifft.

... andere Berichte oder Untersuchungen belegen das Gesagte einhellig. Die Führungskräfte an Bord machten sich keine Illusionen, ebenso wie einige seeerfahrene Passagiere, aber in allen Schilderungen ist immer wieder spürbar, wie wenig die Gefahr ernst genommen wurde. Die vertraute Umgebung ließ vielen gar keinen Platz für kritische Gedanken, und im Bauch des Schiffes schliefen völlig ahnungslos noch Hunderte. Befehle, alle Passagiere systematisch zu wecken (notfalls eben jede Kabine aufzusuchen) sind nicht belegt. So blieb es dem Zufall, der Anteilnahme von Mitreisenden oder persönlicher Neugier überlassen, ob Passagiere sich auf das Bootsdeck begaben, um eigene Schlüsse aus dem Gesehenen zu ziehen.

Die ganze Zeit über kamen Leute die Treppen herauf und vergrößerten die Menschenmenge an Deck. Ich erinnere mich, daß ich daran dachte, daß es gut gewesen wäre, in meine Kabine zurückzukehren und einiges Geld sicherzustellen sowie warme Bekleidung für den Fall zu holen, daß wir die Rettungsboote benutzen sollten. Aber als ich die heraufkommenden Leute durch das Treppenhausfenster bemerkte, stellte ich mir die mögliche Verwirrung vor, wenn ich diesen auf der Treppe begegnen sollte und entschied mich, an Deck zu bleiben.
Ich war nun auf dem Bootsdeck auf der Steuerbordseite, die Zeit etwa 00.20 Uhr. Wir schauten der Besatzung zu, wie sie an den Rettungsbooten

der Nummern 9, 11, 13 und 15 arbeiteten; einige, die die Ruderriemen klar machten, einige, die Seile an Deck auslegten – jene Taue, die durch die Seilscheiben laufen, um die Boote herabzulassen –, andere mit Kurbeln ausgerüstet für die Auslegerarme der Bootsdavits. Während wir so zusahen, wurden die Ausleger gedreht und die Davits ausgeschwungen, so daß die Boote einwandfrei auf der Höhe des Decks hingen. Gerade jetzt kam ein Offizier vom Erste-Klasse-Deck und rief durch den Lärm des austretenden Dampfes: »Alle Frauen und Kinder gehen auf das Promenadendeck, und alle Männer treten von den Booten zurück.« Er war bei der Kollision augenscheinlich nicht im Dienst gewesen und nur leicht mit einem hastig um den Nacken gewickelten weißen Halstuch bekleidet. Die Männer traten zurück und die Frauen gingen hinunter, um vom nächsten Deck aus die Boote zu besteigen. Zwei Frauen protestierten zunächst gegen das Getrenntwerden von ihren Ehemännern, aber teils durch Überredung, teils mit leichter Gewalt, waren sie schließlich bereit, von einander zu scheiden und ließen sich zum unteren Deck leiten.

Ich denke, daß zu dieser Zeit, als an den Rettungsbooten gearbeitet wurde und es zur Trennung von Männern und Frauen kam, uns allmählich die unmittelbare Gefahr klar wurde, aber es machte keinen Unterschied in dem Verhalten der Menge: sie war wie vorher bereit, Anweisungen zu empfangen und zu tun, was man von ihnen verlangen würde; genauso, wie sie zuerst an Deck gekommen waren. Ich meine nicht, daß sie hier vernünftig dachten: sie waren eine durchschnittliche germanische Menge, mit dem angeborenem Respekt für Recht und Ordnung und den überlieferten Traditionen von Generationen von Ahnen. Die Gründe, die sie so handeln ließen, wie sie es taten, waren unpersönliche, instinktive, vererbte.

Aber wenn es noch welche gab, die nicht bemerkt hatten, daß das Schiff sich in Gefahr befand, so wurde jeder Zweifel in diesem Punkt in einer dramatischen Art und Weise ausgeräumt. Plötzlich erschien ein Licht vom vorderen Deck, ein ansteigendes Gebrüll, das uns alle vom Anblick der Boote herumfahren ließ, und eine Rakete stieg aufwärts, dort wo die Sterne zu uns herabblinkten. Hoch flog sie, immer höher, begleitet von vielen aufschauenden Gesichtern, dann eine Explosion, die die Stille der Nacht zu zerreißen schien, und eine Wolke von Sternen sank langsam herab und verlöschte nacheinander. Und mit einem Aufseufzen entflog dies eine Wort den Lippen der Menge: »RAKETEN!« Jedermann wußte, was Raketen auf See bedeuten. Und dann eine zweite und eine dritte. Die dramatische Intensität der Szene läßt sich nicht leugnen. Lösen Sie sich los von allen kommenden schrecklichen Ereignissen und stellen Sie sich die Stille der Nacht vor, das plötzliche Licht auf den Decks, die angefüllt waren mit Menschen in den unterschiedlichsten Bekleidungen, im Hintergrund hohe Schornsteine und aufragende Masten, entblößt durch die emporstrebende Rakete, deren Leuchten gleichzeitig die vielen Gesichter und die Seelen der ergebenen Masse erleuchtete, die einen mit dem physischen Licht, die anderen mit der plötzlichen Einsicht der Botschaft, die es verkündete. Jedermann wußte ohne Erklärung, das es der Ruf nach Hilfe war.

Raketen waren es nicht, die Beesley und seine Mitreisenden zu sehen glaubten, sondern Leuchtkugeln aus einem Signal-Mörser. Den Unterschied macht die Abschußtechnik deutlich: Raketen bewegen sich durch ihren eigenen Rückstoß bei der Verbrennung eines Feststofftreibsatzes fort, Leuchtkugeln werden durch die Explosion einer Ladung in einem Rohr beschleunigt. Steuermann Rowe schoß mit einem kastenförmigen Apparat (handliche Signalpistolen kamen erst später in Gebrauch) auf Befehl von Boxhall acht Projektile in den Sternenhimmel. Am Scheitelpunkt ihrer Flugbahn, die bis etwa 250 Meter hinaufreichen konnte, lösten sich die Leuchtkugeln in zwölf weiße Sterne auf. Da es im Jahre 1912 keine vorgeschriebenen Notsignale gab, war es allgemeine Übereinkunft, daß Leuchtkugeln, in Intervallen verschossen, eine Notsituation anzeigten. Wie weit konnten die Leuchtkörper gesehen werden? Unter den Bedingungen dieser Nacht dürfte die maximale optische Reichweite erreicht worden sein, und die läßt sich leicht ausrechnen. Danach wären die Signale im Radius von über 30 Seemeilen von Beobachtern auf anderen Schiffsbrücken zu erkennen gewesen. Andere Quellen beziffern die Steighöhe der »Raketen« auf 300 Fuß (ca. 100 Meter). Selbst bei dieser Annahme liegt ihre Sichtweite noch im Bereich von etwa 20 Seemeilen in jede Himmelsrichtung. Tatsächlich sind Aussagen von Passagieren auf der *Mount Temple* bekannt, die über Leuchterscheinungen in Richtung der Untergangstelle der *Titanic* berichteten. Doch das Schiff wurde in den amtlichen Untersuchungen entsprechend den Aussagen ihres Kapitäns als zu weit entfernt eingestuft (etwa 49 Seemeilen vom gemeldeten Kollisionsort). Die Leuchtsignale wurden in der Tat von einigen Besatzungsmitgliedern des im Eis festliegenden Frachtschiffes *Californian* gesehen, aber nicht als Notsignal verstanden. Echte Hilfe war dennoch unterwegs, denn die *Carpathia* war auf dem Weg zum Haveristen, Anfahrtszeit etwa vier Stunden.

Die Besatzungen befanden sich nun in den Booten, die Seeleute standen an den Falltauen, um sie durch die Blöcke (Führungsscheiben) ruckweise zu lösen, die Boote folgten hinab bis aufs B-Deck; Frauen und Kinder stiegen über die Reling in die Boote und füllten den Raum. Wenn sie voll besetzt waren, wurden sie ganz herabgelassen, beginnend mit Nummer 9, das erste auf dem Deck der zweiten Klasse, und fortfahrend bis Nummer 15. Alles das konnten wir sehen, wenn wir über die Kante des Bootsdecks sahen, welches nun offen vor uns lag; die vier Boote, die eine natürliche Abgrenzung gebildet hatten, waren vom Deck herabgelassen worden und ließen es leer zurück.

Etwa um diese Zeit, während ich an Deck spazierte, sah ich zwei Frauen, die von der Backbordseite herüberkamen und zur Pforte gingen, die die zweite Klasse von dem Decksabschnitt der ersten Klasse trennte. Dort stand ein Offizier, der den Zugang versperrte. »Können wir vorbeigehen zu den Booten?« fragten sie. »Nein, meine Damen«, antwortete er freundlich, »Ihre Boote befinden sich unten auf ihrem eigenen Deck«, und wies auf die Stelle, wo sie hinabgefiert worden waren. Die Frauen kehrten um und gingen zum Treppenhaus, und ohne Zweifel schafften sie es bis zu den Booten, sie hatten ja viel Zeit. Ich erwähne diese Begebenheit, um zu zeigen, daß es wenigstens hier das Übereinkommen gegeben hat, — ob offiziell oder nicht —, eine Trennung der Klassen beim Besteigen der Boote vorzunehmen. Wie weit sie eingehalten wurde, kann ich nicht sagen, aber wenn schon die Frauen der zweiten Klasse nicht damit rechnen durften, das Boot auf dem Erste-Klasse-Deck zu betreten, wie erging es erst den Zwischendeckspassagieren beim Zugang zum Zweite-Klasse-Deck? Es sieht so aus, als ginge das auch zu Lasten der Männer der zweiten Klasse, und leider spricht die geringe Rate der Geretteten dafür [siehe Seite 31].

Unmittelbar nach diesem Vorfall machte eine Meldung unter den Männern, die auf dem Bootsdeck an Steuerbord standen, die Runde: Männer auf der Backbordseite würden in die Boote gelassen. Ich bin nicht in der Lage zu sagen, wie sie entstand, ich kann nur vermuten, daß es der Umstand gewesen sein könnte, daß die Boote an Backbord – die Nummern 10 bis 16 waren noch an Deck zu erkennen – noch nicht vom Bootsdeck herabgelassen worden waren wie die steuerbordseitigen Boote. Es mag auch angenommen worden sein, daß Frauen auf der einen und Männer auf der anderen Seite einsteigen dürften. Egal wie dieses Gerücht entstand, die Männer der Steuerbordseite reagierten darauf und drängten sofort nach Backbord, um die Vorbereitungen des Herablassens zu beobachten und entvölkerten damit die Steuerbordseite. Zwei oder drei Männer blieben zurück; gleichwohl blieben wir nicht aus einem bestimmten Grund dort. Persönlich kann ich mich an keine Eingebung aus meinem Bewußtsein erinnern, die mich dazu veranlaßte, entweder hier zu bleiben oder hinüber zu gehen. Aber da es kein Prozeß des bewußten Handelns war, bin ich überzeugt, daß das, was meine Errettung ausmachte, die Anerkennung der Notwendigkeit bedeutete, ruhig zu bleiben und abzuwarten, welche Rettungsmöglichkeit sich mir anbieten würde.

... das Bild des Bootsdecks (Seiten 50/51) zeigt die Anordnung der Rettungsboote: sie waren bei der *Titanic* je Seite in zwei Gruppen angeordnet, rechts vorn die Nummern 1, 3, 5, 7, dann ein längeres freies Decksstück, dann die Nummern 9, 11, 13, 15. Links (backbords) die analogen geraden Nummern. Das

Einbooten wurde hier vom Kapitän persönlich überwacht, steuerbords war der Erste Offizier zuständig. Um etwa 00.25 Uhr beginnt das Besetzen mit Nummer 7 (innerhalb des Erste-Klasse-Bereichs, und deshalb von Beesley vielleicht nicht beobachtet), welches um 00.45 Uhr direkt vom Bootsdeck mit nur 28 Personen gefiert wird. Ab 00.15 Uhr sendet die *Titanic* Notsignale über Funk, ab 00.45 Uhr auch optische durch Raketen und Morsescheinwerfer im Bemühen, jemand zu erreichen, den viele Zeugen am Horizont zu erkennen glauben ...

Bald nachdem die Männer die Steuerbordseite verlassen hatten, sah ich ein Mitglied der Musikkapelle, den Cellisten, um die Ecke der Veranda aus dem Treppenhaus kommen und über das nun leere Steuerbord-Deck laufen, sein Cello hinter sich herziehend, der Sporn kratzte über den Boden. Das muß so gegen 00.40 Uhr gewesen sein. Ich vermute, die Musik begann kurz danach aufzuspielen und dauerte bis etwa 02.00 Uhr an. Viele gute Taten wurden diese Nacht vollbracht, aber wohl nichts Besseres, als daß diese paar Männer Minute um Minute spielten, während das Schiff Stück für Stück in die See versank, und diese höher und höher an ihren Standort herankam. Die Musik, die sie spielten, war wie ein Klagelied zu ihrem eigenen Begräbnis und zeigte ihr Recht an, in die Halle des unsterblichen Ruhms aufgenommen zu werden.

Nach vorn und nach unten sehend, konnten wir nun viele Boote auf dem Wasser erkennen, die sich langsam Stück für Stück entlang der Bordwand bewegten, ohne Hektik oder Lärm und die sich fortstahlen in die sie verschlingende Dunkelheit, als sich die Besatzungen in die Riemen legte. Ein Offizier – ich denke, der Erste Offizier Murdoch – schritt auf dem Deck entlang, gekleidet in einem langen Mantel, in seinem Stil und Ausdruck ganz und gar in Aufruhr, aber entschlossen und durchsetzungsbereit. Er sah über die Seite und rief zu den gerade herabgelassenen Booten: »Weiter 'runter, und wenn ihr schwimmt, rudert zur Gangway [Bordwandpforte] und wartet auf Befehle.« – »Aye, aye, Sir«, war die Antwort; und der Offizier ging vorbei und hinüber auf die Backbordseite.

Fast unmittelbar danach hörte ich den Ruf von unten »Sind da noch Frauen?«, und als ich über die Deckskante sah, bemerkte ich Boot Nummer 13 auf der Höhe des B-Decks mit einer Besatzung von Heizern, einigen männlichen Passagieren und dem Rest Frauen, – letztere machten ungefähr die Hälfte aus. Das Boot schien fast gefüllt und war soweit, daß es gefiert werden sollte. Der Ruf nach den Frauen wurde noch zweimal wiederholt, aber augenscheinlich wurden keine gefunden. Dann sah einer der Crew zu mir herauf, wie ich hinabsah. »Sind noch Frauen an Deck?«, fragte er. »Nein«, antwortete ich ihm. »Dann sollten Sie besser springen.« Ich saß

Bootsdeck SS. »Titanic«

Uhrzeiten am 15.4.1912
↑ Fieren der Boote

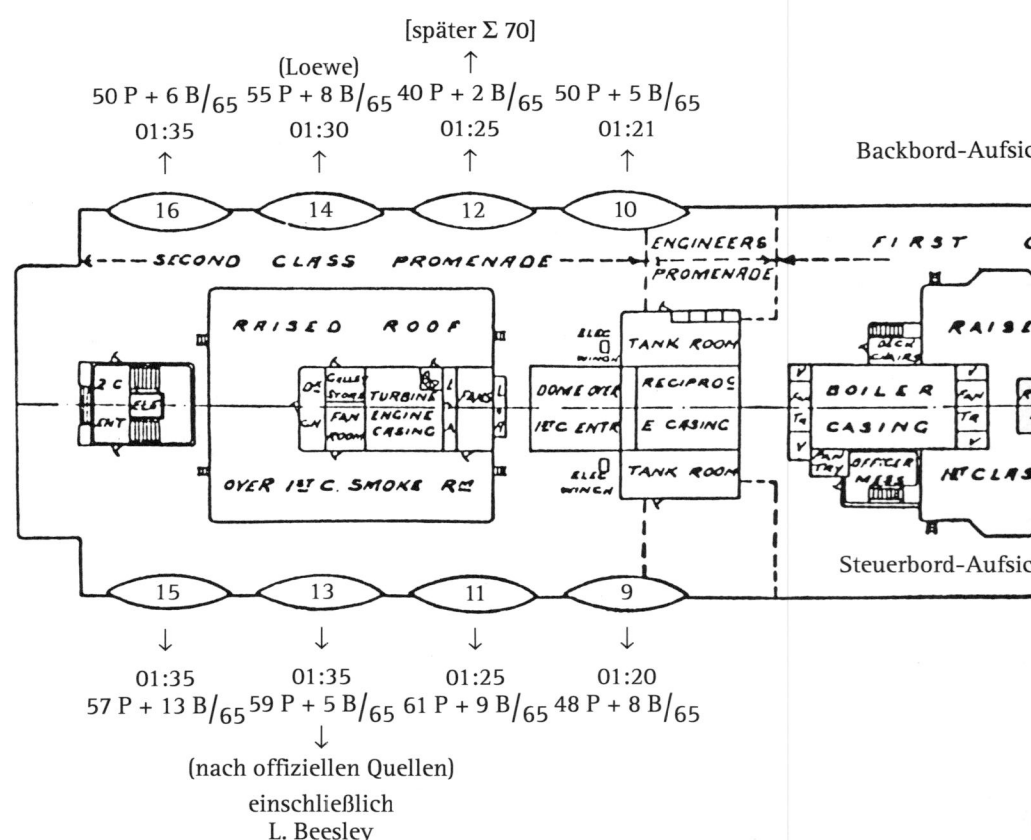

[später Σ 70]

(Loewe)   ↑

$50\,P + 6\,B/65$ $55\,P + 8\,B/65$ $40\,P + 2\,B/65$ $50\,P + 5\,B/65$

01:35   01:30   01:25   01:21

↑   ↑   ↑   ↑

Backbord-Aufsicht

16   14   12   10

Steuerbord-Aufsicht

15   13   11   9

↓   ↓   ↓   ↓

01:35   01:35   01:25   01:20

$57\,P + 13\,B/65$ $59\,P + 5\,B/65$ $61\,P + 9\,B/65$ $48\,P + 8\,B/65$

↓

(nach offiziellen Quellen)

einschließlich
L. Beesley

Zusammenstellung © RWB '96

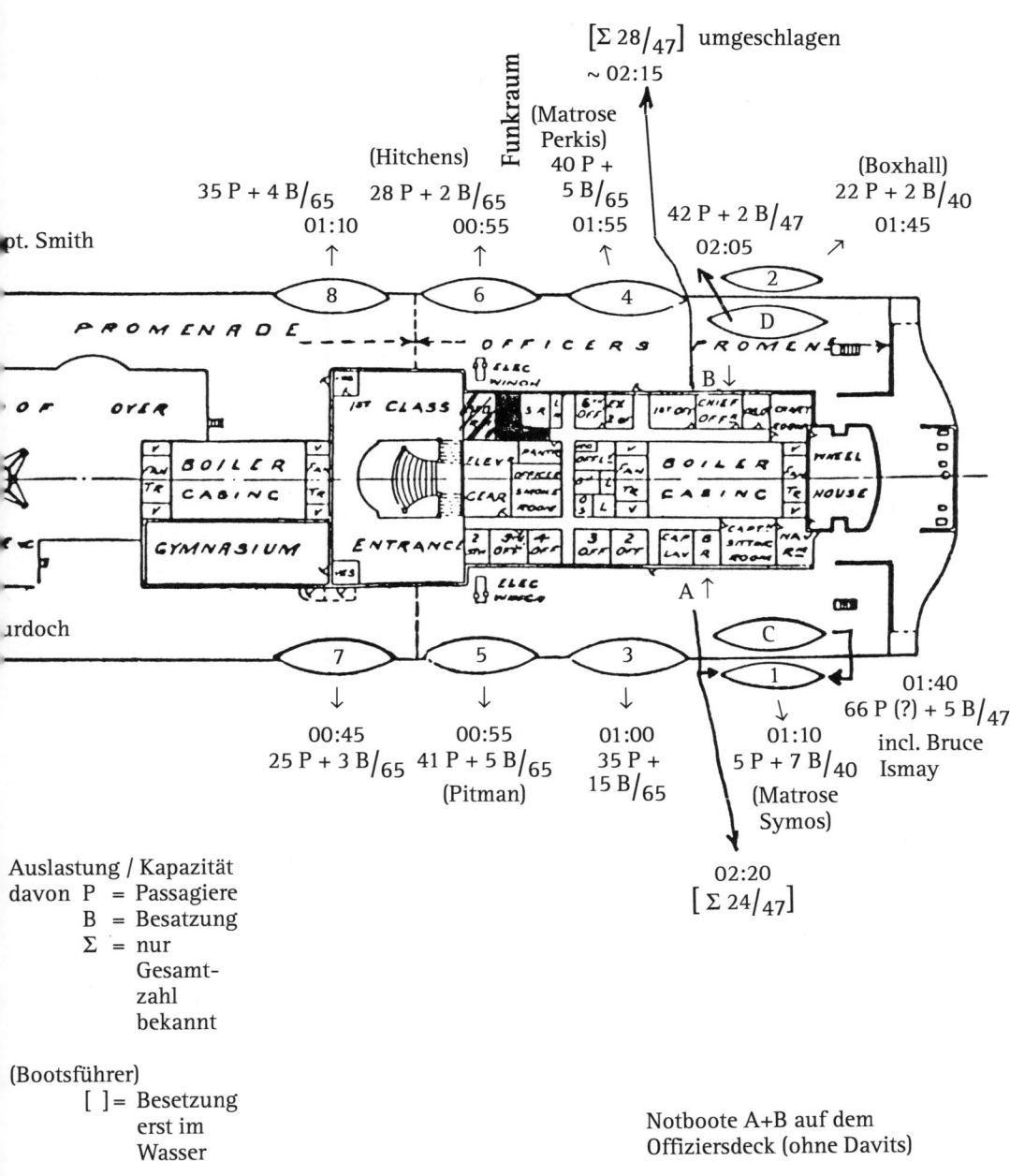

$[\Sigma\ 28/47]$ umgeschlagen

~ 02:15

(Matrose Perkis)

(Hitchens)

40 P + 5 B/65

01:55

28 P + 2 B/65

00:55

35 P + 4 B/65

01:10

pt. Smith

8

6

4

42 P + 2 B/47

02:05

2

(Boxhall)

22 P + 2 B/40

01:45

D

B ↓

A ↑

C

1

rdoch

7

5

3

00:45

25 P + 3 B/65

00:55

41 P + 5 B/65

(Pitman)

01:00

35 P + 15 B/65

01:10

5 P + 7 B/40

(Matrose Symos)

01:40

66 P (?) + 5 B/47

incl. Bruce Ismay

02:20

$[\Sigma\ 24/47]$

Auslastung / Kapazität
davon P = Passagiere
B = Besatzung
Σ = nur
Gesamt-
zahl
bekannt

(Bootsführer)
[ ] = Besetzung
erst im
Wasser

Notboote A+B auf dem
Offiziersdeck (ohne Davits)

51

auf der Deckskante, mit den Füßen außenbords, warf meinen Übermantel, den ich die ganze Zeit über meinen Arm getragen hatte, in das Boot, ließ mich fallen und erreichte das Rettungsboot ziemlich weit hinten.

Als ich mich aufrappelte, hörte ich einen Ruf: »Wart' mal einen Moment, da sind noch zwei Frauen«, und diese wurden hastig über den Decksrand gestoßen und taumelten in das Boot, eine in die Mitte und eine in meine Nähe am Heck des Bootes. Sie erzählten mir später, daß sie mit anderen Frauen auf einem tieferen Deck versammelt waren und nicht den gewöhnlichen Weg zum Bootsdeck über das innere Treppenhaus nahmen, sondern die eisernen Außenleitern benutzten, die, eigentlich für Seeleute gedacht, jedes Deck mit den anderen verbinden. Vor ihnen sind andere Frauen schneller oben gewesen, aber diese beiden kamen verspätet, weil eine von ihnen – die, der zuerst über die Seite geholfen worden war, das Boot Nummer 13 in der Mitte zu erreichen – nicht sehr beweglich war. Es schien so, als ob sie nicht in der Lage wäre, senkrechte Leitern zu erklimmen. Wir sahen sie einige Stunden später beim Versuch, die Strickleiter auf der *Carpathia* hinaufzuklettern, dabei hatte sie die gleichen Schwierigkeiten.
Als sie endlich hineintaumelten, rief die Besatzung: »Fier weg!«, aber bevor der Befehl ausgeführt wurde, kamen plötzlich ein Mann mit seiner Frau und einem Baby auf die Seite. Das Kind wurde der Frau im Heck zugereicht, die Mutter kam in die Mitte des Bootes und der Vater plumpste im letzten Moment hinein, als das Boot schon seine Reise zur Wasseroberfläche begonnen hatte, so viele Meter unter uns ...

Das Sinken der *Titanic*, vom Rettungsboot aus gesehen

Wenn man nun auf das Herablassen unseres Bootes zurückblickt, ergibt sich ein Gefühl der Überraschung. Ich denke, das betrifft alle Insassen, wenn sie sich daran erinnern, wie wenig sie in diesem Moment darüber nachdachten. Es war ein großes Abenteuer, sicherlich: Es war aufregend zu spüren, wie das Boot hinabgelassen wurde, Ruck für Ruck, Fuß um Fuß, als die Seile von oben nachgelassen wurden und quietschten, wenn sie durch die Blöcke liefen. Die neuen Taue und die anderen Teile stöhnten unter der Last eines beladenen Bootes und die Crew rief den Seeleuten oben zu: »Fier vorn!« — »Fier achtern«, je nachdem, ob es nach vorn über lag oder nach hinten, und »Fier zusammen«, als es auf gleichem Niveau lag; aber ich denke, wir hatten keine große Besorgnis, daß wir das Wasser nicht sicher erreichen würden. Es war sicherlich erregend, auf der einen Seite den schwarzen Schiffsrumpf zu betrachten — und die See, siebzig Fuß unter uns, auf der anderen Seite zu sehen, dabei hellerleuchtete Kabinen oder Salons passierend. Aber wir wußten nichts von der Furcht einiger Offiziere, ob die Boote und das laufende Gut die Belastung mit einem Gewicht von sechzig Leuten aushalten würden. Jedoch, die Taue waren neu und belastbar und das Boot hing nicht in der Mitte durch, wie es ein älteres vielleicht getan hätte. Egal, ob es richtig oder falsch war, die Boote vollbeladen zu fieren — und es sah offenbar gefährlich aus —, ich denke, es kann nichts als das höchste Lob für die Offiziere und Mannschaften geben, für die Art und Weise, wie sie die Boote nacheinander sicher zum Wasser hinabließen*. Es scheint ein einfaches Unterfangen darüber zu lesen, aber jeder Seemann weiß genau, daß es gar nicht so einfach ist. Ein erfahrener Offizier hat mir erzählt, daß er mal in der Praxis gesehen hätte, wie ein Boot mit ausgebildeter Mannschaft und ohne Passagiere vom Schiffsdeck aus gewassert wurde, mit erfahrenen Seeleuten an den Tauen, bei Tageslicht und ruhigem Wetter, das Schiff lag im Hafenbecken — und, wie das Boot sich überschlug und seine Besatzung kopfüber ins Meer kippte. Vergleiche diese Bedingungen mit denen am Montagmorgen um 00.45 Uhr, und es ist nicht möglich, nicht zu betonen, daß sie ihre Pflicht in einer Art getan haben, die die größte Effizienz zeigte; egal ob die Mannschaft nun geübt war oder nicht, egal ob sie seit der Einschiffung eingewiesen waren oder nicht. Ich kann mich des Gefühls der tiefsten Dankbarkeit für die beiden Seeleute nicht

* Das subjektive Risiko, vollausgelastet Boote zu wassern, stellte sich als objektiv falsch heraus.

erwehren, die an den Seilen über uns standen und uns hinabließen zum Meer; ich glaube nicht, daß sie gerettet wurden.

Vielleicht ist eine Erklärung, warum wir dem ungewöhnlichen Verlassen der *Titanic* so wenig Aufhebens entgegenbrachten, darin zu sehen, daß es so schien, als ob es der Höhepunkt einer Serie von sehr ungewöhnlichen Vorkommnissen gewesen ist. Unter normalen Umständen wären solche Ereignisse als drohende Gefahr verstanden worden. Es ist leicht, sich das vorzustellen: eine Reise von vier Tagen über ruhige See ohne einen einzigen widrigen Hinweis; die Aussicht, vielleicht schon im Unterbewußtsein halb verankert, daß wir in achtundvierzig Stunden an Land gehen würden und damit eine angenehme Reise abgeschlossen wäre, – um dann zu fühlen, wie die Maschinen zu arbeiten aufhören, zusammengerufen werden an Deck ohne viel Zeit sich anzukleiden, eine Schwimmweste anzulegen, Raketen aufsteigen zu sehen, die um Hilfe rufen, und aufgefordert zu werden, ein Rettungsboot zu besteigen. Nach all diesen Ereignissen macht es nicht mehr viel aus, das Herablassen des Bootes ins Wasser zu spüren: es stellte die natürliche Reihenfolge der Entwicklung dar, und wir hatten in der letzten Stunde gelernt, die Dinge so zu nehmen, wie sie kamen. Außerdem, wenn sich jemand die Situation vorstellen will, so ist dies ganz einfach die fünfundsiebzig Fuß Höhe [etwa 23 Meter] abzumessen, indem man aus einem Fenster eines hohen Hauses oder Blocks bis zum Boden blickt und sich vorstellt, zusammen mit etwa sechzig anderen Personen so in einem Boot eingepfercht zu sein, daß man sich kaum bewegen oder gar hinsetzen kann, und dann sich vor Augen zu führen, daß das Boot ruckweise hinabgelassen wird, je nachdem, wie die Seeleute oben die Taue nachgeben. Es gibt angenehmeren Nervenkitzel als diesen! Wie dankbar wir waren, daß die See so unbewegt war und die *Titanic* so stabil und ruhig dalag, als wir an ihrer Seite hinabglitten. Uns wurde das Anstoßen und Längsschrammen an der Seite erspart, der Seite des Schiffes, die so viele Boote hat zu Wasser gehen sehen. Ich kann mich nicht erinnern, daß wir unser Boot abfedern mußten, während wir versuchten frei zu kommen.
Als wir uns nach unten bewegten, rief einer der Besatzung: »Wir sind gleich am Kühlwasser-Auslauf! Wir sollten uns dort nicht lange aufhalten oder wir laufen voll. Runter auf den Boden und seid bereit, den Leckstopfen* rauszuziehen und sofort loszurudern, wenn wir aufschwimmen und die Taue freikommen.« Ich hatte schon öfter über die Seite gesehen und jenen Wasserstrahl bemerkt, der kurz über der Wasserlinie aus dem Rumpf der *Titanic* herauskam. Tatsächlich war die Wassermenge so groß, daß wir beim Vorbeistreifen durchgeschüttelt wurden und der auftreffende Wasser-

---

* Stöpsel zum Verschließen des Ablaufs am Bootsboden, aus dem normalerweise das gesammelte Regenwasser abfließen kann.

strom Gischt sprühte! Wir fielen – so gut wir es in der Menschenmenge konnten – nach unten oder auf die Seitenbänke und hatten keine Ahnung, wo denn der Leckstopfen sein könnte; auch von der Besatzung wußte es keiner genau, sie wußten nur von seiner Existenz, irgendwo – und wir fanden ihn niemals! Die ganze Zeit über kamen wir der See und dem Gebrüll des Ausflusses näher und näher, bis zuletzt, – immer noch von den Seilen oben gehalten – als der Schwall über uns hinwegwusch und die Kraft des ausströmenden Wassers uns wieder zur Bordwand trieb –, jedoch ohne einen nennenswerten Betrag in eine bestimmte Richtung. Wenn ich heute darüber nachdenke, kommt es mir so vor, als ob wir vom Kühlwasser-Ausfluß vorn getroffen worden sind und nicht in der Mitte, wie ich zunächst dachte. Egal, das Resultat aller drei Kräfte war, daß wir parallel zum Schiff abgetrieben wurden, direkt unter den Platz, wo Boot Nummer 15 an seinen Davits hing, um ebenfalls zur See herabgelassen zu werden. Als wir hochsahen, erkannten wir, wie es bereits zügig vom B-Deck herabkam; es muß unmittelbar nach unserem besetzt worden sein. Wir riefen hinauf: »Stoppt die Nummer 14!«*, und die Besatzung und die Passagiere im Boot über uns, die uns rufen hörten und unsere Position unter ihnen erkannten, riefen das gleiche den Seeleuten auf dem Bootsdeck zu, aber offensichtlich hörten sie uns nicht und ließen das Boot weiter hinunter, Fuß für Fuß, – bis auf zwanzig, fünfzehn, zehn Fuß über uns –, ein Heizer und ich reichten am [fremden] Bug hinauf und erfaßten die Unterseite des Bootes, versuchend, unser Boot aus ihrer Fallinie zu drücken.

Es sah nun so aus, als ob nichts uns davor schützen könnte, daß es auf uns herabkam, aber in diesem Moment sprang ein anderer Heizer mit seinem Messer zu den Seilen, die uns noch hielten, und ich hörte ihn rufen: »Eins! Zwei!«, als er sie durchschnitt. Im nächsten Augenblick schwangen wir fort vom Kiel von Nummer 15 und wir waren klargekommen, als es ins Wasser an der Stelle eintauchte, an der wir gerade noch gelegen hatten. Ich kann nicht sagen, wie unsere Bugseile befreit wurden, aber ich stelle mir vor, daß sie in gleicher Weise getrennt wurden, weil wir sofort von der Strömung abgetrieben wurden, fort von der *Titanic* und wegruderten, sobald wir die Riemen ausgebracht hatten.
Ich denke, daß wir alle fühlten, daß dieses das aufregendste Ereignis war, durch das wir gegangen waren, und ein großer Seufzer der Erleichterung und Dankbarkeit entfuhr uns, als wir unter dem Boot über unseren Köpfen fortkamen, aber ich hörte niemand laut aufschreien während dieser Aktion – nicht eine Frauenstimme erhob sich in Furcht oder Hysterie. Ich denke, wir alle lernten in dieser Nacht viele Dinge über den Teufel namens »Angst«,

---

* In einem Zeitungsartikel, erschienen am 19. April, habe ich dieses Boot als Nummer 14 beschrieben, nicht wissend, daß sie abwechselnd gezählt wurden. [Fußnote von Beesley]

und daß das direkte Gegenübertreten nicht so schlimm ist, wie die Furcht davor.

Die Besatzung bestand aus Köchen und Stewards, mehr aus ersteren, denke ich; ihre weißen Jacken leuchteten in der Dunkelheit auf, als sie fortruderten, je zwei an einem Riemen. Ich glaube nicht, daß sie irgendwelche Erfahrung im Rudern mitbrachten, weil sich die ganze Nacht über ihre Ruder kreuzten und gegeneinander schlugen. Wäre unsere Sicherheit von der Geschwindigkeit abhängig gewesen oder von einer Zeitersparnis, wäre es uns schlecht ergangen. Diskussionen begannen am einen und am anderen Ende des Bootes, was wir tun und wohin wir rundern sollten und niemand schien eine Ahnung zu haben, was zu tun war. Zuletzt fragten wir: »Wer hat die Aufsicht in diesem Boot?«, aber es gab keine Antwort. Wir kamen dann allgemein darin überein, daß der Heizer am Heck, der die Ruderpinne führte, als Kapitän fungieren sollte. Von dieser Zeit an bestimmte er den Kurs, rief andere Boote an und hielt Verbindung zu ihnen. Nicht, daß es irgendwo hinging oder wir irgend etwas taten. Unser Aktionsplan war einfach: alle Boote zusammenzuhalten, solange es möglich war und darauf zu warten, von anderen Schiffen aufgenommen zu werden.

Besatzungsmitglieder hatten etwas über eine drahtlose Kommunikation aufgeschnappt, als sie die *Titanic* verließen, aber ich habe sie nicht davon sprechen gehört, daß wir einen anderen Kontakt als den zur *Olympic* hätten; es war immer die *Olympic*, die zu unserer Rettung unterwegs schien. Sie dachten, sie würden etwa ihre Entfernung zu uns kennen, und eine Überschlagsrechnung anstellend kamen wir zu dem Ergebnis, daß wir annehmen konnten, am Nachmittag gegen 14.00 Uhr von ihr aufgenommen zu werden. Aber dies war nicht unsere einzige Hoffnung: Wir suchten die ganze Zeit über die Dunkelheit nach Lichtern von Dampfern ab, daran denkend, daß es eine Chance gäbe, wenn andere Dampfer nahe genug herankommen, um die mitgeführten Lichter unserer anderen Boote zu erkennen. Ich bin sicher, daß niemand davon ausging, daß wir nicht am nächsten Tag aufgenommen werden würden. Wir wußten, daß die drahtlosen Mitteilungen von Schiff zu Schiff gingen und einer der Heizer bemerkte: »Die See wird morgen nachmittag voll von Schiffen sein: sie werden ein Wettrennen aus allen Himmelsrichtungen veranstalten, um uns zu finden.« Einige meinten sogar, daß schnelle Torpedoboote vor der *Olympic* herlaufen würden. Und doch, die *Olympic* war am weitesten fort von allen, acht andere Schiffe lagen in etwa 300 Meilen Umkreis von uns.

... in der Frühzeit der Funkerei waren die Leistungen der Anlagen noch sehr unterschiedlich, so daß man fälschlicherweise davon ausging, daß laute Signale gleich nahe Entfernung bedeuteten. Die neuen White-Star-Liner hatten die stärksten Sender weit und breit, 5000 Watt Sendeleistung. Die *Olym-*

pic war am 13. April von New York ausgelaufen und stand zwischen der US-Küste und der Position ihres Schwesterschiffes. Die Liste der übrigen Schiffe in der Umgebung der *Titanic* findet sich auf Seite 95, aber wichtiger als deren Namen ist die Konstellation der Schiffsrouten zueinander. Im Seegebiet, in dem die *Titanic* sank, konzentrieren sich alle Strecken von und nach New York. Die westgehenden Routen bleiben etwa nördlich 41° 30′ Nord, die ostwärts führenden südlich davon (vergl. Übersichtskarte am Ende des Buches und den Weg der *Carpathia*). Der von Kapitän Smith befohlene Kurs der *Titanic* lag schon im Randbereich dieses Korridors. Um dem gemeldeten Eis auszuweichen, dessen südliche Grenze zur Kollisionszeit bei 41° 12′ Nord angenommen wird, hätte er soweit südlich fahren müssen, daß er in den Gegenverkehr hineingeraten wäre. Es erscheint unwahrscheinlich, daß Smith das Risiko einer konkreten Kollisionsgefahr mit einem anderen Schiff dem vermeintlich geringen Risiko einer Eiskollision vorgezogen hätte.

Wie dankbar wären wir gewesen, hätten wir gewußt, wie nahe Hilfe war und wie viele Schiffe unseren Notruf empfangen hatten und herangebraust kamen. Ich denke, kaum etwas anderes hat uns so überrascht, als zu erfahren, daß so viele Schiffe in der Nähe waren, um uns innerhalb weniger Stunden zu retten.

Gleich nach dem Verlassen der *Titanic* sahen wir, wie wir dachten, Lichter eines Schiffes am Horizont an der Backbordseite der *Titanic*: Zwei [Topp]lichter, eines über dem anderen und sicherlich nicht eins von unseren Booten; wir ruderten zeitweise sogar in diese Richtung, aber die Lichter veränderten sich und verschwanden unter den Horizont.

... eine wenig bekannte Episode am Rande: Jahre später wurde bekannt, daß sich neben der untätigen *Californian* noch ein kleines norwegisches Schiff in unmittelbarer Nähe der *Titanic* befand. Der Kapitän der *Samson* sah das Riesenschiff aber als Kriegsschiff auf Patrouillenfahrt an. Warum er mit schlechtem Gewissen davonfuhr — auch dieser Aspekt wird im letzten Kapitel aufgegriffen. Beesleys Beobachtungen im Rettungsboot deuten auf einen Dampfer hin, denn so ein Fahrzeug führte zwei Topplaternen — oder auch er wurde Opfer einer optischen Täuschung.

Aber das bedeutet, etwas vorwegzunehmen: Wir taten dieses nicht zuerst. Wir hatten zunächst nur Augen für das Schiff, das wir gerade verlassen hatten. Während die Ruderer langsam fortruderten, sahen wir alle zurück und erlaubten uns einen ausführlichen Blick auf das mächtige Schiff, das hoch über unserem kleinem Boot aufragte und ich weiß, daß dieses der außergewöhnlichste Anblick ist, den ich mir als Augenzeuge vorstellen kann. Ich stelle hierbei fest, wie unvollkommen die Sprache ist, einer anderen Person eine rechte Vorstellung davon zu vermitteln, wenn sie nicht dabei gewesen ist.

Aber die Aufgabe muß angepackt werden: Das ganze Bild ist so ungeheuer dramatisch, daß es, wenn es schon nicht möglich ist, auf dem Papier eine Vorstellung von der momentanen Schönheit des daliegenden Schiffes zu geben, es vielleicht eine kleine Geschichte schaffen könnte. Zuerst einmal waren die Wetterbedingungen außergewöhnlich. Die Nacht war eine der schönsten, die ich je erlebt habe: der Himmel ohne eine einzige Wolke, welche die vollkommene Klarheit der Sterne trüben könnte, die so zusammengedrängt schienen, daß es so aussah, als ob mehr leuchtende Punkte am dunklen Himmel standen als der Himmelshintergrund selbst ausmachte. Jeder Stern schien in dieser reinen Atmosphäre frei zu sein von jeder Art von Schleier, so daß er zehnfach brillanter leuchtete, glitzerte und blinkte mit einem Blitzgewitter, als wäre der Himmel nur dafür geschaffen worden, sein eigenes Wunder anzuzeigen. Sie sahen so nahe aus und ihr Licht schien intensiver als je zuvor, daß die Phantasie einem vortäuschen könnte, sie sähen das wundervolle Schiff in seiner fürchterlichen Not unter ihnen, und alle ihre Energien würden geweckt, um Botschaften über das schwarze Himmelsgewölbe zu senden, von einer Ecke zur anderen, der Welt unter ihnen von dem Unheil zu künden und davor zu warnen. Später, als die *Titanic* untergegangen war und wir ruhig auf der See lagen, die heraufziehende Morgendämmerung erwartend oder ein ankommendes Schiff, erinnere ich mich daran, wie ich zum perfekten Himmel aufblickte und verstand, warum Shakespeare solche wunderbaren Worte schrieb, die er Lorenzo in den Mund legte:

> — Komm Jessica! Sieh, wie die Himmelsflur
> ist eingelegt mit Scheiben lichten Goldes!
> Auch nicht der kleinste Kreis, den du da siehst,
> der nicht im Schwunge wie ein Engel singt,
> zum Chor der helläugigen Cherubim.
> So voller Harmonie sind ew'ge Geister:
> nur wir, weil dies hinfäll'ge Kleid von Staub
> ihn grob umhüllt, wir könnten sie nicht hören.
> [Aus: »Der Kaufmann von Venedig«, 5. Akt, 1.Szene.
> Übersetzung aus: William Shakespeare, Sämtliche Werke]

Aber es sieht so aus, als könnten wir es in dieser Nacht. Die Sterne sahen wirklich wie lebendig aus und als würden sie sprechen. Das vollständige Fehlen von Dunst verursachte ein Phänomen, das ich noch nie gesehen hatte. Dort wo der Himmel die See berührte, war der Horizont so scharf ausgeprägt wie eine Messerklinge, so daß Wasser und Luft nicht allmählich verschmolzen und sich sanft an der Trennungslinie trafen. Jedes Element schien exklusiv getrennt vom anderen, so daß ein tiefstehender Stern nahe der klaren Wasserlinie betrachtet, nichts von seiner Leuchtkraft einbüßte.

Wenn sich die Erde weiterdrehte, die Wasserlinie emporwuchs und teilweise die Sterne bedeckte, so wie jetzt, schnitt sie den Stern entzwei. Die obere Hälfte leuchtete solange weiter, bis sie noch nicht ganz verdeckt war und schleuderte einen langen Lichtstrahl zu uns über die See.

In der Beweisaufnahme vor dem Untersuchungsausschuß des Senats der Vereinigten Staaten sagte ein Kapitän einer der in unserer Nähe befindlichen Schiffe aus, daß die Sterne so außergewöhnlich klar in Horizontnähe leuchteten, daß er sich täuschen ließ und annahm, es wären Lichter von Schiffen gewesen; er könne sich nicht daran erinnern, je so etwas gesehen zu haben. Jene auf der See können ihm da nur zustimmen; **wir** sind oft darin getäuscht worden und hielten sie für Schiffslichter.

Als nächstes diese kalte Luft! Auch hierin steckte etwas Neues für uns, denn es gab nicht eine Spur von Wind um uns, als wir im Boot waren, und gerade dieses fortwährende Fehlen einer Luftbewegung erzeugte in uns das Gefühl der Kälte. Es war eine beißende, bittere, eisige, bewegungslose Kälte, die aus dem Nichts kam und die ganze Zeit über andauerte. Die Ruhe, die von ihr ausging – wenn sich jemand überhaupt eine bewegungslose und ruhige Kälte vorstellen kann – war es, die uns neu und unbekannt erschien.

Der Himmel und die Luft waren über uns, und um uns herum war nichts als Wasser. Auch hier etwas unbekanntes: die Oberfläche war wie ein Ölsee, freundlich auf- und abschwingend mit einer langsamen Bewegung, die unser Boot hin- und herschaukelte. Wir brauchten den Bug nicht in die Wellenrichtung zu drehen und ich beobachtete oft, wie es quer zur Wellenrichtung lag, was mit einem beladenen Boot wie dem unseren bei etwas Seegang unmöglich gewesen wäre. Die See ging leicht unter unserem Boot hindurch, und ich glaube, wir hörten sie nicht an unsere Bordwände klatschen, so ölig schien die Konsistenz des Wassers. Als dann einer der Heizer erwähnte, daß er in 26 Jahren auf See noch nie so eine ruhige Nacht erlebt hätte, nahmen wir es ohne Kommentar als wahr hin. Genauso ausdrucksstark war die Bemerkung eines anderen: »Es erinnert mich an ein verflixtes Picknick!« Es war wohl wahr: ein Picknick auf einem See oder einem ruhigen Fluß wie dem Cam, oder stromauf an der Themse.

Und unter diesen Bedingungen des Himmels, der Luft und der See lagen wir, Seite an Seite mit der *Titanic* auf eine kurze Entfernung. Sie lag vollkommen ruhig und es sah tatsächlich so aus, als ob der Stoß des Eisbergs ihr die ganze Kraft geraubt hätte und sie sich jetzt ausruhen müßte und sich zurückzog, ohne eine Anstrengung zur eigenen Rettung zu unternehmen, ohne Protest einzulegen gegen diese Gemeinheit. Die See konnte sie nicht durchschütteln, denn kein Wind fegte um ihre Aufbauten und summte in der Takelage. Das Wichtigste, das alle Beobachter beeindruckt hatte, war der Geist der Ruhe über ihr und das langsame, teilnahmslose Sinken in die See wie ein tödlich getroffenes Tier.

Allein die Masse des Schiffes war vom Wasser aus betrachtet ein einschüchternder Anblick. Stelle es dir vor, eine sechstel Meile lang, 75 Fuß hoch bis zum Oberdeck, mit vier großen Schornsteinen über den Aufbauten, mit ihren Hunderten von Bullaugen, all ihren Salons und anderen Räumen, in strahlendem Licht und darüber noch Masten. Um sie herum kleine Boote mit jenen, die noch vor ein paar Stunden auf ihren Decks wandelten, in ihren Bibliotheken lasen und der Musik der Kapelle in glücklicher Versammlung lauschten. Jetzt sahen sie in höchster Verwunderung hinauf zu dieser enormen Masse über ihnen und ruderten fort von ihr, weil sie versank.

Ich habe mir oft gewünscht, die *Titanic* aus einiger Entfernung zu betrachten. Erst ein paar Stunden vorher, während einer Unterhaltung mit einem Mitpassagier beim Mittagessen, hatte ich das Gelöbnis abgelegt, einen tollen Blick auf ihre Linien und ihre Größe zu werfen, wenn wir in New York gelandet sein würden. In einer gewissen Distanz zu stehen, um einen vollständigen Blick auf ihre wundervollen Abmessungen zu haben, hatte die Nähe der Hafenanlagen in Southampton unmöglich gemacht. Ich hätte kaum daran gedacht, daß die Gelegenheit sich so schnell und unter solch dramatischen Umständen ergeben würde. Allerdings war der Hintergrund ein völlig anderer als der, den ich mir für sie vorgestellt hatte. Der schwarze Umriß ihres Profils gegen den Himmel wurde überall von Sternen umgeben und auch die Schornsteine und Masten zeigten sich so; wo ihre Masse stand, waren die Sterne ausgelöscht.

Und noch eine Sache war anders als in der Wunschvorstellung, wobei uns diese Tatsache förmlich zerriß, als wir sie bemerkten. Die Schönheit der Nacht, die Schönheit der Schiffslinien, die Schönheit ihrer Lichter – alles für sich allein genommen war wunderbar – aber, das schlimme Etwas war der schreckliche Winkel, der durch die Wasseroberfläche und die Lichterlinien – Reihen von erleuchteten Bullaugen entlang ihrer Seite – gebildet wurde. Eigentlich sollten diese parallel ausgerichtet sein und sich niemals mit dem Wasser treffen. Doch nun trafen sie sich in einem Winkel noch innerhalb des schwarzen Rumpfes des Schiffes. Es gab sonst keinen Hinweis, der anzeigte, daß es beschädigt war; nichts außer dieser sichtbaren Verletzung eines einfachen geometrischen Gesetzes – das parallele Linien »... sich nur in der Unendlichkeit schneiden«. Jetzt zeigte es sich, daß die *Titanic* über ihren Bug sank, weil die untersten Bullaugen vorn schon unter der Wasseroberfläche lagen und ihre Bullaugen im Heckbereich über ihre normale Position gehoben waren. In der Stille der Nacht ruderten wir fort von ihr, hoffend und betend mit all unseren Herzen, daß sie nicht weiter sinken möge und das Tageslicht sie so antreffen sollte, wie sie jetzt lag.

Die Besatzung dachte nicht so, warum auch immer. Es wurde manchmal davon erzählt, daß Offiziere und Mannschaften davon ausgingen, daß das

Schiff sich schwimmend halten würde, auch als sie wußten, wie schwer die Beschädigung gewesen war. Einige von ihnen mögen so gedacht haben um diese Zeit — vielleicht mit einer gewissen Berechtigung, weil sie über spezielles Wissen ihrer Konstruktion verfügten, jedenfalls mehr als jene, die meinten sie würde sinken — aber wie auch immer, die Heizer in unserem Boot hatten keine solche Illusionen. Einer von ihnen — ich denke, es war der gleiche, der uns von den Falltauen befreite — erzählte uns, wie er während seiner Wache vor seinem Feuerloch arbeitete. Im Vorgriff auf sein Ausscheiden in einer Viertelstunde, — dieses deckt sich mit der Zeit der Kollision um 23.45 Uhr — hatte er in seiner Nähe eine Suppenschüssel auf einem heißen Maschinenteil abgestellt. Plötzlich sei die ganze Wand seines Abschnitts eingebrochen und das Wasser strömte um seine Füße. Er rappelte sich auf und spurtete durch die Abteilungstür. Gerade war er durch, als das wasserdichte Schott hinter ihm herabkam, »..wie ein Messer«, wie er sagte; »... sie steuerten es von der Brücke aus.« Er ging hinauf an Deck, wurde aber gleich wieder nach unten beordert und sollte mit anderen die Feuer unter den Kesseln löschen, was sie auch taten. Danach war es ihnen dann freigestellt, an Oberdeck zu kommen. Es sieht so aus, als ob diese Gruppe von Heizern als erste von der Beschädigung erfahren hat.

Er ergänzte traurig: »Jetzt könnte ich die heiße Suppe brauchen.« In der Tat, das könnte er, denn zur Zeit der Kollision war er nur leicht bekleidet, wie er uns erzählte, in Hosen und Unterhemd, beides sehr dünn wegen der enormen Hitze vor den Feuerlöchern, und so zog er zusätzlich später noch ein kurzes Jackett über, trotzdem klapperten seine Zähne wegen der Kälte. Er fand einen Platz, sich unterhalb der Steuerpinne niederzulegen, auf einer Plattform, auf der unser Kapitän stand. Da lag er die ganze Nacht, zugedeckt mit einem Mantel eines anderen Heizers, und ich denke, er muß meistens ohnmächtig gewesen sein.

Eine Frau in seiner Nähe, die mit mehreren Mänteln warm angezogen war, versuchte, ihm einen von ihren pelzbesetzten abzugeben; er aber lehnte energisch ab, solange noch andere Frauen nicht ausreichend angekleidet wären. So wurde der Mantel zu einem irischen Mädchen mit rotbraunen Haaren gereicht, das in der Nähe stand, angelehnt an das Dollbord und welches mit einem »Außenplatz« mehr der kalten Luft ausgesetzt war. Die gleiche Frau war in der Lage, noch mehr von ihrer Garderobe an andere Passagiere abzugeben, eine Decke hier, eine Pelzstola dort, und es erfüllte sie mit Freude zu erleben, daß ihr die Stücke in dem Moment von den Menschen zurückgegeben werden sollten, die sie entliehen hatten, als sie die Bordwand der *Carpathia* emporkletterten. Aber da sie, wie wir alle, durch eine Schwimmweste behindert war, erklärte sie, daß sie die Sachen erst nach dem Aufstieg wiederhaben wollte. Ich hatte meinen Bademantel nicht mehr gesehen, seit ich ihn ins Boot geworfen hatte, aber

61

irgendwann in der Nacht fand ihn einer der Zwischendeckspassagiere und zog ihn über.

Es ist nicht leicht zu sagen, wer sich um diese Zeit im Boot befand. Wegen der Dunkelheit war es kaum möglich, mehr als ein paar Fuß weit zu sehen, und als die Dämmerung heraufzog, hatten wir nur Augen für Rettungsschiffe oder Eisberge, aber soweit mich meine Erinnerung nicht trügt, gebe ich nun folgende Aufstellung:

○ keine Erste-Klasse-Passagiere,
○ drei Frauen,
○ ein Baby,
○ zwei Männer aus der zweiten Klasse,
○ die anderen Zwischendeckspassagiere, meist Frauen,

zusammen etwa 35 Passagiere.

Der Rest, etwa 25 oder vielleicht mehr, gehörten zum Deckspersonal oder waren Heizer.

In meiner Nähe befand sich die ganze Nacht über eine Gruppe von drei schwedischen Mädchen, warm gekleidet, dicht beisammen, um sich warmzuhalten und sehr ruhig, tatsächlich gab es wenige Gespräche zu dieser Zeit.

Es gab allerdings ein Gespräch, das aber nach meiner Meinung falsch wiedergegeben wurde; ein Beweis mehr, wie klein die Welt doch ist. Darin spielt ein zehn Monate altes Baby eine Rolle, welches im letzten Moment heruntergereicht wurde zur Frau neben mir – die gleiche, die Decken und Mäntel abgab. Die Mutter hatte einen Platz in der Mitte gefunden und war zu bepackt, um zum Kind zu gelangen und so schlief es für etwa eine Stunde in fremden Armen, dann begann es zu schreien und die Ersatzmutter sagte: »Würden Sie sich mal hinunterbeugen und nachsehen, ob die Füße aus dem Tuch ’rausgucken? Ich weiß zwar nicht viel über Babies, aber ich denke, daß ihre Füße warm gehalten werden sollten.« Mich nach unten schlängelnd, so gut ich es konnte, fand ich seine Zehen bloß, der Luft ausgesetzt und wickelte sie wieder ein. Als es sofort auflachte, war das der Beweis einer erfolgreichen Diagnose! Die Frau nur an ihrer Stimme erkennend, sagte ich: »Sie sind sicherlich Frau ...?« – »Ja«, antwortete sie, »und Sie müssen Herr Beesley sein, wie komisch, daß wir uns im selben Boot wiederfinden!« Mich daran erinnernd, daß sie das Schiff in Queenstown erreicht hatte, sagte ich: »Kennen Sie [den Ort] Clonmel? Ein Brief von einem guten Freund von mir, der dort lebt – ich gab ihr die Adresse –, kam in Queenstown an Bord.« – »Ja, das ist meine Heimat, und ich habe dort noch gegessen, bevor ich abfuhr.«

Es sah so aus, als ob auch sie meinen Freund kennen würde, und wir stimmten darin überein, daß es von allen Plätzen dieser Welt wohl der unvermutetste ist, über gemeinsame Freunde zu sprechen, zusammen in einem Rettungsboot, in der Mitte des Ozeans um 02.00 Uhr morgens, zwölfhundert Meilen von unserem Zielhafen entfernt.

Und die ganze Zeit über beobachteten wir, wie die *Titanic* vorn tiefer und tiefer sank und der Winkel immer steiler wurde, als die Lichter der Bullaugen im Heck hochgehoben wurden und die des Bugs versanken; und es war klar, daß sie sich nicht viel länger halten würde. Der Heizer-Kapitän sagte nun zu den Ruderern, sie sollten fortrudern, so schnell sie konnten. Zwei Gründe sprachen dafür, daß das eine richtige Entscheidung wäre:
Erstens, wenn sie sinkt, würde der entstehende Sog die Boote mitreißen. Wenn sie nicht aus nächster Entfernung direkt heruntergezogen würden, könnte doch die Gefahr bestehen, von einer Welle überrollt zu werden, die beim Sinken entsteht. Wir alle wußten, daß unser Boot nicht in der Verfassung war, große Wellen zu verkraften, zusammengewürfelt wie wir waren und mit ungeübten Ruderern.
Der zweite Grund war, daß es möglicherweise eine Explosion geben könnte, wenn Seewasser in die Kessel gelangen würde und Trümmer vielleicht weit verstreut fliegen könnten. Und als es dann geschah, passierte nichts von alledem.
Etwa um 02.15 Uhr waren wir zwischen einer und zwei Meilen weit fort. Es ist zwar schwer, für eine Landratte Entfernungen auf dem Wasser zu schätzen, aber wir waren nun eineinhalb Stunden auf dem Wasser, das Boot schwer beladen, die Ruderer ungeschickt und unser Kurs ungleichmäßig. Mal dem einen, mal dem anderen Licht folgend, manchmal dem Leuchten eines Sterns, manchmal dem Licht eines Bootes von Backbord folgend, welches von der *Titanic* in die entgegengesetzte Richtung gefahren und an unserem Horizont zu erkennen war, konnten wir eigentlich nicht sehr weit fortgekommen sein.
Um diese Zeit hatte das Wasser ihre Positionslichter und die Kommandobrücke erreicht, und es sah so aus, als wäre es nur eine Frage von Minuten, bis sie sank. Die Ruderer waren über ihre Ruder gebeugt, und alle im Rettungsboot waren regungslos, während wir die *Titanic* in vollkommener Ruhe beobachteten; einige verschonend, die nicht hinsehen wollten und ihre Köpfe auf den Schultern anderer vergraben hatten. Die Lichter leuchteten in der gleichen Helligkeit, aber nicht mehr so viele von ihnen, denn etliche waren nun unter der Oberfläche. Ich habe mich oft darüber gewundert, wieso sie die Kabinen weiter beleuchten konnten, wenn ihre Bullaugen schon unter Wasser waren; aber sie haben es getan.*
Und dann, während wir voller Ehrfurcht starrten, richtete sie sich langsam auf, drehte sich offenbar um ihren Schwerpunkt etwas weiter hinten als die Mitte, bis sie eine fast vertikale Lage erreicht hatte; so verharrte sie — bewegungslos! Als sie sich aufschwang, erloschen plötzlich ihre Lichter.

---

* Ein Grund dafür wäre, daß das Vordringen des Wassers im Innern langsamer ablief als von außen angenommen, die Räume also gar nicht ganz unter Wasser standen.

Jene, die ohne Flackern die ganze Nacht geleuchtet hatten, blitzten nur noch einmal kurz auf. In diesem Augenblick gab es einen Lärm, den viele Leute, ich glaube fälschlicherweise, als Explosion beschrieben. Für mich hat es immer so ausgesehen, daß es nichts anderes war als das Abstürzen der Maschinenanlage aus ihren Bettungen, die durch die Abteilungen krachten und alles in ihrem Weg zerschlugen. Teilweise war es ein Röhren, teils ein Ächzen, teils ein Rascheln und teils ein Krachen, aber es war kein plötzliches Bersten, wie es bei einer Explosion vorkommt. Es hielt über etliche Sekunden an, vielleicht fünfzehn oder zwanzig, als die schweren Maschinen in die Tiefe des Schiffes [nun dessen Bug] herabfielen. Ich nehme an, daß sie durch den Rumpf schlugen und zuerst versanken, noch vor dem Schiff. Aber es war ein Geräusch, was noch niemand je zuvor vernommen hatte und niemand wird sich wünschen, es je wieder zu hören. Es war verblüffend, überwältigend, als es über das Wasser zu uns kam. Es war fast so, als ob alle schweren Teile eines Hauses, die man sich denken kann, über die Treppen vom Obergeschoß aus hinuntergeworfen werden, sich gegenseitig zerstörend.

Es hat verschiedene scheinbar authentische Berichte gegeben, in denen Explosionen vorkamen; in einigen Fällen mit hochgeschleuderten Wrackteilen und der Bemerkung, das Schiff wäre in zwei Teile zerbrochen; aber ich glaube nicht, daß diese Betrachtungen einer genaueren Analyse standhalten. Erstens waren die Feuer gelöscht worden und der Dampf konnte vor ihrem Sinken abgelassen werden und die Wahrscheinlichkeit [der Explosion] aus diesem Grund ist sehr gering. Außerdem, wie schon erwähnt, trat der Lärm nicht schlagartig auf, sondern lang anhaltend – mehr wie ein Gewitterdonner. Das Zustandekommen des Geräusches, verursacht durch die zusammenbrechenden Maschinen sollte unter dem Gesichtspunkt gesehen werden, den der Seitenriß zeigt [Seite 14/15], nämlich daß die Maschinenanlage in den Abteilungen 3, 4 und 5 aufgestellt waren [von achtern gezählt]. Als die *Titanic* sich aufrichtete, würden sie sich mit ziemlicher Sicherheit aus ihren Befestigungen gelöst und die anderen Abteilungen durchbrochen haben.
Kein Phänomen, wie es in einigen amerikanischen und englischen Zeitungen erschien, daß das Schiff auseinanderbrach und die zwei Teile den Meeresboden erreichten. Ich sah diese Zeichnungen in ihrer Entstehung an Bord der *Carpathia* und sagte, daß sie keine Ähnlichkeit mit der Wirklichkeit hätten.

... auch wenn Beesley es nicht glauben mag: die *Titanic* zerbrach in zwei Teile. Ballards spannender Bericht über das Wiederauffinden des Wracks (genauer: der beiden Sektionen) läßt eigentlich nur folgende Reihenfolge der Ereignisse

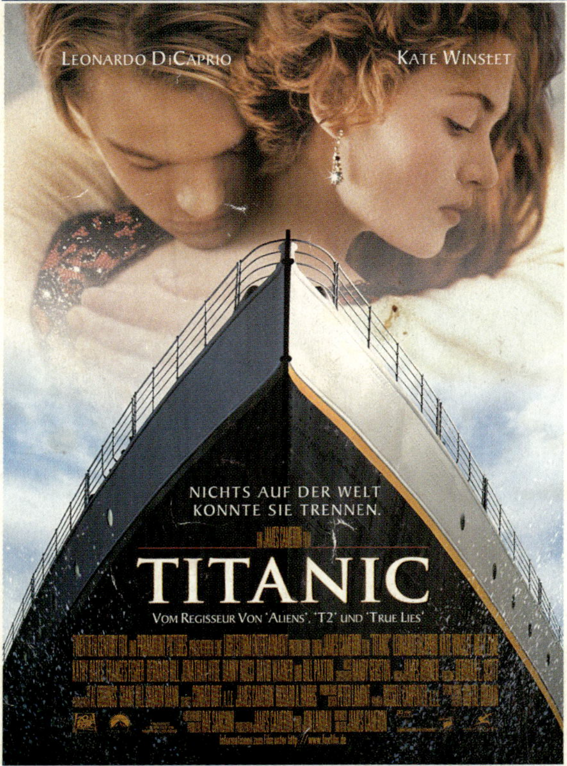

Titanic - Lesetips

Die vorliegenden Lesetips sind Teil
des Projektes „Titanic - Spuren-
suche", das die Stiftung Lesen mit
freundlicher Unterstützung der
Twentieth Century Fox of Germany
und Centfox Österreich entwickelt
hat.

Zu dem neuen Kinofilm „Titanic"
erscheinen ein Quiz sowie Lesetips, die allen deutschen und
österreichischen Buchhandlungen,
Bibliotheken und Kinos kostenlos
zur Verfügung gestellt werden.
Schulen erhalten zusätzlich zum
Quiz eine Broschüre mit „Ideen für
den Unterricht".

Filmstart
in Deutschland: **8. Januar 1998**
in Österreich:　**9. Januar 1998**

TITANIC　LESETIPS

„Sie ist der legendärste und scheinbar unerreichbarste Schatz der modernen Geschichte. Schon der Anblick eines Fotos der Titanic wirkt sensationell erregend. Die Phantasiekraft wird beflügelt, weil wir so viel von der kurzen Lebensgeschichte dieses Schiffes wissen - von ihrer Mannschaft - und von den Passagieren (...) Die Titanic ist wie ein riesiges Archiv einer Ära, die mit ihr gewissermaßen symbolisch versunken ist."

Clive Cussler, „Hebt die Titanic", S. 147

TITANIC   LESETIPS

1

Inhalt

TITANIC LESETIPS

Beryl Bainbridge

Nachtlicht

Aus d. Engl. v. Charlotte Breuer
Europaverlag, München 1997, 240 S., DM 39,80 / ÖS 291,-

„Jetzt, wo ich wußte, daß ich gerettet wurde, bekam das Überleben einen unehrenhaften Beigeschmack." So endet der Bericht des jungen Morgan über die legendäre Jungfernfahrt der Titanic und ihr grausames Ende im Eismeer. Atmosphärisch dicht und kunstvoll gesponnen ist das erzählerische Netz von Menschen, ihren Beziehungen, Hoffnungen, ihrer Sehnsucht nach Liebe, aber auch von ihrem Scheitern und ihrer Begegnung mit dem Tod.
Der Titanic-Mythos bildet den Hintergrund für dieses vielschichtige Portrait einer Gesellschaft am Rande des Untergangs. (kr)

Clive Cussler

Hebt die Titanic!

Goldmann Verlag, München 1996, 320 S., DM 12,90/ÖS 94,-

Als Cussler den Roman schrieb, war das Wrack der Titanic noch nicht entdeckt. Das Kernelement Byzanium, das sich im Wrack der Titanic befinden soll, löst ein Wettrennen zwischen Amerikanern und Russen aus. Um einen Rüstungsvorsprung gegenüber der Sowjetunion erzielen zu können, stellen die Amerikaner eine Expedition zusammen, die das Wrack heben soll. Auch die Russen sind dank ihres gut funktionierenden Geheimdienstes bald an Ort und Stelle. Um die Überreste der Titanic entbrennt ein spannender Kampf.
Spannender Science Fiction- und Spionageroman aus der Zeit des Kalten Kriegs. (kr)

TITANIC LESETIPS

Hans Magnus Enzensberger

Der Untergang der Titanic
Eine Komödie
Suhrkamp Verlag, Frankfurt a.M. 1978, 118 S., DM 24,–/ÖS 175,–
Suhrkamp Taschenbuch Verlag, Frankfurt a.M. 1981, 118 S., DM 12,80/ÖS 93,–

In 33 Gesängen stellt Enzensberger den Untergang der Titanic
dar. Der Leser lernt in Momentaufnahmen Menschen, Orte und
Augenblicke kennen. Er erfährt, daß der Untergang der Titanic
nicht nur ein aktenkundiges Unglück aus der Vergangenheit ist,
sondern daß die Titanic immer noch als Geisterschiff unterwegs
ist, und zwar in unseren Köpfen. Wer aufhört zu denken, der ist
dem endgültigen Untergang geweiht.
Faszinierende poetische Umsetzung eines tragischen Themas. (kr)

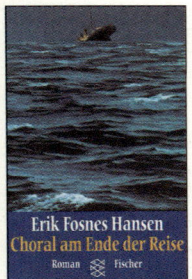

Erik Fosnes Hansen

Choral am Ende der Reise
Aus d. Norw. v. Jörg Scherzer
Verlag Kiepenheuer & Witsch, Köln 1995, 576 S., DM 45,–/ÖS 329,–
Fischer Taschenbuch Verlag, Frankfurt a.M. 1997, 512 S., DM 16,90/ÖS 123,–

Am 10. April 1912 startet die Titanic zu ihrer Jungfernfahrt quer
über den Atlantik. Mit an Bord gehen auch die sieben Mitglieder
der Schiffskapelle, eine bunt zusammengewürfelte Gruppe aus
ganz Europa, die für die musikalische Unterhaltung während der
Reise zuständig ist. Im Laufe des Romans lernt der Leser die
unterschiedlichen Biographien, Wünsche, Träume und Schicksale der Musiker kennen. Lebensgeschichten, die ganz verschieden sind, jedoch auch typisch für ihre Zeit.
**Atmosphärisch dichter Roman, der die fiktiven Schicksale der Musiker an Bord der
Titanic eindringlich und spannend erzählt. (kr)**

TITANIC LESETIPS

Josef Pelz von Felinau
Titanic
Die Tragödie des Ozeanriesen
Verlag Maindruck, Frankfurt a.M. Nachaufl. 1986, 320 S., DM 27,80/ÖS 203,-

In diesem auf authentischem Material basierenden Roman schildert der Autor die letzten Tage und Stunden an Bord der Titanic. Sein Werk endet aber nicht mit dem Untergang des großen Passagierdampfers, sondern beschreibt ausführlich die Rettung der Schiffbrüchigen durch die Carpathia und geht auf die Arbeit des Ausschusses ein, der später die Ursachen des Untergangs untersuchte.
Spannender Tatsachenroman über die große Schiffskatastrophe zu Beginn unseres Jahrhunderts. (kr)

Morgan Robertson
Titan
Eine Liebesgeschichte auf hoher See
Heyne Verlag, München 1997, 128 S., DM 12,90/ÖS 94,-

Der Autor, der selbst jahrelang zur See fuhr, erzählt die Geschichte eines Marineoffiziers, der an Bord der Titan seine ehemalige Geliebte Myra wiedertrifft. Während John Rowland wegen Trunkenheit zum Matrosen degradiert wurde, hat Myra standesgemäß geheiratet. Sie meidet den heruntergekommenen Matrosen. Ausgerechnet Rowland wächst dann in der Katastrophe, als die Titan mit einem Eisberg kollidiert, über sich hinaus und rettet Myras kleine Tochter. Doch erst viele Jahre später erlangt er Anerkennung für eine Leistungen.
*12, 14 Jahre nach Entstehung des Romans, wurde die Fiktion Realität – Robertson hatte den Untergang der Titanic vorweggenommen! (kr)

TITANIC LESETIPS

Rick Archbold/Dana McCauley

Das letzte Dinner auf der Titanic

Mit 50 Rezepten und Menüs von dem legendären Luxusliner

Heyne Verlag, München 1997, 144 S., DM 39,80/ÖS 291,-

Das nostalgisch illustrierte Buch entdeckt für seine Leser die kulinarischen Geheimnisse und Genüsse an Bord des legendären Luxusdampfers. 50 überlieferte Rezepte bieten einen Einblick in das gesellschaftliche Leben zur Zeit Edwards VII. Wer möchte, kann auch selbst ein Titanic-Menü nachkochen und seine Gäste nach Titanic-Art festlich bewirten. Hierzu bietet das Buch eine umfassende Choreographie. Mehr als ein Rezeptbuch. (kr)

Robert D. Ballard

Das Geheimnis der Titanic

3800 Meter unter Wasser

Aus d. Amerik. v. Ralf Friede
Ullstein Verlag, Berlin 1987, 246 S., DM 58,–/ÖS 423,-
Ullstein Verlag, Berlin 1995, 352 S., DM 20,–/ÖS 146,-

Ballard war der Leiter der amerikanisch-französischen Expedition, die 1985 nach unzähligen vergeblichen Versuchen, von denen die des Ölmillionärs Jack Grimm sicher zu den spektakulärsten gehörten, endlich das Wrack der Titanic entdeckte. Ein Jahr später konnte er mit einem Tauchboot dorthin vordringen. Die Expedition und ihre Ergebnisse hat der Autor im vorliegenden Buch eindrucksvoll in Wort und Bild zusammengetragen. Faszinierende Bilder von den Wrackteilen, aber auch schockierende Details lassen uns die ganze Tragödie des Schiffsuntergangs nachempfinden. Ein ausgezeichnetes Sachbuch, das sensationelle Erkenntnisse über eine Legende der Schiffahrtsgeschichte in Wort und Bild spannend vermittelt und gleichzeitig den pietätvollen Umgang mit dieser anmahnt. (re)

TITANIC   LESETIPS

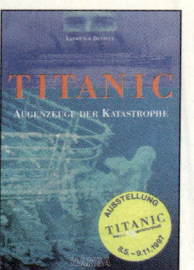

Lawrence Beesley
Titanic
Augenzeuge der Katastrophe
Aus d. Engl. v. Rolf W. Baak
Schiffahrts-Verlag Hansa, Hamburg 1997, 248 S., DM 12,80/ÖS 93,-

Tragödie der Titanic
Letztes Geheimnis gelüftet?
Aus d. Engl. v. Rolf W. Baak
Koehlers Verlagsgesellschaft, Hamburg 2. überarb. u. erw. Aufl. 1997, 177 S., DM 39,80/ÖS 291,-

Das im Juni 1912 erstmals erschienene Buch ist ein besonderer Leckerbissen für Titanic-Liebhaber. Acht Wochen nach der Kollision der Titanic mit einem Eisberg und kurz nach Abschluß der Senatsuntersuchungen veröffentlichte der Hochschullehrer Lawrence Beesley seinen Augenzeugenbericht mit dem Anspruch, „die Wahrheit des Geschehens (zu) verbreiten, so gut ich mich erinnern konnte". Dem Übersetzer Baak ist eine aktuelle Kommentierung des Werkes zu verdanken. Eine Chronologie der Ereignisse rundet das Buch ab. In der Hardcover-Ausgabe, die geringfügige Änderungen aufweist, fehlt diese Chronologie, zusätzlich wurde diese Ausgabe aber mit 12 Fotos illustriert.

Ein fesselnder Augenzeugenbericht von einem Überlebenden der Katastrophe, dessen Detailreichtum und Authentizität bestechen. Mit Chronologie der Ereignisse. (pi)

John P. Eaton/Charles A. Haas
Titanic
Legende und Wahrheit
Heel Verlag, Königswinter 1997, 178 S., DM 24,80/ÖS 181,-

Wenn man sich mit Tatsachen im Zusammenhang mit der Titanic beschäftigt, kann man Mythos und Phantasie nicht außer acht lassen. Von dieser Überzeugung ausgehend zeichnen die Autoren ein faszinierendes Bild der Geschichte des Luxusliners, in der immer wieder Bezug auf Legenden genommen wird. Erstmals erfährt der Leser etwas über das weitere Schicksal der Überlebenden, über internationale Bemühungen um die Bergungsrechte am Wrack und über neue Beweise im sogenannten „Californian"- Fall.

Legenden auf dem Prüfstand. Ein interessanter und wertvoller Baustein in der aktuellen Titanic-Literatur. (pi)

TITANIC LESETIPS

John P. Eaton/Charles A. Haas

Titanic - Triumph und Tragödie
Eine Chronik in Texten und Bildern
Heyne Verlag, München 1997, 352 S., DM 68,-/ÖS 496,-

Die beiden Titanic-Experten legten mit diesem 1994 in England in der zweiten überarbeiteten Auflage erschienenen Buch eine der besten Dokumentationen vor, die es zur Thematik gibt. Die Erstausgabe, die zum 75. Jahrestag des Untergangs des Luxusliners in die Buchläden kam, wurde nach der Devise „Ein gutes Buch ist niemals fertig" von den Autoren inzwischen zur umfangreichsten Bildgeschichte der Existenz des Schiffes erweitert. Mit Hilfe von Fachleuten konnte für dieses Werk die bisher detaillierteste Passagierliste der Titanic zusammengestellt werden.

Das Titanic-Buch der Superlative. Die bislang umfangreichste Dokumentation zur Titanic. (pi)

Robin Gardiner/Dan van der Vat

Die Titanic-Verschwörung
Die Geschichte eines gigantischen Versicherungsbetrugs
C. Bertelsmann Verlag, München 1996, 416 S., DM 44,80/ÖS 327,-
Goldmann Taschenbuch Verlag, München 1997, 416 S., DM 16,90/ÖS 123,-

Die beiden Autoren haben sich mit der Fülle von Fakten und Informationen beschäftigt, die im Laufe der Jahrzehnte zusammengetragen wurden, und sind dabei auf eine Reihe von Unstimmigkeiten gestoßen. Im Mittelpunkt ihres Buches steht die These, daß nicht die Titanic, sondern das Schwesterschiff Olympic gesunken sei. Anhand von Zeugenaussagen, Fundstücken und Dokumenten versuchen sie, ihre These zu untermauern. Sie drängen dem Leser aber nicht ihre Sichtweise auf, sondern wollen ihn anregen, sich seine eigene Meinung zu bilden.

Vor allem für Anhänger von Verschwörungstheorien interessant zu lesen. (kr)

TITANIC LESETIPS

H. Hesse

Der Untergang der „Titanic"
Bericht eines Überlebenden

Pendo Verlag, Zürich 1986, 96 S., DM 16,80/ÖS 130,-

Dieser fiktive Bericht beschreibt den Untergang der Titanic aus der Sicht eines deutschen Bordelektrikers. Spannend erzählt er von den letzten Stunden vor dem Untergang, berichtet von den aufregenden Rettungsversuchen und beschreibt die Zeit des endlosen Wartens der Schiffbrüchigen auf Rettung. Beigefügt sind außerdem Agenturmeldungen jener Zeit, in denen die Bandbreite von Information und Desinformation deutlich wird.
Fiktiver Bericht eines Überlebenden, der mit vielen, nachdenklich stimmenden Hintergrundinformationen abgerundet wird. (kr)

Holger von der Ley/Claes-Göran Wetterholm

Expedition Titanic
Auf der Suche nach einem Mythos

Verlag Franckh-Kosmos, Stuttgart 2. Aufl. 1997, 159 S., DM 24,80/ÖS 181,-

Im August 1996 startete eine internationale Expedition zum Wrack des Luxusliners Titanic, das in einer Tiefe von 3800 Metern auf dem Grund des Atlantiks liegt. Im Team befanden sich auch die beiden Autoren dieses Insiderberichts. Sie legten das Buch als ersten Beitrag zum europaweiten Ausstellungszyklus der Voyager Titanic Exhibition vor, der im Mai 1997 in Hamburg begann. Gewürdigt werden Forscher, Techniker und Restauratoren, die eine Präsentation der Relikte von der Titanic über Wasser möglich machten.
Eine gelungene Kombination aus historischem Abriß und Insiderbericht von einer Tauchexpedition zur Titanic, mit zahlreichen Fotos. (pi)

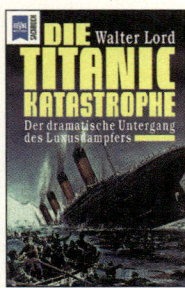

Walter Lord

Die Titanic-Katastrophe

Der dramatische Untergang des Luxusdampfers

Heyne Verlag, München 1992, 206 S., DM 14,90/ÖS 109,-

Die letzte Nacht der Titanic

Neuer Kaiser Verlag, Klagenfurt 1978, 240 S., DM 9,95 / ÖS 80,-

Noch heute erregt der Untergang der Titanic die Gemüter und veranlaßt viele Menschen, sich näher mit den Umständen des Unglücks zu beschäftigen. Auch Walter Lord hat sich eingehend mit der Schiffskatastrophe befaßt. Er hat alle Ereignisse nach dem Zusammenstoß mit dem Eisberg zusammengetragen und dokumentiert detailliert die letzten Stunden auf dem Ozeanriesen. Zeichnungen, Bilder und Sachinformationen rund um das Geschehen vervollständigen sein Werk.

Informatives Sachbuch, das die letzten Stunden auf der Titanic anschaulich darstellt. (kr)

Wolf Schneider

Mythos Titanic

Das Protokoll der Katastrophe - drei Stunden, die die Welt erschütterten

Bechtermünz Verlag, Augsburg 1997, 192 S., DM 16,80/ÖS 119,-

Frei von Legenden, getreu den Protokollen der amerikanischen Senats-Untersuchung, erzählt der Autor das Schicksalsdrama um die Titanic im Minutentakt. Dabei enthüllt er atemberaubende Details aus den Berichten der Überlebenden, die bisher in keiner der vielen Veröffentlichungen eine Rolle spielten, entlarvt Dichtung und Wahrheit in den zahlreichen Verfilmungen der Katastrophe vom 15. April 1912. Mit Titanic-Poster und 80 Fotodokumenten.

Spannendes Buch über den Untergang der Titanic mit zum Teil unbekannten Details aus amerikanischen Protokollen. (pi)

**Titanic
Königin der Meere**

Das Schiff und seine Geschichte

Beiträge v. Donald Lynch, Abb. v. Ken Marschall

Aus d. Amerik. v. Christian Quatman

Heyne Verlag, München 1997, 244 S., DM 78,–/ÖS 569.–

Donald Lynch, Historiker der Titanic Historical Society, und dem Schiffsillustrator Ken Marschall ist es gelungen, die Geschichte der Titanic fesselnd und eindrucksvoll in Wort und Bild aufzuzeigen: von ihrer Planung über die verhängnisvolle Jungfernfahrt bis zur Entdeckung des Wracks. Der Text, durch die Wiedergabe von Gesprächen spannend wie ein Roman, läßt uns durch die große Anzahl von ausgezeichneten Illustrationen und Fotos die Tragödie dieses stolzen Passagierschiffes nacherleben.

Ein Buch für alle Titanic-Liebhaber, das umfassend über die bis heute gewonnenen Erkenntnisse informiert. (re)

Titanic zum Basteln

Titanic. Die komplette Anleitung zum Selberbauen. Maßstab 1:200

Taschen Verlag, Köln 1997, DM 9,95/ÖS 79,–

RMS Titanic. Maßstab 1:400

Verlag J.F. Schreiber, Esslingen, DM 22,90/ÖS ca. 167,–

Pappmodelle der legendären Titanic im Maßstab 1:200 bzw. 1:400 können Bastelfreaks und Liebhaber historischer Schiffsmodelle anhand dieser Bastelbögen fabrizieren. Unsinkbar sind diese allerdings auch nicht!

TITANIC   LESETIPS

Sachbücher zur Titanic für junge Leserinnen und Leser

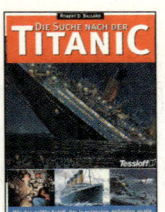

Robert D. Ballard/Ken Marschall (Ill.)

Die Suche nach der Titanic
Wie das größte Schiff, das je unterging, gefunden wurde
Übers. v. Helmut Mennicken
Tessloff Verlag, Nürnberg 1988, 64 S., DM 28,–/ÖS 204,–

Im Juli 1986 taucht Robert Ballard mit zwei Mitgliedern seiner Mannschaft in einem winzigen U-Boot fast 4000 Meter zum Meeresboden hinab. Ein Jahr zuvor hatten sie dort das Wrack der Titanic entdeckt. Ballard erzählt von seinem jahrelangen Traum, das Wrack zu finden, und berichtet von den aufregenden Tauchgängen und seinen Eindrücken beim Anblick des Giganten. Viele Bilder und Illustrationen führen dem Betrachter die Gründe des Untergangs vor Augen und ermöglichen es ihm, Ballard auf seinen Tauchgängen zu begleiten.
Erzählendes, äußerst spannend geschriebenes Sachbuch, für junge Leser ab 12 Jahren. (kr)

Hugh Brewster/Ken Marschall (Ill.)

Komm mit auf die Titanic
Sensationelle Einblicke in ein legendäres Schiff
Loewe Verlag, Bindlach 1997, 32 S., DM 29,80/ÖS 218,–

Zusammen mit den zwei jungen Passagieren Frank Goldsmith und Frank Carter geht der Leser auf eine Entdeckungsreise durch das riesige Schiff. Große, detailgenaue Abbildungen bieten einen Einblick in die verschiedenen Decks. Der Leser lernt den eleganten Speisesaal, die Kabinen, den Maschinenraum und auch die Kommandobrücke kennen. Eine vierseitig ausklappbare Darstellung bietet einen kompletten Überblick über das gewaltige Schiff, dessen Jungfernfahrt in einer riesigen Katastrophe endete.
Spannend geschriebenes und anschaulich illustriertes Sachbuch für Kinder ab 6 Jahren. (kr)

TITANIC LESETIPS

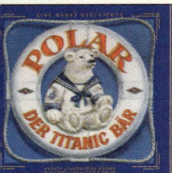

Daisy Corning Stone Spedden/Laurie McGaw
Polar, der Titanic Bär
Tessloff Verlag, Nürnberg 1994, 64 S., DM 36,–/ÖS 263,–

Daisy Corning Stone Spedden, die gemeinsam mit ihrem Sohn
und dessen Kindermädchen das große Schiffsunglück überlebte,
hat diese Geschichte für ihren Sohn geschrieben. Sie schildert
die Ereignisse aus der Sicht des Teddybären Polar. Zusammen
mit seinem kleinen Besitzer und dessen Eltern bereist er zu Beginn unseres Jahrhunderts
die Länder Europas. Höhepunkt dieser Reisen ist dann die Heimfahrt auf dem eindrucks-
vollen Schiff...

Eine anrührende Geschichte, die nicht nur Kinder, sondern auch Erwachsene anspricht. Ab 6 Jahren.(kr)

Shelley Tanaka/Ken Marschall (Ill.)
Auf der Titanic
Augenzeugen berichten
Carlsen Verlag, Hamburg 1996, 48 S., DM 24,90/ÖS 182,–

Von Augenzeugenberichten ausgehend, dokumentieren die beiden Autoren den Untergang des großen Passagierdampfers. Am
Beispiel der zwei jungen Männer Jack Thayer und Harold Bride, die die Katastrophe überlebt haben, erzählen sie von den ersten Reisetagen und von den Ereignissen beim Untergang. Der Leser erfährt von den Rettungsversuchen und von der Bergung durch die Carpathia. Dazu gibt es noch jede Menge Bilder und Illustrationen von der Titanic und viele
Sachinformationen rund um das Geschehen.

Sehr informatives Sachbuch, das die Ereignisse auf der Titanic ohne falsche Sentimentalität vermittelt. Ab 10 Jahren. (kr)

Die Abenteuer der Seefahrt
Bibliographisches Institut, Mannheim 1995, 33 S., DM 29,80/ÖS 218,-

In der Reihe „Meyers Jugendbibliothek" erscheint dieses ausgezeichnete Nachschlagewerk für Kinder aller Altersgruppen. Die Geschichte der Seefahrt wird in ihrer Entwicklung von den Anfängen bis zur Gegenwart beleuchtet; ein Lexikon wichtiger seemännischer Grundbegriffe sowie ein Personenverzeichnis im Anhang erleichtern das Verständnis. Das als Ringbuch gestaltete Nachschlagewerk mit aufklapp- und verwandelbaren Seiten und einer Folie mit Selbstklkle bebildern ermöglicht Kindern den aktiven Umgang mit diesem Buch.
Das Buch sollte in keiner Bibliothek schiffahrtsinteressierter Kinder fehlen! (re)

Stephen Biesty/Richard Blatt
Das Schiff
Ein Superbuch der technischen Wunderwerke
Aus d. Engl. v. Anna E. Röhrig
Gerstenberg Verlag, Hildesheim 2. Aufl. 1995, 32 S., DM 34,-/ÖS 248,-

Das Buch führt den Leser auf das Flaggschiff Admiral Nelsons, die Victory, mit der Nelson in der Schlacht von Trafalgar 1805 die britische Vorherrschaft auf dem Meer sicherte. Die Herangehensweise der Autoren, das Schiff vom Bug bis zum Heck in „Scheiben" zu zerlegen, ist sehr eindrucksvoll: Der Leser gewinnt schon beim Betrachten der Bilder viele Erkenntnisse über das Schiff und das Leben seiner Besatzung, entdeckt er doch bei jedem Hinschauen wieder Neues. Knapp illustrierte Texte runden das Bild vom Leben auf einem Segelschiff des 19. Jahrhunderts ab.
Ein schönes, interessantes Buch für Kinder, die sich für historische Segelschiffahrt interessieren. (re)

Eric Kentley
Schiffe
Die faszinierende Geschichte der Schiffahrt vom Einbaum bis zum Containerschiff
Aus. d. Engl. v. Margot Wilhelmi
Gerstenberg Verlag, Hildesheim 1992. 64 S., DM 24,90/ÖS 182,-

Das Buch von Kentley mutet an wie ein buntes Bilderlexikon. Anhand einer großen Anzahl von ausgezeichneten Abbildungen werden mit sparsamen Texten und vielen kurzen Bilderklärungen alle wesentlichen Themen der Schiffahrtsgeschichte im Überblick abgehandelt. Immer wieder unternimmt der Autor kurzweilige Exkurse in die Kulturgeschichte rund um die Seefahrt, informiert über die Freizeitbeschäftigungen der Seeleute und stellt Literatur und Filme zum Thema Schiffahrt vor.

Ein interessantes, vielseitiges Buch mit einer Fülle von Informationen für schiffahrts- und kulturgeschichtlich interessierte Kinder ab 10 Jahren. (re)

Arnold Kludas
Schiffe
Vom Einbaum zum Atomschiff
Tessloff Verlag, Nürnberg Neufassung 1995, 48 S., DM 14,80/ÖS 108,-

Kludas, ein ausgezeichneter Kenner der Schiffahrtsgeschichte, zeigt in seinem Kinderbuch die Entwicklungsgeschichte von Schiffbau und Schiffahrt auf interessante und anschauliche Weise. Viele Fragen, die ein Kind interessieren, begleiten den reich bebilderten Text und wecken somit Neugier auf das Geschriebene. Besonderen Raum nimmt nach der Segelschiffahrt die Schiffahrt des industriellen Zeitalters ein, das mit der Entwicklung der Dampfmaschine einsetzte, bis hin zu den schnellen großen Seeschiffen der Gegenwart. Auch der Kriegsschiffbau seit 1950 wird erläutert und die oftmals vernachlässigte Frage nach dem Leben an Bord der Schiffe beantwortet.

Ein spannendes Buch für Kinder ab 8 Jahren, in dem sie das Wichtigste über die Schiffahrt erfahren können. (re)

TITANIC LESETIPS

Videos

Titanic - Der Mythos
1997, 55 Min., DM 47,95 (incl. Porto und Versand)
Vertrieb: Titanic Merchandising, Tel.: 0180/5671259

Diese Dokumentation entstand in Zusammenarbeit mit Spiegel TV und rekonstruiert die Fahrt der Titanic, schildert die Bergungsarbeiten und dokumentiert die Arbeit der Hamburger Ausstellungsmacher.

Das Geheimnis der Titanic
National Geographic Video
1986, 60 Min., DM 39,95
Vertrieb: Concorde Video, Tel. 089/4506100

Faszinierende Dokumentation über die Entdeckung der Titanic mit Highlights der Expedition.

Titanic - Der Untergang eines Traums
1994, ca. 100 Min., DM 39,95
Vertrieb: Warner Vision Germany, Bestell-Hotline: 0180/5151851

Spannende Darstellung der Geschichte der Titanic von ihrem Bau bis zu ihrem Untergang im Nordatlantik. Viele historische Bilder, Interviews mit Fachleuten und Überlebenden.

Titanic - Der Mythos lebt weiter
1994, ca. 100 Min., DM 39,95
Vertrieb: Warner Vision Germany, Bestell-Hotline: 0180/5151851

Teil II der Titanic-Dokumentation von Warner Vision. Hier liegt der Schwerpunkt auf der schwierigen Ortung des Luxusliners. Viele Unterwasseraufnahmen und Interviews.

Expedition Titanic -

Die Ausstellung

In Hamburg bis 31.01.1998, Verlängerung geplant. Titanic-Hotline mit Infos zu Öffnungszeiten, Eintrittspreisen und Führungen: 0180/5671259

Impressum

Leseempfehlung der
Stiftung Lesen Nr. 107

Herausgeber:
Stiftung Lesen, Fischtorplatz 23,
D-55116 Mainz
Verantwortlich: Heinrich Kreibich,
Prof. Dr. Klaus Ring
ISSN 1433-0628

Projekt Leseempfehlungen:
Redaktion: Sabine Uehlein
Mitarbeit: Birgit Tschacher

Gestaltung:
Christian Walitzek, Köngernheim

Buchauswahl und
Besprechungen:
Susanne Kriebel M.A., Buchwis-
senschaftlerin, Mainz (kr)
Ronald Piechulek, Dipl.-Museologe
(FH), Rostock (pi)
Silvia Reißmann, Dipl.-Historikerin,
Rostock (re)

Druck:
Druckerei Falk, Mainz

Redaktionsschluß:
September 1997

Auflage:
1.630.000 Exemplare

Irrtümer und Preisänderungen
vorbehalten

TITANIC LESETIPS

Die Abfahrt der *Titanic* aus dem Hafen von Southampton am 10. April 1912

Im Hafen

Bei der Ausfahrt

Die kritische Phase der Rettungsaktion:
Das obere Rettungsboot droht, auf das untere herabzustürzen, weil sich die Taue nicht lösen (Zeichnung nach Berichten von Überlebenden).

Der Untergang der *Titanic* in der Nacht vom 14. zum 15. April 1912 (Zeichnung von Professor W. Stoewer).

Rettungsboote der *Titanic*

Eine weitere zeichnerische Darstellung des Untergangs aus einer anderen Perspektive

Salon der ersten Klasse

Das Pariser Café an Bord der *Titanic*

Prunk und Pracht:
Blick in das Schlafzimmer einer Luxuskabine

Schlafkabine an Bord der *Titanic*

Unterwasseraufnahme des Wracks in 4000 Meter Tiefe, südöstlich von Neufundland: das Vorderdeck mit Reling und Ankertrossen — 1. September 1985

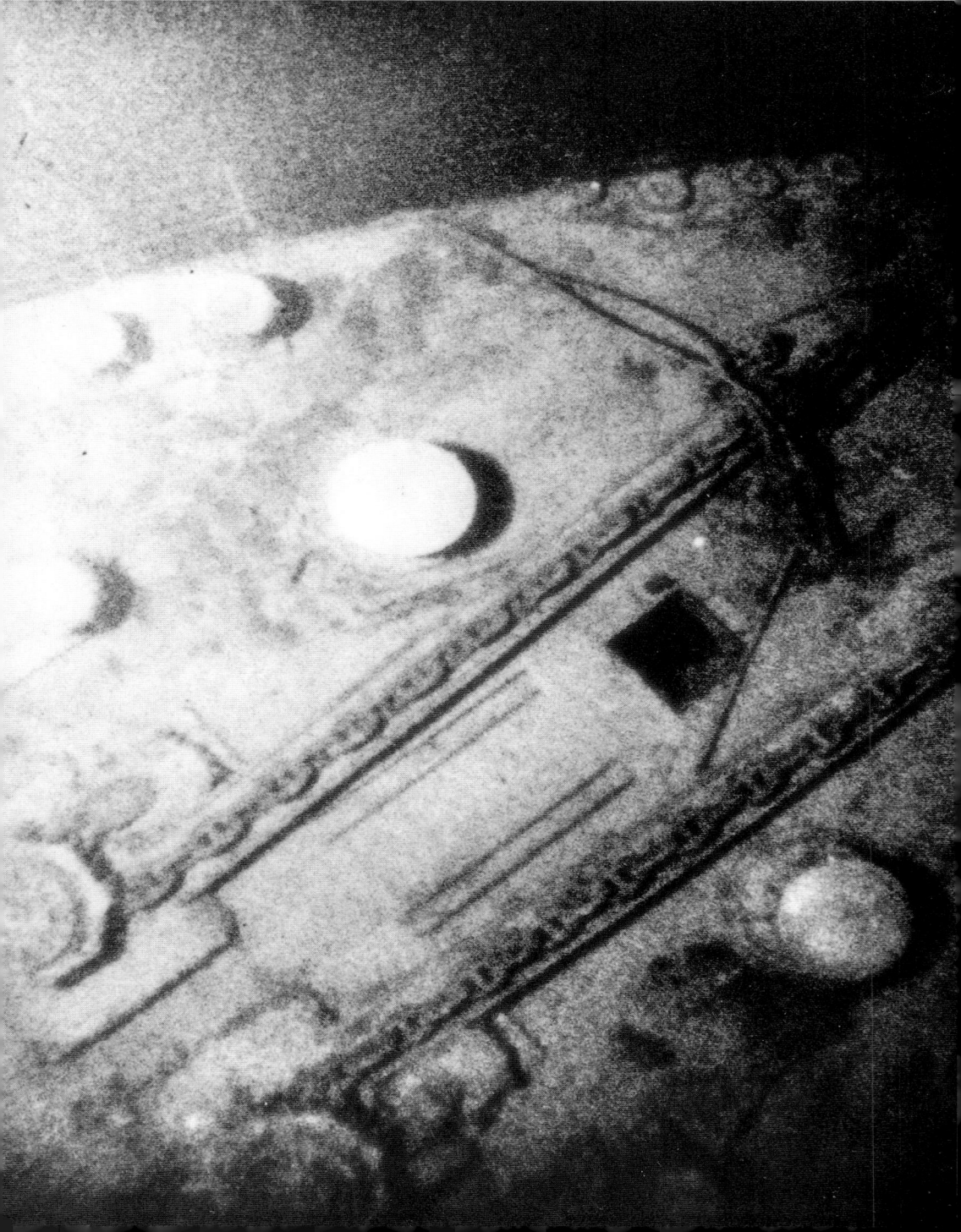

zu: gegen 02.15 Uhr (an Bord sind noch 1500 Menschen!) hebt sich das Heck im Winkel bis etwa 45 Grad, die kritische Belastung an einer Stelle zwischen dem 3. und 4. Schornstein wird überschritten und der Rumpf reißt dort ein, das Schiff teilt sich! Das längere Vorderteil sackt schlagartig tiefer, da das aufrichtende Moment des Heckteils fehlt: das Donnergetöse beginnt – alles Bewegliche gerät ins Rutschen, aber die Kessel und Maschinen sind als ganzes davon nicht betroffen, denn nur die Teile an der Bruchstelle reißen auseinander und stürzen zum Teil senkrecht auf den Meeresgrund. Nach Vollendung des Abreißens versinkt der Bugsektor (ca. 3/5 der Schiffslänge) auf ebenem Kiel, während sich das Heckteil in eine neue stabile Lage dreht, mit den schweren Maschinen nach unten ...

Als der Krach vorbei war, stand die *Titanic* aufrecht wie ein Komma, wir konnten sie nur noch als Heckteil erkennen und etwa 150 Fuß Rumpf standen als undeutlich sichtbarer Fleck in der Dunkelheit gegen den sternenübersäten Himmel, und in dieser Position blieb sie für ein paar Minuten – ich denke an etwa fünf Minuten, es können aber auch weniger gewesen sein. Dann, zunächst hinten etwas tiefer sinkend, nehme ich an, glitt sie langsam nach unten und tauchte schräg abwärts. Die See schloß sich über ihr, und wir hatten das Letzte von dem wundervollen Schiff gesehen, auf welches wir uns vor vier Tagen in Southampton eingeschifft hatten.

An der Stelle des Schiffes, auf das sich alle unsere Interessen so lange konzentriert hatten und zu dem wir oft hingeschaut hatten, weil es der einzige Fixpunkt auf der ganzen See war – an Stelle der *Titanic* erstreckte sich nun der Ozean mit seiner grenzenlosen Weite bis zum Horizont, auf- und abschwingend wie zuvor. Er bot keinen Hinweis an seiner Oberfläche, daß sich gerade die Wellen über dem wunderbarsten Schiff, das je von Menschenhand gebaut wurde, geschlossen hatten und die Sterne blickten genauso herab wie vorher und es war genauso bitter kalt.

In uns entstand ein starkes Gefühl der Einsamkeit, wie wir so allein gelassen auf der See waren, ohne die *Titanic* – in einem kleinen Boot. Nicht, daß es uns schlecht erging – außer, daß es kalt war – noch daß wir uns in Gefahr befanden – wir glaubten es jedenfalls nicht, aber die *Titanic* war nicht mehr bei uns.

Wir warteten mit dem Bug voraus auf die Welle, von der wir annahmen, daß sie kommen müßte. Jene Welle, von der wir von der Mannschaft so viel gehört hatten und welche sich nach ihren Aussagen über Meilen ausbreiten könnte; aber sie kam niemals. Und obwohl die *Titanic* keine Welle erzeugte als sie zum Grund ging, hinterließ sie uns etwas, daß wir gerne für immer vergessen würden; etwas, auf welches die Einbildungskraft besser nicht bestehen sollte – die Schreie der vielen hundert Mitpassagiere, die im eiskalten Wasser um ihr Leben kämpften.

Ich wollte zunächst jedwede Erinnerung an diesen Aspekt des Unglücks in diesem Buch weglassen, aber aus zwei Gründen ist das nicht möglich. Erstens, daß es wegen historischer Belange erzählt werden sollte; und zweitens, daß diese Schreie nicht nur ein Ruf nach Hilfe in schrecklicher Gefahr waren, in der sich die Versinkenden befanden, ein Appell – der nie beantwortet werden konnte. Es war aber auch ein Appell an die ganze Welt, die nie wieder solche Bedingungen von Angst und Hoffnungslosigkeit zulassen dürfte; ein Aufschrei, der zum Himmel emporsteigt wegen der großen Ungerechtigkeit seiner eigenen Existenz; ein Schrei, der seine eigene Abschaffung verlangt!

Wir waren äußerst überrascht, diese Schreie überhaupt zu hören, als sich die Wellen über der *Titanic* geschlossen hatten; wir hatten keinerlei Geräusche vernommen, seit wir von ihrer Seite gewichen waren, und, wie schon erwähnt, wir wußten nicht, wie viele Boote oder Flöße sie mitführte. Die Besatzung hat es vielleicht gewußt, vielleicht auch nicht. Wir wären nicht erstaunt gewesen zu erfahren, daß alle in Sicherheit wären durch irgendwelche Rettungsgeräte.

Wir waren so unvorbereitet auf diese Schreie der Versinkenden, die über die See herüberhallten, daß sie eine unsinnige Reaktion auslösten. Wir versuchten, zurückzurudern und die Ertrinkenden noch zu retten, obwohl wir wußten, daß das unmöglich war. Das Boot war vollbeladen bis zu den Stehplätzen und umzukehren hieße, uns alle der Gefahr des Kenterns auszusetzen; und so befahl der Heizer-Kapitän seiner Mannschaft, von den Schreien fortzurudern. Wir versuchten zu singen, um nicht an sie zu denken, aber in dieser Situation hatten wir dazu keine Kraft in unseren Herzen. Die Schreie, die zunächst laut und unzählig waren, erstarben allmählich einer nach dem anderen. Die Nacht war klar, frostig und ruhig, das Wasser glatt, und die Rufe wurden über das hindernisfreie Wasser über Meilen getragen, sicherlich weiter als bis dort, wo wir lagen. Ich denke, die letzten waren noch etwa 40 Minuten lang zu hören, nachdem die *Titanic* gesunken war. Schwimmwesten hielten die Überlebenden für Stunden über Wasser, aber die Kälte des Wassers war es, welche die Schreie zum Verstummen brachte.

Es wurde für die in der Sicherheit der Rettungsboote Befindlichen, umgeben von Ertrinkenden in verschiedenen Entfernungen, ein starker Entschluß ausgelöst: Wenn irgend etwas in Zukunft getan werden kann, eine Wiederholung zu verhindern, sollte es versucht werden, egal was es an Zeit oder anderen Dingen kosten wird! Und nicht nur an diese unmittelbaren Zeugen sind die Schreie ein eindringlicher Aufruf gewesen, er richtet sich auch an jeden gewöhnlichen Mann oder jede Frau, welche die Geschichte nun kennt. Es ist nicht auszuschließen, daß diese Bedingungen wieder vorkommen könnten, aber es ist unbedingt eine erforderliche Anstrengung eines jeden im einzelnen und aller gemeinsam, daß das nicht mehr passiert. Denkt daran! Ein paar Boote mehr, ein paar zusammengenagelte hölzerne Planken zu unbedeutenden Kosten, und alle diese Männer und Frauen, welche die Welt so schmerzlich verlor, könnten heutzutage bei uns sein. Es hätte das Wehklagen in Tausenden von Haushalten nicht zu geben brauchen, die jetzt einsam sind, und diese Worte hätten nicht geschrieben werden müssen!

Die Rettung

Alle Berichte stimmen darin überein, daß die *Titanic* etwa um 2.20 Uhr sank, kurz danach zeigte eine Uhr bei mir an Bord 2.30 Uhr. Wir waren um diese Zeit in Kontakt mit drei anderen Booten, eins war die Nummer 15 in unserem Steuerbordsektor, die anderen waren vermutlich die Nummern 9 und 11, aber ich weiß es nicht genau. Wir kamen nicht auf nahe Entfernung heran, riefen aber gelegentlich in die Dunkelheit und sahen sie undeutlich in der Umgebung. Wir fragten nach irgendwelchen Offizieren auf den anderen Booten, aber wir fanden nicht einen. Ohne einen Plan ruderten wir dann langsam vorwärts — oder dahin, wo wir »vorwärts« vermuteten. Es war einfach die Richtung, in welcher der Bug der *Titanic* zeigte, bevor sie sank. Jetzt erkenne ich, daß wir uns nordwestwärts bewegt hatten, weil wir das Nordlicht an Steuerbord sahen. Außerdem, als uns die *Carpathia* von Süden her ansteuerte, sahen wir sie im Südosten und drehten unser Boot, um zu ihr zu gelangen. Ich stelle mir vor, daß die Boote sich fächerartig über den Ozean verteilt hatten, nachdem sie die *Titanic* verlassen hatten. Die von der Steuerbord- und Backbordseite vorn blieben vor ihr, die vom Heck hinter ihr, was erklärt, warum die Backbordboote solange brauchten, die *Carpathia* zu erreichen — das letzte um 8.30 Uhr, während einige der Steuerbordboote schon um 4.10 Uhr bei ihr waren. Einige der Backbordboote haben auf dem Weg zur *Carpathia* die Stelle kreuzen müssen, wo die *Titanic* versunken war, mitten durch Trümmer und Wrackteile aller Art [Skizze siehe letztes Kapitel].
Keines der anderen drei Boote in der Nähe führte ein Licht — und wir vermißten Lichter sehr, wir konnten uns in der Dunkelheit nicht sehen, wir konnten keine Signale an Schiffe geben, die vielleicht mit großer Geschwindigkeit aus allen Richtungen zur Rettung der *Titanic* kamen. Wir waren so viele Boote, daß es so aussah, als ob sich daraus die zusätzliche Gefahr ergab, im Weg der Rettungsschiffe zu liegen. Wir suchten nun nach einer Laterne zu unseren Füßen oder an den Seiten, und ich versuchte, die Zeit zu nutzen, unterhalb der Plattform einen Kasten zu öffnen, indem ich ein Brett abnahm. Dahinter fand sich nichts anderes als ein zinnerner Lufttank, dazu bestimmt, das Boot beim Auflaufen schwimmfähig zu halten. Ich glaube nicht, daß sich überhaupt eine Lichtquelle an Bord befand. Ebenso suchten wir Lebensmittel und Trinkwasser, fanden nichts davon und kamen zu der Überzeugung, daß wohl niemand etwas hinein getan hatte, aber da hatten wir uns getäuscht. Ich habe einen Brief vom Zweiten Offizier Lightoller, in dem er versichert, daß er und der Vierte Offizier Pitman jedes Rettungsboot der *Titanic* an Deck der *Carpathia* inspiziert hätten

und Kekse und Wasser sich in jedem befanden. Nicht, daß wir damals etwas essen wollten oder Wasser brauchten, wir dachten an die Zeit, bis uns die *Olympic* am Nachmittag aufnehmen würde.

So gegen 3.00 Uhr bemerkten wir an Steuerbord einen schwachen Lichtschein am Himmel; das erste Anzeichen der beginnenden Dämmerung, wie wir dachten. Wegen der Uhrzeit waren wir uns nicht sicher, aber begierig darauf, die Morgendämmerung zu erleben − nur um in der Lage zu sein, einander ins Gesicht zu sehen und festzustellen, wer in Zukunft sein Gegenüber sein würde; und auch von der Furcht frei zu sein, unsichtbar in der Dunkelheit, im Kurs eines Dampfers zu liegen. Aber wir wurden an der Nase herumgeführt: Das schwache Licht verstärkte sich mal, verschwand wieder, leuchtete erneut auf und blieb für einige Zeit bestehen. »Das ist das Nordlicht«, kam es mir in den Sinn, und so war es. Das Licht strahlte fächerartig über den Nordhimmel mit schwachen Streifen zum Polarstern. Ich hatte es vor einigen Jahren schon in gleicher Intensität in England gesehen und erkannte es nun wieder. Ein Seufzer der Enttäuschung ging durch das Boot, als uns klar wurde, daß es noch nicht Tag werden wollte. Wir hätten wissen sollen, daß Tröstenderes als der Tagesanbruch auf uns wartete.

Die ganze Nacht hatten wir mit gierigen Augen den Horizont nach Dampferlichtern abgesucht. Vom Heizer-Kapitän hatten wir gehört, daß das erste Auftreten eines Lichtes am Horizont das Mast[Topp]licht sein würde, kurz darauf gefolgt von einem zweiten, tiefer an Deck. Wenn diese beiden vertikal übereinander blieben und der Abstand zueinander und mit abnehmender Entfernung kleiner würde, könnten wir sicher sein, einen Dampfer vor uns zu haben. Aber was für eine Nacht, solch ein Licht am Horizont zu erkennen! Im Laufe der Zeit, in der sich die Erde weiterdrehte, sahen wir viele und einige Sterne kamen über den klaren Horizont, andere versanken hinter ihn, überall gab es Lichter. Einigen, die wir sahen, folgten wir, bis wir die Täuschung bemerkten und klüger wurden, einige Lichter gehörten zu solchen unserer Boote, die glücklicherweise Laternen besaßen, aber diese waren leicht zu erkennen, denn sie schwangen in naher Entfernung auf und ab. Erst nährten sie unsere Hoffnung, dann zerstörten sie sie wieder. In der Nähe des Horizonts an Backbord sahen wir zwei Lichter dicht beieinander und dachten, das müßten unsere Doppellichter sein, aber als wir dann die trennenden Meilen überwanden, drehten die Lichter langsam auseinander und wir bemerkten, daß die Laternen zu zwei Booten in unterschiedlichen Entfernungen gehörten, die in Kiellinie fuhren, eins hinter dem anderen. Es waren möglicherweise die vorderen Backbord-Boote, die am nächsten Morgen so viele Meilen über die Grabstelle der *Titanic* zurückfahren mußten.

77

Aber ungeachtet dieser Hoffnungen und Enttäuschungen, dem Fehlen von Lichtern, und − wie wir dachten − Essen und Wasser, sowie der bitteren Kälte, wäre es nicht richtig gewesen zu sagen, daß wir unglücklich waren in diesen frühen Morgenstunden. Die Kälte, die wie ein Schleier über uns lag, war die einzige tatsächliche Komforteinbuße, aber wir konnten damit fertig werden, indem wir nicht so sehr daran dachten oder uns durch Reiben warm hielten oder leicht auf den Boden trampelten (es macht einen fürchterlichen Lärm, wenn man zu kräftig auftritt!). Ich habe nichts davon gehört, daß jemand im Boot irgendwelche Nachwirkungen durch die Kälte gehabt hätte − auch der dünn bekleidete Heizer kam ohne Schaden durch. Alles in allem, es gab viele Gelegenheiten, um dafür dankbar zu sein, so viele, daß sie einige Dinge unbedeutend erscheinen ließen, die unter normalen Umständen als unangenehm empfunden worden wären. Die teilweise lästige Kälte, das Gedränge an Bord, die Dunkelheit und so weiter. Die ruhige See, die wundervolle Nacht (welch' ein Unterschied zu der Situation zwei Nächte später an Bord der *Carpathia*, wo Blitze und Donnergrollen den Schlaf vieler unterbrachen!), und vor allem die Tatsache, in einem Boot zu sein, wo doch viele unserer Mitreisenden und Besatzungsmitglieder − deren Schreie nun nicht mehr über das Wasser hallten − still im Wasser lagen.

> ... ganz so gut waren die Bedingungen in anderen Booten nicht: manche Insassen waren naß oder verletzt. Übrigens, nur die Führer von zwei Booten hatten den Mut, zu den im Wasser Kämpfenden zurückzufahren und Hilfe anzubieten (nach einer angemessenen Wartezeit!). Sie retteten zwar elf Personen, doch fünf davon starben, bevor sie in endgültiger Sicherheit waren − Hunderte waren zum Tod durch Erfrieren verurteilt. Die Empörung darüber fiel erstaunlich milde aus.

Dankbarkeit war jetzt das vorherrschende Gefühl in uns. Und dankbar wie wir waren, wurde diese Dankbarkeit hundertfach verstärkt. Etwa um 3.30 Uhr, so gut ich es schätzen kann, lenkte jemand im Bug unsere Aufmerksamkeit auf einen schwachen Schein, weit fort im Südosten. Wir drehten uns alle um, und da war er tatsächlich, heraufziehend vom Horizont, wie der entfernte Strahl von einem Scheinwerfer eines Kriegsschiffes. Das schwache Glimmen verstärkte sich und dann erstarb das Licht wieder.

Der Heizer, der die ganze Nacht unter dem Podest des Steuerruders gelegen hatte, setzte sich aprupt wie nach einem Traum auf, der Übermantel hing lose von seinen Schultern. Ich kann ihn vor mir sehen, zur See hinausstarrend, von wo der Lärm herkam, und ihn rufen hören: »Das war eine Kanone!« Aber es war keine, es war eine Rakete der *Carpathia*, wie wir bald darauf erfahren sollten. Aber wir wußten nun, das dort jemand war, gar nicht so weit fort, zu unserer Hilfe herbeieilend und eine vorläufige Botschaft signalisierend, unseren Herzen Mut machend bis zum Augenblick der Ankunft.

Mit angespannten Nerven, die aufmerksamen Augen über den Horizont gleiten lassend, die Ohren geöffnet auch für den leisesten Laut, so warteten wir in der absoluten Stille dieser ruhigen Nacht. Und dann kroch ein Licht an der Stelle über die See, wo auch der Blitz gesehen wurde, und unmittelbar danach ein zweites Licht. Nach einigen Minuten standen beide gut sichtbar über dem Horizont und blieben übereinander! Aber wir waren schon oft getäuscht worden, und so warteten wir etwas länger, bevor wir uns eingestanden, daß wir in Sicherheit sein würden. Die Lichter kamen schnell näher, so schnell, daß es so aussah, als würde es nur ein paar Minuten gedauert haben, zwischen dem ersten Sichten und dem Verbleiben über dem Horizont, aber es muß wohl doch etwas länger gewesen sein. Wir wußten nicht, welcher Art das Schiff wohl wäre, aber wir sahen es rasch näher kommen, und wir suchten nach Papier oder Lumpen — irgend etwas, das brennen würde (wir waren sogar darauf vorbereitet, unsere Mäntel anzuzünden, falls es nötig sein sollte). Eine hastig zusammengedrehte Papierfackel, herausgerissen aus den Briefen von irgend jemanden, wurde angezündet und über den Kopf des Heizers an der Ruderpinne gehalten.

Das schwache Licht beschien flackernd die Gesichter der Bootsinsassen, leuchtete in unterbrochenen Linien ein paar Yards über das schwarze ölige Wasser (erstmals wurde ich der Präsenz des schrecklichen Etwas gewahr, das das ganze Unglück angerichtet hatte — EIS — ; in kleinen Stücken wie etwa einer Faust, harmlos auf- und niederschwingend) und versank wieder zurück in die Schwärze, als der Heizer die brennenden Überreste des Papiers über Bord warf. Hätten wir doch nur gewußt, daß die Gefahr des Überfahrenwerdens schon vorbei gewesen ist! Ein Grund dafür war, daß die *Carpathia* schon ein Rettungsboot gesichtet hatte, welches die ganze Nacht über ein grünes Licht gezeigt hatte, der erste Anhaltspunkt unserer Position für die *Carpathia*. Aber der wahre Grund steht im Logbuch der *Carpathia*:

— »Gingen mit voller Kraft voraus während der Nacht; stoppten um 4.00 Uhr wegen eines Eisbergs direkt voraus.«

Das war tatsächlich ein guter Grund!

Der Cunard-Dampfer *Carpathia* (13603 BRT, Baujahr 1903) war am 11. April ausgelaufen, aber von New York aus mit Kurs auf Gibraltar, mit gemächlichen 14 Knoten Fahrt. Sie war im regelmäßigen Auswandererdienst (Raum Mittelmeer — Amerika) eingesetzt und auf der Rückfahrt wenig belegt. Um Mitternacht am 14./15. stand sie etwa 50 Seemeilen südöstlich der Kollisionsposition, um 0.25 Uhr hörte der Funker mehr zufällig den Notruf der *Titanic* und Kapitän Rostron handelte sofort und umsichtig: ... Kurs Nord, 52 West, äußerste Fahrt mit allem Dampf, der sich erzeugen läßt, dazu Vorbereitungen zur Übernahme von etwa 2000 Personen ... Und so lief das Schiff mit zeitweise über 16 kn durch das eisgefährdete Gebiet — und hatte Glück!

Mit unserer abgebrannten Fackel in die Dunkelheit zurückgeworfen, sahen wir die Topplichter anhalten und den Retter eindrehen. Anzeichen einer Erleichterung kam auf, als wir nicht befürchten mußten, nicht gesehen zu werden und dem aufgewühlten Schraubenwasser ausgesetzt zu sein. Wir warteten, und er schwang langsam herum und offenbarte sich als großer Dampfer mit vollständig erleuchteten Bullaugen. Ich denke, als diese Lichter langsam in Sicht kamen, war es einer der wundervollsten Anblicke, die wir je erleben durften. Es bedeutete die baldige Befreiung, das war die wichtigste Botschaft für uns. Wir hatten damit gerechnet, erst am Nachmittag gerettet zu werden, und nun, nachdem die *Titanic* erst vor ein paar Stunden gesunken war, konnten wir schon vor Tagesanbruch aufgenommen werden. Das schien uns zu schön, um wahr zu sein, und ich denke, es füllten sich so manche Augen mit Tränen, männliche, ebenso wie die von Frauen, als sie wieder die Lichterreihen übereinander erblickten, die so freundlich zu ihnen über das Wasser schienen — und »Gott sei Dank« wurde aus tiefstem Herzen überall im Boot gemurmelt. Das Rettungsboot schwang herum und die Mannschaft begann ihren langen Weg zum Dampfer zu rudern. Der Kapitän schlug Lieder vor und begann mit »Rudert zur Küste, Matrosen«. Die Besatzung nahm den Gesang zitternd auf und die Passagiere fielen mit ein, aber ich glaube, eine Strophe war alles, was sie kannten. Es war einfach zu früh, die Dankbarkeit war zu tief, zu plötzlich und von einer so überwältigenden Intensität, als daß wir beständig singen konnten. Erkennend, daß der Gesang nicht so gut verlief, versuchten wir einen Hochruf und das ging besser. Es war leichter, unsere Gefühle durch Laute auszudrücken, denn Takt und Abstimmung waren keine notwendigen Bestandteile bei einem Hochruf.

Im Mittelpunkt unserer Hochachtung zur Befreiung stand ein Name mit den tiefsten Gefühlen der Dankbarkeit, der von Marconi. Ich wünschte, er wäre dabei gewesen, um den Chor der Dankbarkeit zu hören, die ihm und seiner wunderbaren Erfindung galten, die uns viele Stunden, vielleicht Tage, des Wartens auf See erspart haben, in Hunger, Sturm und Kälte. Vielleicht war unser Beten nach Marconi das Ausschlaggebende in dieser Nacht gewesen.

... er würde es gern vernommen haben, der Erfinder der drahtlosen Telegraphie. Zumal er zunehmend wegen seiner Geschäftspolitik in die Kritik geriet: wollte er doch »sein« Funkmonopol behalten und beschäftigte die Funker als Angestellte, so daß diese den Weisungen der Marconi-Gesellschaft unterstanden und nicht den Reedereien. Außerdem regte sich Konkurrenz (z.B. die Firma »Telefunken« in Deutschland), so daß sich einige unschöne drahtlose »Mißverständnisse« ergaben, trotz eines 1908 abgeschlossenen internationalen Funkverkehrs-Abkommens. Auch hier war die Zeit reif für grundlegende Änderungen ...

Um uns herum sahen wir nun Boote, die auf die *Carpathia* zuhielten, hörten ihre Anrufe. Unsere Mannschaft ruderte kräftig in freundschaftlicher Konkurrenz mit anderen Booten, um als erste dort zu sein. Aber wir müssen wohl die achten oder neunten an der Schiffsseite gewesen sein. Wir waren schwer beladen und mußten rund um einen ausgewachsenen Eisberg rudern, der auf unserem Weg lag.

Und dann, um unsere Freude vollkommen zu machen, begann die Dämmerung. Zunächst nur ein wunderbarer leichter Schimmer im Osten, dann ein sanftes goldenes Glühen, welches sich heimlich unterhalb des Horizonts verbreitete, als ob es nicht beachtet werden sollte, wie es sich über die See stahl und sich lautlos in jede Richtung ausbreitete, so lautlos, daß es uns glauben machen wollte, es wäre schon die ganze Zeit über vorhanden gewesen, aber wir hätten es nicht bemerkt.

Dann wandelte sich der Himmel schwach rosafarbig. In einiger Entfernung erstreckten sich die dünnsten, wolligsten Wolkenbänder über den Horizont bis zum Wasser hinunter und schienen jeden Moment kräftiger rosa zu werden. Als nächstes erstarben die Sterne, langsam — bis auf einen, der länger als die anderen am Horizont stand. Nahe dabei, nach Norden zunehmend und mit dem unteren Ende gerade noch die Kimm berührend, der schmalste und bleichste Mond.

Mit der Dämmerung kam eine schwache Brise von Westen auf, wir spürten den ersten Windzug seit die *Titanic* ihre Maschinen angehalten hatte. Einige Stunden vorauseilend — der Tag ging auf 8.00 Uhr, die Zeit, um welche die letzten Boote ankamen — entwickelte sich diese Brise zu einem frischen Wind, der die See aufwühlte, so daß die letzten mit Menschen beladenen Boote eine angstvolle Partie in den hüpfenden Wellen vor sich hatten, bis sie die *Carpathia* erreichten. Ein Offizier bemerkte, daß eins der Boote die nächste Stunde kaum schwimmend überstehen würde; der Wind hatte sich gerade lange genug zurückgehalten.

... Beesley bezieht sich an dieser Stelle offenbar auf die Aussage des Fünften Offiziers Lowe und das faltbare Notboot »A«, welches später losgeworfen wird (ebenso wie »D«, siehe Seite 103). Bis zum 13. Mai treibt »A« im Atlantik, dann wird es von der *Oceanic* gesichtet, immer noch intakt ...

Unsere Ruderer arbeiteten mit großer Kraft – je zwei pro Riemen und noch einer, der alle antrieb, um Schritt zu halten mit den anderen Booten. Da rief der Kapitän über die Köpfe der Mannschaft hinweg: »Neumond! Tut euer Geld 'raus, Matrosen, aber nur, wenn ihr welches habt!« [Aberglaube: bei Neumond verdoppelt sich Geld.] Wir lachten über seinen seltsamen Scherz um diese Zeit, und es war gut, wieder zu lachen, aber er zeigte seinen Unglauben noch in einer anderen Aussage, als er ergänzte: »Nun, ich werde niemals wieder sagen, daß 13 eine Unglückszahl ist. Boot Nummer 13 ist der beste Freund, den wir je hatten.«

Wenn es unter uns welche gegeben haben sollte, die mit der Nummer 13 Unglück verbanden – und es schien sicher zu sein, daß es solche gab, die daran festhielten – so bin ich sicher, daß sie mit dem Heizer übereinstimmten und niemals wieder so einem verrückten Aberglauben Aufmerksamkeit schenken würden. Vielleicht hat sogar der Unglaube selbst einen Schlag erlitten, wenn er daran erinnert wird, daß das Boot Nr. 13 der *Titanic* eine volle Ladung von dem sinkenden Schiff fortgebracht und so gefahrlos die Nacht über getragen hat, daß es nicht einen Tropfen Wasser übernahm und die Insassen sicher zur Seite der *Carpathia* brachte, wo sie ohne einen Mißgriff hochkletterten. Es verleitet fast dazu, der 13. an einer Tafel zu sein oder sich ein Haus mit der Nummer 13 auszusuchen, ohne Angst, daß es schief läuft nach dem, das man nicht ganz ernst »Vorsehung« nennt.

Im schwachen Lichte in Richtung *Carpathia* schauend, meinten wir, zwei große, vollgetakelte Segelschiffe in Horizontnähe zu erkennen, alle Segel gesetzt, in der Nähe der *Carpathia* stehend. Wir entschieden, daß es Fischereifahrzeuge der Neufundlandbänke sein müßten, welche die *Carpathia* hatten anhalten sehen, um ihr Hilfe anzubieten, wenn sie danach fragen sollte. Aber ein paar Minuten später schien das Licht voll auf sie und entlarvte sie als mächtige Eisberge, aufgetürmt in einer Weise, daß sie tatsächlich ein Schiff vorgaukelten. Als die Sonne höher stieg, wechselten sie ihre Farbe nach rosa, und sie sahen unheilvoll aus, übersät mit weißen rauhen Bergspitzen aus der See aufragend; und ebenso fürchterlich wie das, was einer von ihnen angerichtet hatte, war ihre schaurige Schönheit. Später, als die Sonne noch höher über den Horizont stieg, funkelten und glitzerten sie in ihren Strahlen, tödlich weiß, eher wie gefrorener Schnee denn wie durchscheinendes Eis.

Als die Dämmerung zu uns heraufzog, lag ein anderer Eisberg beinahe direkt auf dem Weg unserer Rettungsboote zur *Carpathia*, und einige Minuten später noch einer in ihrem Backbordsektor und noch weitere am südlichen und westlichen Horizont, so weit das Auge reichte. Alle waren sie unterschiedlich in Form, Aussehen und Farbschattierung, je nachdem, wie die Sonnenstrahlen auf sie fielen, ob direkt reflektiert oder schräg zurückgeworfen.

Wir drehten nahe unserem Retter bei und konnten dann die Streifen am Schornstein entziffern, von der die Mannschaft uns sagte, daß er zu einem Cunarder gehörte. Einige Boote lagen schon an seiner Seite, und Passagiere kletterten seine Leitern hinauf. Wegen des Eisbergs mußten wir einen Umweg nach Süden fahren, da wir wußten, daß dieser mit vorspringenden Eisspornen bis dicht unter die Wasseroberfläche reichen konnte. Nicht, daß es sehr wahrscheinlich gewesen wäre, daß einer so nahe an der Oberfläche läge, daß er unser flaches Boot gefährden könnte, aber wir waren nicht bereit, im letzten Moment noch irgendein Risiko auf uns zu nehmen, wo die Rettung so nahe war.

Dann, als wir vom Eisberg klar waren, konnten wir den Namen des Cunarders lesen − CARPATHIA −, ein Name, den wir nicht so leicht vergessen werden. Wir werden ihn vielleicht manchmal in den Schiffslisten wiederfinden − wie ich es schon tat, als sie Genua zur Rückreise verließ − und die Erinnerung wird schlagartig zurückkehren: An die Art und Weise, wie ihre Lichter über den Horizont stiegen, wie sie beidrehte und uns ihre erleuchteten Bullaugen zeigte, und der Moment, in dem wir ihren Namen lasen. Wir werden die Rettungssituation neu erleben und die gleiche Dankbarkeit empfinden für alles, was sie uns in jener Nacht bedeutet hat.

Wir erreichten sie rudernd um 4.30 Uhr an ihrer der Dünung schutzbietenden Backbordseite, an zwei Tauen vorn und achtern haltend. Die Frauen gingen zuerst die Strickleitern hinauf, eine Schlinge um die Schultern sollte ihren Aufstieg unterstützen, männliche Passagiere folgten, und die Besatzungsmitglieder kamen zuletzt. Das Baby schwebte in einer oben offenen Tasche aufwärts. Es ging ihm gut und es zeigte keine Krankheitsbilder nach seiner kalten Reise in jener Nacht. Wir setzten mit sehr dankbaren Herzen unsere Füße an Deck, dankbar auch wegen der Möglichkeit, wieder ein solides Schiff unter uns zu spüren.

... noch ein paar Zusatzinformationen zum Rettungswerk der *Carpathia*. Die Belegung auf dieser Reise machen folgende Zahlen deutlich: (gebucht/Kapazität) Erste Klasse: 120 / 150; Zweite Klasse: 50 / 50; Dritte Klasse: 565 / 1600; für jede Klasse gab es einen Arzt. Gesamtkopfzahl mit Besatzung: 1035. Zwischen 4.15 und 8.30 Uhr wurden aus den Rettungsbooten − bei einer Wassertemperatur von + 1 °C − übernommen: 315 Frauen, 52 Kinder, 126 Männer (= 493 Passagiere); 21 Frauen, 189 Männer (= 210 Besatzungsmitglieder); Summe 703 Gerettete und 4 Tote. Demnach waren auf der Rückfahrt nach New York 1 738 Menschen an Bord ...

Das Sinken der Titanic, von Deck aus gesehen

Die beiden letzten Kapitel erzählten in einer ausführlichen Darstellung von den Beobachtungen eines einzelnen Augenzeugen und gaben einen Bericht von dem Verlassen **eines** Rettungsbootes von der Seite der *Titanic*. Es wird gut sein, nun auf die *Titanic* zurückzukehren, um in einem allgemeineren und vollständigeren Gesamtbild die Erfahrungen derer zusammenzufassen, die sich an verschiedenen Stellen des Schiffes aufgehalten haben. Ein sorgfältig ausgewählter Teil dieser Erfahrungen wurde aus erster Hand von Überlebenden an den Autor übermittelt, während sie an Bord der *Carpathia* waren, manche auch später. Einige wurden auch aus anderen Quellen abgeleitet, die mutmaßlich ebenso zuverlässig sind wie Informationen aus erster Hand. Andere Berichte, die zuerst so aussahen, als basierten sie auf den Aussagen von Augenzeugen, wurden deshalb nicht berücksichtigt, weil sich herausgestellt hatte, daß sie bereits durch mehrere Hände gegangen waren. Aber auch die Aussagen von Augenzeugen wurden in einigen Fällen gestrichen, wenn sie nicht mit Beweisen einer Vielzahl anderer Zeugen übereinstimmten oder dann, wenn sie unter den gegebenen Umständen wahrscheinlich als ungenau zu betrachten sind. In diese Kategorie fielen die Berichte über Explosionen, bevor die *Titanic* sank, das Auseinanderbrechen des Schiffes in zwei Teile [ehrlich, aber widerlegt, siehe Seite 64], sowie der Selbstmord von Offizieren.

Es ist wichtig an dieser Stelle anzumerken, daß sich die *Titanic* auf ihrer vorschriftsmäßigen Route befand, der südlichen, und auf einer Position, welche unter normalen Bedingungen und zu dieser Jahreszeit die Vorsicht als sicher gebietet. Um ganz genau zu sein: sie fuhr sechzehn Meilen südlich* der regulären Sommerroute, der alle Gesellschaften von Januar bis August folgen.

Vielleicht beginnt die eigentliche Geschichte des Unglücks am Nachmittag des Sonntag, als die *Titanic* Funktelegramme von Schiffen empfing, die sich ihr voraus befanden und die sie vor der Existenz von Eisbergen warnten. In diesem Zusammenhang muß an den deutlichen Rückgang der Lufttemperatur erinnert werden, den jedermann am Nachmittag und abends beobachtete, ebenso wie die sehr niedrige Wassertemperatur. Diese werden allgemein ohne den geringsten Zweifel als Beweis dafür gehalten, daß wir

---

* Nach anderen Quellen 16 Seemeilen südöstlicher, also 10 Seemeilen südlicher, siehe dazu letztes Kapitel.

uns in einem Gebiet mit Eisbergen befanden. Die schwersten Vorwürfe wurden auf die Schultern der Offiziere und des Kapitäns geladen, dieser klimatischen Gegebenheit nicht genug Rechnung getragen zu haben, aber Vorsicht ist hier angebracht! Es kann **heute** kaum Zweifel daran geben, daß die beobachteten niedrigeren Temperaturen auf die Anwesenheit von Eisbergen deuteten und man daraufhin Eisfeldern begegnete, aber erfahrene Seeleute wußten von Temperaturänderungen, auch ohne daß Eisberge in der Nähe waren. Der kalte Labradorstrom fließt bei Neufundland südwärts quer durch die Routen der Atlantikschiffahrt, führt aber nicht notwendigerweise Eisberge mit sich. Kalte Winde blasen auch von Grönland und Labrador und nicht nur von Eisbergen und Eisfeldern. So kann man sagen, daß der Rückgang von Luft- und Wassertemperaturen kein unmittelbarer Beweis für das Vorhandensein von nahen Eisbergen sein muß. Andererseits wird ein einzelner Eisberg, weit weg von anderen, vielleicht ein Schiff zum Sinken bringen, aber sicherlich weder die Luft-, noch die Wassertemperatur absenken. Außerdem, wenn der Labradorstrom auf den warmen Golfstrom trifft, der vom Golf von Mexiko hinüber nach Europa fließt, müssen sie sich nicht unbedingt mischen. Sie fließen auch nicht Seite an Seite oder übereinander geschichtet, doch oft ineinander verwunden, wie die Finger zweier Hände. Wenn ein Schiff dieses Gebiet durchquert, wird sein Thermometer innerhalb weniger Meilen zum Beispiel 34, dann 58, oder 35, dann 59 [Grad Fahrenheit] anzeigen, und so weiter [entsprechend 1,1; 14,4; 1,7; 15 Grad Celsius].

So wundert es wenig, wenn Seeleute üblicherweise den Temperaturverhältnissen nur geringes Vertrauen entgegenbringen als Aussage bezüglich der Möglichkeit, daß sie Eis auf ihrer Route antreffen werden. Ein erfahrener Seemann hat mir erzählt, daß es kaum etwas schwierigeres gäbe, als das Vorhandensein von Eisbergen zu diagnostizieren. Eine gewichtige Bestätigung findet sich dazu in den offiziellen Segelanweisungen des Hydrographischen Dienstes der Britischen Admiralität: »... Es kann keine zuverlässige Art der Warnung an den Seefahrer bezüglich des Vorkommens von Eis vermittelt werden, weder durch das Fallen der Wasser-, noch durch das der Lufttemperatur. Gelegentlich ist über das Zurückgehen der Temperaturen berichtet worden, aber noch öfter ist auch nichts davon beobachtet worden ...«

Auf deutscher Seite war dieses Problem ebenfalls bekannt, dazu folgender Auszug aus den »Annalen der Hydrographie und Maritimen Meteorologie«, Jahrgang 1912, Seite 325, unter »Kleine Mitteilungen«:
In diesem Frühjahr hat das Eis auf den Dampferwegen ... eine weite Verbreitung gefunden. Obgleich die Reedereien rechtzeitig die südlichen Wege aufgenommen hatten, wurden sie doch mit Rücksicht auf die Sicherheit der Schiff-

fahrt genötigt, diese Wege mehrfach noch südlicher zu verlegen. Durch die *Titanic*-Katastrophe ist die Eisgefahr ... allgemeiner bekannt geworden, als sie es bis dahin war. ... Obgleich in Eisregionen die Wassertemperatur erfahrungsgemäß keinen sicheren Anhalt über die Nähe von Treibeis bietet, da weder ihr Sinken immer ein Zeichen der Annäherung an Eis ist, noch das Ausbleiben von Temperaturerniedrigungen die Nähe von Eis ausschließt (s. Segelhandbuch für den Atlantischen Ozean, 3. Auflage, S. 495ff.), so empfiehlt die Deutsche Seewarte dennoch, in solchen Gegenden der Wassertemperatur erhöhte Aufmerksamkeit zu schenken, um auf Grund solcher Beobachtungen zu sicheren Ergebnissen zu gelangen.
(Nähere Informationen zum Wetter werden im letzten Kapitel gegeben)

Aber die Bekanntgabe der genauen Position von Eisbergen durch Funktelegramme ist ein gewichtiges Anzeichen. Ich erinnere mich deutlich daran, welche Auswirkungen diese Information bei uns hervorrief, als sie allgemein an Bord der *Carpathia* bekannt wurde. Gerüchte darüber liefen am Mittwochmorgen herum, wuchsen zu gesicherten Aussagen am Nachmittag und wurden bestätigt durch Offiziere der *Titanic*, die die Wahrheit auf direktes Befragen zugaben. Ich werde nie das überwältigende Gefühl der Hoffnungslosigkeit vergessen, als wir diese Bestätigung der Warnhinweise erhielten. Es war also nicht ein unabwendbarer Unfall, wie wir bis dahin dachten. Das plötzliche Vorstoßen in ein Gebiet mit gehäuft auftretenden Eisbergen hätte vermieden werden können, denn kein Seemann, egal wie geschickt er auch immer zu navigieren imstande wäre, hätte ihnen ausweichen können. Die wundervolle *Titanic*, zu stark beschädigt, um sie zu retten, die Schreie der Ertrinkenden, die uns noch in den Ohren klingen und die Tausende von Heimstätten, in denen alle diese traurigen Geschicke betrauert werden – alles dieses hätte nicht zu passieren brauchen!
Es ist nicht übertrieben zu sagen, daß Männer, welche durch all die Erfahrungen gingen, die Kollision, Rettung und die folgenden Szenen am Kai von New York mit einschlossen, überwältigt von diesem Wissen kaum ohne Erregung blieben, sich abwandten, unfähig zu sprechen, wie ich es zum Beispiel tat, und ich weiß von anderen, daß sie es ebenso berührte.
Ich denke, wir alle haben deswegen unsere Meinung geändert, da wir auch mehr über die allgemeinen Bedingungen gelernt haben, welche die transatlantischen Schiffahrtsdienste betreffen. Die Auseinandersetzung, wer zuständig war für die Nichtbeachtung dieser Warnungen, sollte vielleicht besser für ein späteres Kapitel aufgehoben werden. Eine dieser Warnungen wurde Herrn Ismay [geretteter Aufsichtsratvorsitzender der White Star Line] von Kapitän Smith um 17.00 Uhr übergeben und nach seinen Aussagen um 19.00 Uhr zurückgegeben, um eventuell den Offizieren zur Kenntnis zu gelangen. Als Ergebnis dieser Meldungen waren sie angewiesen wor-

den, besonders nach Eis Ausschau zu halten. Das tat der Zweite Offizier Lightoller [gerettet], bis er um 22.00 Uhr durch den Ersten Offizier Murdoch abgelöst wurde, dem er die Anweisung weitergab. Während Herrn Lightollers Wache gegen 21.00 Uhr, traf der Kapitän ihn auf der Brücke und sie besprachen »... den Zeitpunkt, wann wir in die Nähe von Eis kämen, wie wir es erkennen könnten, und unser Wissen auffrischten in bezug auf die Hinweise, die das Eis gibt, wenn es in der Nähe ist«. Offenbar hatten auch die Offiziere untereinander das Auftreten von Eis besprochen und Herr Lightoller hatte angemerkt, daß sie ein Gebiet mit dem angekündigten Eis wohl während seiner Wache erreichen würden. Die Ausgucks wurden ebenso instruiert, aber es wurde bis unmittelbar vor der Kollision kein Eis gesichtet. Als der Ausguck den Eisberg erkannte, läutete er die Glocke dreimal, was das allgemeine Signal vom Krähennest dafür war, das etwas direkt in Fahrtrichtung gesehen wurde.

Über das Telephon berichtete er der Brücke von der Präsenz des Eisberges, aber Herr Murdoch hatte schon dem Steuermann Hitches befohlen, das Ruder nach Steuerbord zu legen [1912 der Befehl, nach Backbord zu drehen] und das Schiff begann bereits vom Berg abzudrehen. Aber bei der gefahrenen Geschwindigkeit war es doch zu spät, zu hoffen, daß die gewaltige *Titanic*, über eine sechstel Meile lang, aus der Gefahrenzone gesteuert werden könnte. Selbst wenn der Eisberg eine halbe Meile entfernt gesichtet worden wäre, ist es zweifelhaft, daß nicht irgendein Teil ihrer enormen Länge getroffen worden wäre. Es ist im höchsten Maße unwahrscheinlich, daß der Ausguck den Berg in einer halben Meile unter den gegebenen Bedingungen dieser Nacht gesehen haben würde, auch nicht mit Ferngläsern. [Von der später eingesetzten englischen Untersuchungskommission wurde eine Entfernung von etwa einer Viertelmeile angenommen; siehe dazu das letzte Kapitel.]

Die vollständige Glätte der Wasseroberfläche machte das Entdecken von Eis noch schwieriger. Normalerweise bedeckt weißer Schaum — verursacht durch Wellenschlag — den Fuß des Eisbergs, der aus einiger Entfernung sichtbar ist, lange bevor man den Eisberg selbst erkennt. Aber in diesem Fall schwappte eine ölige See sanft um das tödliche Monster und verriet nichts von seiner Existenz.

Das Protokoll der amerikanischen Untersuchung verzeichnet dazu folgendes (gekürzte Auszüge):
Frage: »Wie weit war diese ›schwarze Masse‹ entfernt, als Sie sie entdeckten?« — »Keine Ahnung, Sir«, erwiderte der Ausguck Fleet. Mehrfaches Nachfragen, auch bezüglich der Größe des Eisbergs; ausweichende Antworten ... »ich bin im Entfernungsschätzen nicht gut«. Aus seiner Angabe über die Ausmaße des Eisbergs (bei Passage) und einer angenommenen Geschwindigkeit von 21,5 kn

schätzte dieser Ausschuß, daß der Eisberg in etwa einer Meile Entfernung gesichtet wurde. Ferngläser waren allgemein gebräuchlich, aber aus einem unerfindlichen Grund gab es keine im Krähennest der *Titanic* in dieser Nacht. Frage: »Wenn Sie Ferngläser gehabt hätten ..., hätten Sie [den Eisberg] schon früher gesehen?« — »Na ja, früh genug, um auszuweichen.« Andere Aussagen bestätigten seine Meinung.

Überdies bestehen wenig Zweifel daran, daß das Krähennest kein guter Platz ist, um Eisberge zu erkennen. Es ist sprichwörtlich bekannt, daß diese in großem Ausmaß die Farbe der Umgebung annehmen können; und von oben betrachtet, vor dem Hintergrund einer schwarzen schaumfreien See, muß der Eisberg solange unsichtbar gewesen sein, bis die *Titanic* schon ganz nahe war. Ich war stark beeindruckt von einer Bemerkung Sir Ernest Shackleton [Polarforscher], von der Methode, die er zum Erkennen von Eisbergen benutzt — einen Ausguckposten so tief wie möglich nahe der Wasserlinie zu postieren. Mich daran erinnernd, wie wir die *Titanic* ohne Lichter gesehen hatten, aufrecht stehend »... wie ein riesiger schwarzer Finger«, wie ein Beobachter sagte und wir sie nur erkannten, weil sie sich undeutlich schwarz vor dem Himmel abhob. Ich bemerkte sogleich, daß das Himmelsgewölbe ein besserer Hintergrund war als das schwarze Meer, um die Masse eines Eisbergs anzuzeigen.

Aber so mußte die *Titanic* kurze Zeit später schräg auf den Eisberg laufen und das mit einem Stoß, der erstaunlich schwach ausfiel — so unbedeutend, daß ihn viele Passagiere überhaupt nicht bemerkten —, schlitzte sie ein unterseeischer Teil des Berges an der Steuerbordseite auf, an der verwundbarsten Stelle ihrer Konstruktion — der Bilge [allgemein Sammelpunkt von Abwässern]. Die meisten zuverlässigen Berichte besagen, daß die Wunde etwa auf der Höhe des Vormastes begann und bis hinten zum Heck reichte. Der Hauptstoß wurde von den vorderen Platten aufgenommen, diese brachen durch beide [Doppel-]Böden oder auch nur durch eine Hülle, und als diese weggerissen waren, traf es auch einige der inneren Platten. Die Tatsache, daß sie den Bug voran auf Tiefe ging, spricht dafür, daß wahrscheinlich nur die vorderen Platten doppelt beschädigt wurden, die hinteren nur an der äußeren Haut.

Diese damalige Betrachtungsweise wird heute nicht mehr vertreten. Bei der Untersuchung des Wracks konnten D. Ballard und sein Team diese Frage nicht vollständig klären, da der beschädigte Rumpfabschnitt teilweise im Schlamm steckte. Aber soviel war zu erkennen: Es gab keinen durchgängigen Riß = Rinne, sondern verformte Platten mit vielen kleinen Öffnungen, auf etwa 75 m Länge, aber oberhalb des Doppelbodens. Nach Berechnungen des Schiffbauingenieurs E. Wilding genügte eine Fläche von 1,2 m², um die beobachteten Wassermassen und das langsame Sinken zu erklären (siehe Seitenriß Seite 14/15).

Nach der Kollision beorderte Murdoch die Maschinen auf »Voll Zurück« und brachte das Schiff zum Stillstand, aber der Eisberg war schon nach hinten vorbeigetrieben. Der Stoß, obwohl durch die enorme Masse des Schiffes kaum zu fühlen, war stark genug, eine Menge Eis vom Berg loszuschlagen, denn das Vordeck wurde mit Eisstücken bedeckt gefunden.

... dieser Umstand spricht für eine relativ geringe Masse des Eisbergs im Verhältnis zur *Titanic*. Nach dem Impulserhaltungssatz hätte so der Eisberg den kräftigeren Stoß erhalten. Aber da es »nur ein Streifschuß« war, wird die Masse des Eisbergs für immer Spekulation bleiben ...

Nach den offiziellen Berichten folgte das Maschinenkommando unmittelbar dem Ruderbefehl — vor der Kollision. Murdoch handelte offenbar instinktiv, denn das Rückwärtskommando für die Maschinen behinderte eher sein Ausweichmanöver, als es zu unterstützen. Zur Stärkung der relativ schwachen Ruderkraft hätte nur die Backbordmaschine rückwärts laufen dürfen, die Turbine für die mittlere Schraube vor dem Ruder war sowieso nicht umzusteuern, und das Anhalten allein reduzierte den Nachstrom für seine Stellkraft. Alles in allem ist die Wirkung des falschen Befehls aber nicht entscheidend, da kaum Zeit zur Ausführung zur Verfügung stand (ca. 30 Sekunden). Einzig eine längere Reaktionszeit = geringere Geschwindigkeit hätte den Schaden verkleinern oder sogar verhindern können.

Als Kapitän Smith den Stoß bemerkte, eilte er von seiner Kabine auf die Brücke, und als Antwort auf seine besorgte Befragung sagte ihm Murdoch, daß sie Eis gestreift hätten und die Schotten vollständig geschlossen seien. Die Offiziere, die durch den Zusammenstoß geweckt wurden, erschienen an Deck. Einige gingen auf die Brücke, andere sahen keine Notwendigkeit dazu, weil sie nichts über das Ausmaß der Beschädigung hörten. Kapitän Smith schickte den Zimmermann nach unten, um zu peilen und den Vierten Offizier Boxhall ins Zwischendeck, um den Schaden festzustellen. Der letztere fand dort eine gefährliche Situation vor und berichtete diese Kapitän Smith, der ihn zum Postraum beorderte, und auch hier war es einfach zu erkennen, daß die Lage sehr ernst war. Postsäcke schwammen umher und das Wasser stieg schnell. Alles dieses wurde dem Kapitän übermittelt und er befahl, die Rettungsboote sofort klar zu machen. Herr Boxhall begab sich in den Kartenraum um die Schiffsposition zu berechnen, und gab diese dann den Funkern zur Ausstrahlung an alle Schiffe, die in der Nähe Rettung anbieten könnten.
Schadensberichte wurden jetzt von allen Stationen an den Kapitän gemeldet: Vom Chef-Ingenieur, vom Konstrukteur — Herrn Andrews — und auf dramatische Weise durch das Auftauchen einer Anzahl von Heizern an Deck, die heraufgestürzt waren, als das Wasser die Kesselräume und die

Kohlenbunker überflutete und die sofort wieder nach unten zum Dienst geschickt wurden. Der Kapitän erkannte die dringende Notwendigkeit von Hilfe und ging persönlich in den Funkraum. Er befahl den Operateuren, Kontakt aufzunehmen zu allen Schiffen und ihnen mitzuteilen, daß sie schnell kommen sollten. Der Zweite Funker Bride war schlafen gegangen und erfuhr erst vom diensthabenden Phillips von dem Unglück, daß sie auf Eis gestoßen waren. Sie begannen, den wohlbekannten Notruf »CQD«, der ausgeschrieben meint: »CQ = Alle Stationen zuhören«, und »D = Notstand«, nachfolgend die Position des Schiffes in Breite und Länge. Später sendeten sie »SOS« aus, ein willkürliches Zeichen in Übereinstimmung mit dem internationalen Signalcode.

Bald nachdem das Schiff getroffen worden war, bekam Herr Ismay vom Kapitän und vom Chef-Ingenieur mitgeteilt, welcher Natur der Unfall war, und nachdem er sich angekleidet hatte und an Deck angelangt war, sprach er mit einigen Offizieren, die noch nicht ganz die tödliche Konsequenz für das Schiff mitbekommen hatten. Um diese Zeit muß allen Beteiligten, die mit der Führung oder der Navigation zu tun hatten, die Bedeutung aller Rettungsmöglichkeiten und ihr vollständiger Einsatz klar gewesen sein – und das ohne jede Verzögerung. Daß sie im ersten Moment daran gedacht haben sollten, daß die *Titanic* sinken würde, wie sie es dann tat, ist zweifelhaft. Wahrscheinlich nahmen sie ihr endgültiges Ende in einigen Stunden als eine mögliche Weiterentwicklung an, bis die Schadensmeldungen eintrafen. Auf der anderen Seite ist es bewiesen, daß einige Offiziere, die das Einbooten überwachten, annahmen, daß diese Aktion nur eine vorbeuge Maßnahme darstellte und am Morgen alle zurückkehren würden.

Sicherlich hat die erste Mitteilung, daß man auf Eis gestoßen war, keinen so großen Eindruck auf die Verpflichteten bezüglich der Schwere der Umstände ausgeübt. Ein Offizier zog sich sogar in seine Kabine zurück, und ein anderer wies einen Steward an, in seiner Koje zu verschwinden, da es keine Gefahr gäbe.

Und dann machte die Anweisung die Runde: »Alle Passagiere mit Schwimmwesten an Deck.« Als Folge davon begannen sich teilweise angekleidete Leute – die ihre Schwimmwesten über der Kleidung trugen – auf den ihrer Klasse gemäßen Decks hastig zu versammeln (außer den Zwischendeckspassagieren, denen der Zugang zu anderen Decks erlaubt wurde). In einigen Abschnitten des Schiffes wurden Frauen von Männern getrennt und bei den Booten wieder zusammengelassen, in anderen mischten sich Männer und Frauen ohne Einschränkung. Ehemänner halfen ihren Frauen und Familien und dann anderen Frauen oder Kindern in die Boote. Die Offiziere waren überall und überwachten die Arbeit des Herablassens und des Beladens der Boote. In drei Fällen wurden sie durch höhere Offiziere angewiesen, selbst das Kommando zu übernehmen. An dieser Stelle offenbarten sich große Schwierigkeiten, Frauen dazu zu bewegen, das Schiff zu verlassen, besonders dort, wo der Befehl »Nur Frauen und Kinder« rigoros durchgesetzt wurde. In vielen Fällen weigerten sich Frauen, ihre Ehemänner zu verlassen und wurden tatsächlich mit leichter Gewalt hochgehoben und zu den Booten gebracht. Sie diskutierten mit den Offizieren, verlangten nach Erklärungen. In einigen Fällen, wo sie genötigt wurden einzusteigen, hätten sie sogar den Eindruck haben können, die ganze Sache sei ein Scherz oder eine Vorsichtsmaßnahme, die für sie reichlich verrückt aussah. Darin wurden sie durch die zurückbleibenden Männer ermutigt, die im gleichen Zustand der Unwissenheit waren, ihren Freunden »Auf Wiedersehen« sagten und als sie hinabgelassen wurden, ergänzten, daß man sich ja zum Frühstück wiedertreffen würde.

Um zu zeigen, wie wenig die Gefahr begriffen wurde: Als auf dem Erste-Klasse-Deck bekannt wurde, daß das Vordeck mit kleinen Eisstücken bedeckt sei, wurden Verabredungen für den nächsten Morgen zur Schneeballschlacht getroffen, und manche Passagiere gingen sogar auf das Deck hinunter und brachten kleine Eisbrocken zurück, die von Hand zu Hand gingen.

Auch unter Deck finden sich Beweise dafür, daß niemand an eine unmittelbare Gefahr dachte. Zwei Frauen, die einen der Korridore entlanggingen, trafen auf eine Gruppe von Leuten, versammelt vor einer Tür, die sie unter großem Aufwand öffnen wollten. Ein Mann auf der anderen Seite verlangte lautstark, hinausgelassen zu werden. Entweder war seine Tür verschlossen und er konnte den Schlüssel nicht finden, oder die Kollision hatte das Schloß blockiert und verhinderte, daß sich der Schlüssel drehte. Die Damen dachten, daß er in irgendeiner Weise betrübt sein müßte, wenn er solchen Lärm anstellt, doch einer der Männer versicherte ihm, daß man ihn unter keinen Umständen zurücklassen würde und daß sein Sohn (des Beistehenden) bald zurückkehren würde, um die Tür einzuschlagen, wenn sie in der Zwischenzeit nicht geöffnet werden könnte. »Er ist kräftiger gebaut als ich«, ergänzte er. Sein Sohn erschien bald darauf und begann, Kleinholz aus der Tür zu machen. Sie wurde eingeschlagen und der Eingeschlossene wurde zu seiner großen Erleichterung, mit vielfachen Ausdrükken der Dankbarkeit für seine Retter, befreit. Aber bei diesem Stand der Dinge tauchte einer der Oberstewards auf, der über den Schaden für seine Gesellschaft so in Wut geriet, daß er dem Mann, der den »Gefangenen« befreit hatte, androhte, bei ihrer Ankunft in New York würde er verhaftet; dabei vergaß er, wie unendlich viel größer doch der Schaden am Schiff selbst war.

Man muß sich das mal vorstellen, daß den Passagieren keine allgemeine Warnung zuging. Zwar gab es hier und da erfahrene Reisende, denen klar war, was sie an Vorbereitungen zu treffen hatten, um nach einer Kollision mit einem Eisberg das Schiff zu verlassen, aber die große Mehrheit war nie über das Ausmaß der Beschädigung aufgeklärt worden. Wir wußten nur vage, daß wir mit einem Eisberg zusammengestoßen waren, aber da endete auch schon unser Wissen, und die meisten leiteten allein aus diesem Faktum nichts weiter ab.

Ein anderer Umstand, der einige davon abhielt, in die Boote zu gehen, war das Herablassen an sich und die Reise zur unbekannten See. Sicherlich sah es wie eine furchtbare Strecke in der Dunkelheit aus; die See und die Nacht waren beide sehr kalt und einsam anzusehen, und hier lag das Schiff, so sicher, gut beleuchtet und warm.

Aber vielleicht war es der ungebrochene Glauben an die Theorie, die *Titanic* wäre unsinkbar, welche so viele Leute ihre Entscheidung begründen ließ, an Bord zu bleiben. Immer wieder wurde sie wiederholt: »Das Schiff kann nicht untergehen; es ist eine Frage des Abwartens, bis ein anderes Schiff vorbeikommt und uns aufnimmt.« Ehemänner wollten ihren Frauen folgen, und sie wollten sie entweder in New York wiedersehen oder beim Übergang von Dampfer zu Dampfer, mitten auf dem Ozean. Viele Passagiere erzählten, daß ihnen von Offizieren gesagt worden sei, das Schiff selbst wäre das Rettungsboot und könne nicht sinken. Eine Dame behauptete, der Kapitän hätte ihr erzählt, die *Titanic* würde erst in zwei bis drei Tagen sinken; ohne Zweifel war das unmittelbar nach der Kollision.

So wundert es nicht, daß sich viele entschieden zu bleiben und freiwillig den Platz an Deck dem im Rettungsboot vorzogen. Und doch wurden die Boote herabgelassen, aber zunächst nur halb beladen: hier liegt die eigentliche Erklärung, warum sie nicht ganz gefüllt waren wie die späteren. Es ist wichtig, nun die Frage zu überlegen, inwieweit der Kapitän das Zurückhalten seines Wissens vor den Passagieren rechtfertigte. Einerseits hätte er ihnen sagen sollen: »Das Schiff wird in einigen Stunden untergehen; dort sind die Rettungsboote, aber nur Frauen und Kinder dürfen zu ihnen.« Aber hätte er die Autorität gehabt, diesen Befehl auch durchzusetzen? Es gibt Dinge wie Panik oder Aufruhr, die einer Handvoll von Offizieren aus der Kontrolle geraten können, auch wenn diese bewaffnet sind, und die selbst den aufrechtesten Mann — psychisch wie physisch schwächen können.

Auf der anderen Seite; wenn er sich dazu entschieden hatte, alles konkrete Wissen um die Gefahr von den Passagieren fernzuhalten und zur gleichen Zeit Frauen und Kinder zu überreden versuchte, die Boote zu besteigen — sie notfalls dazu zu zwingen, wenn er es nicht schaffte — wäre ihre vollzählige Rettung möglich gewesen. Er konnte ihr Vertrauen in die Verläßlichkeit der Boote nicht vorhersehen. Es gibt viele Beweise dafür, daß er die Brücke verließ, als das Schiff still lag, sich unter die Passagiere mischte und sie bedrängte, in das Boot zu steigen und streng alle bis auf Frauen und Kinder ausschloß. Einige wollten nicht gehen. Offizier Lowe bestätigte, daß er ausrufend »Wer ist der nächste für dieses Boot?«, keine Antwort erhielt.

Die Boote wurden also halb ausgelastet abgeschickt — auch wenn ihr vermeintliches Durchbrechen als Begründung dafür genannt wurde. Der Kapitän, mit nur so wenigen Booten ausgerüstet, hätte unter diesen schauerlichen Umständen, denen er sich konfrontiert sah, kaum mehr tun können, als zu überzeugen und anzuweisen.

Wie erschreckend, sich vorzustellen, daß es mit einigen Booten mehr keine Diskussion hätte geben müssen — denn das Schiff war mit Davits ausgestattet, die mehr als ein Boot aufnehmen konnten. Es hätte klar gesagt werden können: »Das Schiff geht in ein paar Stunden unter, aber es gibt für alle Passagiere genug Platz in den Booten, wir beginnen mit Frauen und Kindern.«

… man ist geneigt zu sagen: hinterher ist man immer schlauer! Aber das Problem ist natürlich wesentlich komplexer. Insbesondere dann, wenn man weiß, daß es im britischen Parlament Anfragen gab, die sich mit einer besseren Bootsausrüstung für Großschiffe auseinandersetzte — vor dem Bau der *Titanic*! Die Antwort ist erstaunlich und wird im letzten Kapitel erzählt. Immerhin planten die Konstrukteure des neuen Trios im Vorgriff auf eine Gesetzesänderung mehr Bootskapazität ein. Bis dahin hatte das Verdrängen des Untergangsrisikos gegenüber den zahlenden Reisenden Vorrang.

Armer Kapitän Smith! Ich sorge mich nicht darum, **ob** die Verantwortung für die gefahrene Geschwindigkeit im Eisberg-Gebiet auf seinen Schultern lastete oder nicht: niemand sonst hatte solche Entscheidung in dieser Nacht zu treffen. Andererseits scheint es schwierig zu sein, wie ihm die Schuld dafür zuzuweisen ist, daß er den Passagieren Informationen über die drohende Gefahr vorenthielt.

Wenn man in der Presse liest, daß die Rettungsboote nur halbvoll die *Carpathia* erreichten, scheint das im ersten Augenblick ein fürchterlicher Umstand zu sein, der nicht hätte geschehen dürfen. Aber es ist leicht, diese Kritik im nachhinein anzubringen. Es ist so einfach zu sagen, Kapitän Smith hätte jedermann über den Zustand des Schiffes aufklären müssen. Er war mit vielen Ereignissen in dieser Nacht konfrontiert, das wird von der Kritik übersehen. Laßt irgendeinen ehrlichen Menschen einige seiner Probleme überlegen, die hier vorgestellt werden:

Das Schiff wird wahrscheinlich in ein paar Stunden sinken; es gibt Raum in den Rettungsbooten für alle Frauen und Kinder und einige Männer [von der Besatzung ist hier keine Rede!]; es gibt keine Möglichkeit, einige Frauen zum Verlassen zu bewegen, außer, ihnen zu sagen, daß das Schiff verloren ist, ein Weg, den man besser nicht gehen sollte; und man kennt die Gefahr vom Durchbrechen der Boote bei voller Belastung.

Seine Lösung dieser Probleme wäre anscheinend die folgende: Die halbvollen Boote mit den Frauen abfieren, die gehen wollen, und den Booten befehlen, in der Nähe zu bleiben, um weitere Passagiere aufzunehmen, die durch die Rumpfpforten nach unten kommen. Es gibt Beweise für diesen Teil des Plans: Ich hörte einen Offizier, wie er vier Booten genau diesen Befehl gab. Eine Dame in Nummer 4 an der Backbordseite erzählte mir, die Seeleute hätten so lange nach der Pforte gesucht, an der sie laut Order des Kapitäns warten sollten, daß sie in Gefahr waren, vom Schiff mit hinabgerissen zu werden. Inwieweit wirklich der Versuch unternommen wurde, bei der Pforte zu bleiben, ist mir nicht bekannt; ich habe sie nicht geöffnet gesehen oder daß je ein Boot dort an Steuerbord gewesen wäre. Als dann die Nummern 9 bis 15 vollbeladen herabgelassen wurden und die Wasseroberfläche erreichten, ruderten sie augenblicklich fort. Es gibt also Beweismaterial, daß Kapitän Smith wirklich beabsichtigte, die Boote auf diese Weise ganz zu füllen. Das Versäumnis, diese Absicht auch auszuführen, hat die Welt bedauert, aber man muß sich wieder die Größe des Schiffes vorstellen und die kurze Zeitspanne, in der Entscheidungen zu treffen waren, und diese Unterlassung ist leichter zu verstehen. Eine Tatsache ist, daß der mögliche Fall des Herablassens von Booten vorher nicht bedacht worden war, und es gibt guten Grund zur Dankbarkeit, daß so viele – 705 – Menschen gerettet wurden.

Der ganze Komplex der Pflichten eines Kapitäns scheint eine Überprüfung nötig zu haben. Es war völlig unmöglich für **einen** - irgendeinen – Mann, zu versuchen, das Schiff in dieser Nacht allein zu führen, und die Wetterbedingungen hätten kaum besser sein können für solch einen Fall. Eine der Reformen, die unabdingbar erscheint, ist die, daß ein Mann die Verantwortung für die Boote haben müßte, ihre Bemannung, ihr Beladen und Herablassen, um dem Kapitän zu erlauben, bis zum letzten Moment auf der Brücke zu bleiben.*

Jetzt ist es an der Zeit sich auf die Mittel zu besinnen, um die Aufmerksamkeit von anderen Schiffen zu erlangen. Die Funkoffiziere waren nun in Verbindung mit verschiedenen anderen Schiffen und riefen sie an, schnell zur Hilfe zu kommen, denn das Wasser brach herein und die *Titanic* begann, vorne zu versinken. Bride bestätigte, daß die erste Antwort, die empfangen wurde, von einem deutschen Schiff stammte, der *Frankfurt*, sie lautete »Verstanden, wartet ab«, aber ohne ihre Position anzugeben. Im Vergleich der empfangenen Signalstärken der *Frankfurt* gegenüber anderen Schiffen, schätzten die Funker, die *Frankfurt* wäre das naheste Schiff, aber andere Hinweise bewiesen, daß sie es nicht war. Tatsächlich war sie

---

* De facto wurde bereits so verfahren: die praktische Arbeit des Einbootens wurde dem zögerlich agierenden Chef-Offizier Wilde übertragen, der Kapitän überwachte und versuchte an Brennpunkten zu vermitteln.

140 Meilen fort und kam am nächsten Morgen um 10.50 Uhr an, als die *Carpathia* schon mit den Geretteten unterwegs war.

Die nächste Antwort kam von der *Carpathia*, 58 Meilen entfernt, auf ihrer Ausreise zum Mittelmeer, und es war ein klares und einladendes »Kommen so schnell wie möglich«, gefolgt von ihrer Position. Dann kam die *Olympic*, und mit ihr unterhielten sie sich einige Zeit, aber sie war 560 Meilen fort auf einer südlichen Route, viel zu weit weg für sofortige Hilfe. Mit einer Geschwindigkeit von 23 Knoten wäre sie erst gegen 13.00 Uhr am nächsten Tag da gewesen und das war ungefähr die Zeit, die jene im Boot Nummer 13 ausgerechnet hatten. Wir hatten im Boot immer angenommen, daß die Heizer, die uns diese Informationen gaben, sie von den Offizieren hätten, bevor sie von Bord gingen. Aber durch das Fehlen jeden Wissens von dem näheren Schiff, der *Carpathia*, ist es wahrscheinlicher, daß sie es in allgemeiner Weise wußten, wo ihr Schwesterschiff, die *Olympic*, sein würde und sie stellten eine Überschlagsrechnung an.

Andere Schiffe in Reichweite waren die *Mount Temple* in 50 Meilen; die *Birma* in 100 Meilen; die *Parisian* in 150 Meilen; die *Virginian* in 150 Meilen; und die *Baltic* in 300 Meilen. Aber näher als alle genannten – sogar näher als die *Carpathia* – waren zwei Schiffe. Die *Californian*, weniger als 20 Meilen entfernt, mit einem Funker außer Dienst und damit unfähig, das »CQD«-Signal zu empfangen, das jetzt die Atmosphäre im Umkreis von vielen Meilen beben ließ in einem Aufruf nach Hilfe – schnelle, dringende Hilfe – für Hunderte von Menschen an Deck der *Titanic*.

Das zweite Schiff war ein kleiner Dampfer einige Meilen voraus an Backbord, ohne Funkanlage; sein Name und sein Bestimmungsort sind noch immer unbekannt, und trotzdem gibt es einen Beweis seiner Existenz in jener Nacht, der zu auffällig ist, um unerwähnt zu bleiben. Herr Boxhall sagte aus, daß er und Kapitän Smith ihn ganz gut in etwa fünf Meilen erkannten und sein Topplicht und das rote Backbordlicht ausmachen konnten. Sie versuchten, ihn sofort mit Raketen und einer elektrischen Morselampe anzurufen, aber Boxhall bekam keine Antwort. Kapitän Smith und einige Stewards meinten allerdings, es sei eine gekommen. Der Zweite und der Dritte Offizier waren beim Senden dabei und sahen seine Lichter, der Dritte Offizier sah sie vom Rettungsboot aus, das er führte. Der Seemann Hopkins bestätigte, daß er vom Kapitän angewiesen worden war, auf das Licht zuzuhalten; und wir in Boot Nummer 13 sahen es genau an der gleichen Position und ruderten zeitweise darauf zu. Aber ungeachtet aller Versuche, die angestellt wurden, um des Schiffes Aufmerksamkeit zu erregen, zog es langsam davon, und seine Lichter verschwanden unter den Horizont.

Der Leser weiß es inzwischen genauer. Die Richtung, in der sich das andere Schiff befunden haben soll, wird allgemein nördlich der *Titanic* angenommen, aber ansonsten gibt es kaum weitere Übereinstimmungen. Wie auch immer, interessant an dieser Stelle ist zweierlei: die sicheren Aussagen von Überlebenden in bezug auf andere Schiffe — und daß diese von Außenstehenden angezweifelt wurden, weil es unabhängige Beweise nicht gab. Auch die englische Untersuchung schenkte der Aussage des Kapitäns der *Californian*, er habe ein anderes Schiff als die *Titanic* im Süden gesehen, kein Vertrauen, verzichtete aber auf eine öffentliche Verurteilung. Später mehr ...

So eine Schande! So nahe, und so viele Menschen warteten auf Schutz, das sein Deck so leicht hätte bieten können. Es scheint unmöglich, daran zu denken, daß dieses Schiff je auf die Anrufe reagierte; jene, die das meinten, müssen sich geirrt haben. Der Untersuchungsausschuß des amerikanischen Senats bezweifelte in seinem Bericht nicht, daß der unbekannte Dampfer und die *Californian* identisch wären und daß die Unterlassung des letzteren, der *Titanic* zur Hilfe zu kommen, ein tadelnswertes Mitverschulden darstellte.

Es gibt keinen Zweifel daran, daß einige Besatzungsmitglieder der *Californian* unsere Raketen gesehen haben, aber es ist kaum anzunehmen, daß der Kapitän und die Offiziere unsere Notlage erkannten und sie vorsätzlich ignorierten. In diesem Falle sollte ein Urteil besser zurückgestellt werden, bis weitere Informationen vorliegen.

Ein Ingenieur, der im Transatlantikdienst tätig war, sagte mir, daß es eine allgemeine Praxis sei, daß kleine Boote ihre Fischerei-Mutterschiffe verlassen und über Meilen fortrudern, manchmal auch verlorengehen und zwischen die Eisberge geraten und nicht wiedergefunden werden. Unter diesen Umständen gehören Raketen zu den Hilfsmitteln der Mutterschiffe und werden verwendet, um den kleinen Booten den Weg zurück anzuzeigen. Ist es vorstellbar, daß die *Californian* dachte, unsere Raketen wären solche Signale und haben ihnen deshalb keine Aufmerksamkeit geschenkt? Nebenbei, dieser Ingenieur zögerte nicht zu ergänzen, daß es zweifelhaft wäre, ob ein großes Passagierschiff anhalten würde, um einem kleinen Fischerboot beizustehen, welches Notsignale sendet; oder auch nur beizudrehen, wenn es selbst eins überrannte, das unbeleuchtet auf seinem Kurs lag. Er war seiner Sache sicher, daß diese Dinge allen Offizieren im Transatlantikdienst gemeinhin bekannt sein dürften.

Im Hinblick auf die anderen Schiffe mit drahtloser [Funk-]Einrichtung war die *Mount Temple* das einzige in der Nähe, vom Standpunkt der Entfernung aus betrachtet, um rechtzeitig einzutreffen. Aber zwischen ihr und der *Titanic* lag ein riesiges Eisfeld und Eisberge waren auch in ihrer Nähe.

Die sieben Schiffe, die das Notsignal empfingen, boten sofort ihre Hilfe an, wurden aber auf ihrer Anreise angehalten (außer der *Birma*), als sie durch die drahtlosen Auskünfte der *Carpathia* vom Schicksal der *Titanic* und ihren Menschen erfuhren. Diese Nachricht muß die Kapitäne dieser Schiffe sehr tief getroffen haben, sie können viel besser als das reisende Publikum verstehen, was es bedeutet, so ein wundervolles Schiff auf seiner ersten Fahrt zu verlieren.

Das einzige, was noch zu tun blieb, war das möglichst schnelle Losschicken der Rettungsboote, und zu diesem Zweck setzten die anderen Offiziere in der Zwischenzeit ihre ganze Kraft ein. Herr Lightoller schickte Boot um Boot hinaus. In eins verfrachtete er 25 Frauen und Kinder, ins nächste 30 und in ein anderes 35, und dann, als ihm die Seeleute zur Bemannung seiner Boote ausgingen, gab er dem nächsten Major Peuchen mit, einen erfahrenen Segler, um bei der Navigation zu helfen [Boot Nummer 6]. Inzwischen hatte er aus den schon angesprochenen Gründen Schwierigkeiten, Frauen für die Nummern 5 und 6 zu finden. Die ganze Zeit über blieben die Passagiere ruhig, mit seinen eigenen Worten »so ruhig wie in der Kirche«.

Die sechs Boote zu bemannen und zu beaufsichtigen muß ihn fast die Zeit gekostet haben, in der die *Titanic* sank, wenn man eine Zeitspanne von etwa 20 Minuten pro Boot zugrunde legt. Bis zum Schluß bei der Arbeit, blieb er auf dem Schiff und ging mit ihm unter. Sein Zeugnis vor dem Untersuchungsausschuß lautete wie folgt: »Verließen Sie das Schiff?« – »Nein, Sir.« – »Verließ das Schiff Sie?« – »Ja, Sir.«

> Genauer: Frage des Vorsitzenden: »Wann sind Sie vom Schiff gegangen?« – »Ich bin nicht vom Schiff gegangen«. Frage: »Kann man sagen, daß das Schiff von Ihnen gegangen ist?« – »Ja, Sir.« Und das kam so: Als die *Titanic* vorn absackte und die Brücke von der ausgelösten Welle überspült wurde, stand Lightoller auf dem Dach des Ruderhauses. Er ließ sich nach vorn ins Wasser fallen und rettete sich später auf das Notboot B, das durch eben diese Welle frei kam.

Es war ein hartes Stück Arbeit und gut gemacht, und sein Verlassen des Schiffes – eins der wunderbarsten – scheint eine Belohnung für seine Einstellung zur Pflicht zu sein. Kapitän Smith, die Offiziere Wilde und Murdoch, waren in anderen Teilen des Schiffes genauso beschäftigt, brachten Frauen in die Boote und wiesen in einigen Fällen untergeordnete Offiziere an, mit ihnen hinunterzugehen – die Offiziere Pitman, Boxhall und Lowe wurden auf diese Weise fortgeschickt – zu anderen wurden Besatzungsmitglieder eingeteilt. Als die Boote abgefiert wurden, rief man ihnen Befehle zu, was sie tun sollten: einigen wurde gesagt, daß sie in der Nähe bleiben und weitere Befehle abwarten sollten, anderen, auf das Licht des [später] verschwundenen Dampfers zuzurudern.*

---

* Unter dieser Prämisse erscheint die Anweisung, halbleer (erstmal) abzufahren, in einem ganz anderen Licht!

Es ist eine erbärmliche Geschichte, sich vorzustellen, daß die ersten Boote halbvoll fortgeschickt wurden. In einigen Fällen hatten schon Männer in Begleitung ihrer Frauen im Boot Platz genommen – junge Männer, erst seit ein paar Wochen verheiratet und auf ihrer Hochzeitsreise – und sie waren dort, weil keine anderen Frauen mehr gefunden wurden; aber die strikte Auslegung der beaufsichtigenden Offiziere nach dem Grundsatz »NUR Frauen und Kinder«, zwang sie, wieder auszusteigen. Einige dieser Boote erreichten die *Carpathia* mit vielen leeren Plätzen. Den Schmerz der vielen jungen Frauen kann unter diesen Umständen nur erahnt werden. In anderen Teilen des Schiffes wurde die Regel vielleicht anders ausgelegt, und es wurde Männern erlaubt oder von den Offizieren sogar ermuntert, einzusteigen – nicht nur als Teil der Bootsbesatzung – auch als Passagiere. Dieses gilt natürlich für die ersten Boote, als keine Frauen mehr gefunden werden konnten.

Die unterschiedliche Handhabung des Befehls war Gegenstand von Diskussionen auf der *Carpathia* – tatsächlich wurde die Anweisung selbst mit großer Beklemmung debattiert. Es gab viele, welche die Richtigkeit der radikalen Durchsetzung anzweifelten, die dachten, daß es nicht richtig sei, daß Ehemänner von ihren Frauen und Familien getrennt werden sollten, sie mittellos zurücklassend. Oder einen jungen Bräutigam seiner vor wenigen Wochen angetrauten Ehefrau zu entreißen, während Damen ohne große Verwandtschaft und Verpflichtungen irgendeiner Art, gerettet wurden. Es waren genau diese Damen, welche diesen Standpunkt vertraten und auch Männer schienen zu denken, daß einiges dafür sprach. Vielleicht trifft das zu – theoretisch, aber in der Praxis würde es unmöglich sein, denke ich. Um Herrn Lightoller noch einmal bei seiner Aussage vor dem Untersuchungsausschuß zu zitieren, als er gefragt wurde, ob es eine Regel auf See wäre, Frauen und Kinder zuerst zu retten, antwortete er: »Nein, es ist eine Regel der menschlichen Natur.« Das ist ohne Zweifel der tatsächliche Grund ihrer Existenz.

Aber der Ausleseprozeß hat unter diesen Umständen Ergebnisse mit sich gebracht, die für einige sehr bitter waren. Es ist herzzerreißend für Frauen, die verloren, was sie auf der Welt liebhatten, wenn sie hörten, daß von einem Boot ein Heizer aufgefischt wurde, der so betrunken war, daß er seine Arme drohend herumschwang, so daß Frauen sich auf ihn stürzen mußten und sich auf ihn setzten, um ihn ruhig zu halten. Wenn überhaupt Vergleiche gezogen werden können, scheint es wohl besser zu sein, ein gebildeter und vornehmer Mann wäre gerettet worden, als einer, der sich in einer Zeit der Gefahr betrank, als Trostpflaster gegen die Realität.

Diese Diskussionen drehten sich manchmal um die alte Frage: »Was ist die Absicht hinter allem? Warum das Desaster? Warum wurde dieser Mann gerettet und jener nicht? Wer hat festgelegt, daß mein Ehemann nur für ein paar kurze Jahre in dieser Welt leben durfte, und die glücklichsten Tage in diesen Jahren waren die letzten paar Wochen mit mir, und dann wurde er mir genommen?« Ich vernahm von niemandem, daß das alles auf die Göttliche Vorsehung zurückzuführen wäre, welche über das Leben der Männer entscheidet, und als Teil eines bestimmten Plans diese Not und jenes Unglück bringt, um zu läutern, zu erziehen, anzuregen ...

Ich sage nicht, daß es keine Leute gegeben hätte, die dachten und sagten, daß sie eine Göttliche Weisheit in allem sahen – so unerforschlich, daß wir es in unserer Beschränktheit nicht verstehen, aber ich hörte es nicht ausgesprochen, und dieses Buch sollte nichts weiter sein als eine Zusammenfassung der vielen verschiedenen Erfahrungen und Überzeugungen.

Es gab andererseits welche, die nachdrücklich nicht versäumten zu sagen, daß die Gleichgültigkeit gegenüber den Rechten und Gefühlen anderer, ja die Blindheit zur Pflicht gegenüber unserem Nächsten in letzter Konsequenz meist der Grund für die menschliche Not in der Welt wäre. Und es sollte unzweifelhaft mehr unser Gerechtigkeitsgefühl angesprochen werden und unser eigenes Unvermögen zur Rücksichtnahme als die Verantwortung auf denjenigen zu schieben, dessen Macht wir gerne als allwissend und allesliebend voraussetzen.

Alle Boote waren bis 2.00 Uhr früh herabgelassen und fortgeschickt worden, und um diese Zeit lag das Schiff tief im Wasser, das Vordeck vollständig überspült, und die See kroch beständig zur Brücke hinauf und war nur noch wenige Meter von ihr entfernt.

Niemand auf dem Schiff konnte nun noch irgendwelche Zweifel an seinem endgültigen Ende haben, und trotzdem zeigten die fünfzehnhundert Passagiere und Besatzungsmitglieder keine Reaktion. Nicht ein Ton kam von ihnen, wie sie so ruhig auf den Decks standen oder unter diesem ihren Plichten nachgingen. Es scheint unglaublich, und selbst wenn es die Fortwirkung des gleichen Gefühls war, das schon an Deck vorherrschte, bevor die Boote es verließen – und ich habe keinen Zweifel daran, daß es so war – ist die Erklärung dafür ehrlich und glaubwürdig in ihrer Einfachheit. Im letzten Kapitel wird der Versuch gemacht, zu zeigen, warum die Haltung der Masse so ruhig und mutig war.

Es gibt Berichte über aufgebrachte Menschenmassen, die über das Deck rannten, kämpfend und um sich schlagend; aber zwei der genauesten Beobachter, Oberst Gracie und Herr Lightoller, behaupteten, daß dem nicht so war, sondern daß völlige Disziplin und Ruhe herrschten. Die Musikkapelle spielte immer noch, um die Herzen der Umstehenden zu erfreuen. Die Ingenieure und ihr Personal arbeiteten noch immer an den Dynamos, ganz weit unten und hielten sie in Gang, wie es sonst niemand hätte länger tun können, bis sich das Schiff am Ende aufrichtete und sich die Maschinen lösten und zusammenfielen – ich habe von niemanden gehört, daß er auch nur einen einzigen Ingenieur an Deck gesehen hätte. Das Licht verlöschte nur, weil es keine Maschinen zu dessen Erzeugung mehr gab, nicht, weil die Menschen zu ihrer Bedienung nicht an ihrem Platz gewesen wären. In den unteren Räumen des Schiffes zu sein, weit fort vom Oberdeck, wo in jedem Falle die Möglichkeit zu springen und zu schwimmen und eine gewisse Aussicht auf Rettung bestand; zu wissen, während das Schiff versank – wie sie es nun wissen mußten – daß es keine Hoffnung geben konnte, die See zu erreichen; alle diese Umstände zu kennen und doch die Maschinen in Gang zu halten, auf daß die Decks bis zuletzt beleuchtet sein würden, das erfordert erhabenen Einsatz!

> Glück im Unglück: Die Generatoren der *Titanic* befanden sich ganz hinten im Rumpf – noch weit hinter dem vierten Schornstein. Auch konnte lange genug weiterer Dampf erzeugt werden, so daß nicht nur die Beleuchtung eine gewisse Sicherheit suggerierte, sondern konkret auch andere Hilfseinrichtungen (Telegrafie, Pumpen) funktionierten. Es mag spekuliert werden, wie die Panik ausgesehen hätte, wenn die Stromversorgung früher ausgefallen wäre. Zum Maschinenpersonal, dem Beesley hier seine Aufmerksamkeit widmet, gehörten neben Chefingenieur Bell noch 24 weitere Ingenieure, sechs Elektroingenieure, zwei Kesselbauer, ein Klempner und ein Helfer – niemand überlebte.

Aber dieser Einsatz gilt für jeden Ingenieur und ist nicht an eine Person gebunden, er wird »Pflichterfüllung« genannt. Es gibt kein besseres Beispiel dafür als an die Ingenieure der *Titanic* zu erinnern, die weiter ihre Pflicht taten, bis das Schiff krängte und sie mit ihren Maschinen der Länge nach durch den Rumpf geschleudert wurden. Die einfache Feststellung, daß das Licht bis zuletzt gebrannt hat, könnte tatsächlich ihre Grabinschrift sein, aber die Worte Lowells* mit ihrer eigentümlichen Kraft würden noch besser zu ihnen passen:

> »Je länger wir auf dieser Welt leben
> Und die Werte der verschiedenen Männer wichten –
> Je mehr fühlen wir die große, ausgezeichnete Schönheit
> Der einfachen Hingabe zur Pflichterfüllung.
> Standhaft und ruhig, ohne den Preis sterblichen Lobes
> Aber reichlichste Belohnung findend
> Für des Lebens unbekränzte Hingabe
> Bei der Arbeit, die aufrichtig und unvergeudet getan wird über Tage ...«

Einige Zeit, bevor die *Titanic* sank, hatte sie eine deutliche Schlagseite nach Backbord, so viel, daß ein Rettungsboot wirklich so weit von ihrer Seite abstand, daß es Schwierigkeiten gab, Passagiere einsteigen zu lassen.

---

* Amy Lawrence Lowell, am. Lyrikerin, *1874, † 1925, bedeutende Imagistin = freie Verse als Gedichtform.

Diese Schlagseite nahm zum Ende noch zu, und Oberst Gracie berichtete, daß Herr Lightoller, der eine tiefe, kräftige Stimme besaß, alle Passagiere auf die Steuerbordseite befahl. Das war unmittelbar vor dem Ende. Sie überquerten das Deck, und als sie es taten, quollen Massen von Zwischendeckspassagieren hervor, so viele, daß es auf Deck kaum Platz zur Bewegung gab*. Bald danach schwang sich das große Schiff langsam empor, das Heck in die Luft, die Lichter verlöschten, und während einige ins Wasser geschleudert und andere untergetaucht wurden, klammerte sich die große Mehrheit an der Reling fest, an den Wänden und Dächern von Aufbauten oder lag flach auf Deck. Und in dieser Lage verharrten sie auch noch nach ein paar Minuten, als das enorme Schiff schräg nach unten abtauchte. Als es versank, hingen ohne Zweifel noch viele an seiner Reling, aber die meisten taten ihr Bestes, um von ihm fortzukommen und sprangen, als es nach unten glitt. Doch was immer sie taten, es kann kaum Zweifel daran geben, daß die meisten vom Sog mit hinabgenommen wurden, dann einige Augenblicke später wieder auftauchten und die Luft mit ihren herzzerreißenden Schreien erfüllten, die an die Ohren derer in den Rettungsbooten drangen, diese in Erstaunen und Grauen versetzend. Andererseits berichtet ein anderer Überlebender, er wäre vom Heck hinuntergesprungen, bevor die *Titanic* sich aufbäumte und wäre unter ihren drei Schrauben herumgeschwommen, die nun hoch aus dem Wasser herausgehoben waren, kurz vor ihrem Ende. Fasziniert durch den außergewöhnlichen Anblick, beobachtete er sie über seinem Kopf. Aber plötzlich wurde er gewahr, wie nötig es war, schnell vom Schiff wegzuschwimmen, aber als er es tat, tauchte es schon ab, die Schrauben nahe seinem Kopf. Seiner Erfahrung nach gab es nicht nur keinen Sog, sondern die entstehende Welle trug ihn fort von der Stelle, wo es hinuntergegangen war.

Von allen diesen fünfzehnhundert Menschen erreichten nur sehr wenige die *Carpathia*. Sie wurden in die See geschleudert, als die *Titanic* hinabging – als unschuldige Opfer von Gedankenlosigkeit und Gleichgültigkeit der für ihre Sicherheit Verantwortlichen. Es hätte keinen Zweck, noch länger bei der Szene zu verweilen, wo Männer und Frauen im Wasser kämpften. Die Herzen aller, die von ihrer Hilflosigkeit hörten, sind mit größter Liebe und Zuneigung bei ihnen. Das Wissen, daß ihr Leiden im Wasser wegen der niedrigen Temperatur in den meisten Fällen kurz gewesen ist und physisch nicht schmerzhaft – der Beweis scheint erbracht, daß nur wenige durch Ertrinken starben – ist ein gewisser Trost.

Wenn jedermann es so sieht, daß sein Mitgefühl ihn dazu führt, sich den Reformbemühungen zu widmen, statt sie nur Experten zu überlassen, dann

---

* Die Passagiere aus dem Bugbereich hatten nur eine Möglichkeit des Entkommens: Durch Gänge (innen) nach hinten zu ihrer Klassengemeinschaft; beratend, wartend ..., bis sie es nach zwei Stunden nicht mehr aushielten und nach oben drängten.

wird er wenigstens etwas zur Wiedergutmachung für den Verlust so vieler wertvoller Leben getan haben.

Wir sollten nun besser den Erlebnissen derer folgen, die im letzten Akt des Unglücks gerettet wurden. Zwei Aussagen – die von Oberst Gracie und Herrn Lightoller – stimmen ziemlich überein. Der Erstgenannte ging mit unter, am Geländer festgeklammert, der Letztgenannte tauchte unter als das Schiff versank, wurde aber angesogen und festgehalten von einem Lüftungsschacht. Beide wurden sie eine Zeitlang herabgezogen, wie es ihnen schien auf eine längere Entfernung, aber Herr Lightoller wurde letztlich durch einen »ungeheuren Luftstoß« nach oben geblasen, der durch den Lüfter kam und ihn befreite. Oberst Gracie kam wieder an die Oberfläche, nachdem er die Luft anhalten mußte – wie für die Ewigkeit – und beide klammerten sich an irgendwelchen Wrackteilen fest, die sie vorfanden. Letztlich sahen sie ein umgeschlagenes Boot und kletterten auf dieses, in die Gesellschaft von zwanzig anderen Männern, unter ihnen Bride, der Funker. So für einige Stunden stehend, während die See sie bis zu den Hüften umspülte, hielten sie in zwei Reihen aus, bis der Tag anbrach; Rükken an Rücken sich ausbalancierend, so gut es möglich war und immer in der Angst, sich falsch zu bewegen, auf daß das Boot nicht kentere. Endlich wurden sie von einem Rettungsboot gesichtet und aufgenommen, eine Operation mit größten Schwierigkeiten, und sie erreichten die *Carpathia* im frühen Morgengrauen. Nicht viele Leute sind durch eine solche Erfahrung gegangen wie sie, nächtens auf einem umgeschlagenen, schlecht ausbalancierten Boot, die ganze Zeit über zusammen betend, damit es Tag werde und ein Schiff käme, um sie aufzunehmen.

Einige Aussagen sollten nun untersucht werden, welche die Reise der Flotte von Booten zur *Carpathia* betreffen, aber sie müssen unvermeidlich sehr kurz ausfallen. Die Erfahrungen unterscheiden sich ziemlich: einige hatten keinerlei Begegnung mit Eisbergen, kein Fehlen von Männern zum Rudern zu beklagen, entdeckten Lichter, Lebensmittel und Trinkwasser, wurden nach nur wenigen Stunden aufgefischt und erlitten sehr wenige Einschränkungen. Andere schienen von Eisbergen umgeben zu sein und mußten die ganze Nacht um sie herumrudern; wieder andere hatten zu wenige Männer zum Rudern an Bord – in einigen Fällen nur zwei oder drei – so daß Frauen rudern, und in einem Fall auch steuern mußten. Andere fanden keine Lichter oder Verpflegung und wurden für Stunden abgetrieben, in einigen Fällen waren es fast acht Stunden.

Das erste Boot, welches von der *Carpathia* aufgenommen wurde, war das unter dem Kommando von Herrn Boxhall. Es gab nur einen Ruderer und Frauen arbeiteten an den Riemen [bemerkenswert: Beesley spricht nicht von »Ruderinnen«]. Ein grünes Licht war die größte Erleichterung für den Rest von uns zur Ansteuerung: auch wenn es nicht viel mit der Sicherheit selbst zu tun hatte, es war der Punkt, auf den wir uns konzentrieren konnten. Das grüne Licht war das erste Anzeichen, welches Kapitän Rostron von unserer Position hatte, er steuerte darauf zu und nahm dessen Passagiere zuerst auf.

Herrn Pitman wurde vom Ersten Offizier Murdoch das Kommando über Boot Nummer 5 mit 40 Passagieren und 5 Besatzungsmitgliedern übertragen. Es hätte mehr aufnehmen können, aber es konnten nicht mehr Frauen zum Zeitpunkt des Abfierens gefunden werden. Herr Pitman meinte, daß er nach dem Verlassen des Schiffes zuversichtlich war, daß alle zurückkehren würden. Ein Passagier in diesem Boot berichtete, daß andere Männer nicht veranlaßt werden konnten, einzusteigen, und Verabredungen für den nächsten Morgen mit ihm trafen, als er hinuntergelassen wurde. Verbunden mit Boot 5 war Nummer 7 eines, welches nur mit wenigen Leuten besetzt war [es was das erste um 00.45 Uhr abgefierte Boot mit 25 »Elitepassagieren«]. Einige wurden von Nummer 5 übernommen, aber es hätte noch viel mehr fassen können.

Der Fünfte Offizier Lowe befehligte Boot Nummer 14 mit 55 Frauen und Kindern und einigen von der Besatzung. Es war beim Herablassen so voll, daß Herr Lowe seinen Revolver längs der Schiffsseite abfeuern mußte, um andere daran zu hindern, ins Boot zu klettern und es durch Überlastung zu zerschmettern. Dieses Boot war, wie Nummer 13, nur schwer von den Falltauen zu lösen und mußte abgetrennt werden, als es das Wasser erreichte. Herr Lowe übernahm noch das Kommando von vier anderen Booten, band sie mit Stricken zusammen, befand einige von ihnen nicht ausreichend besetzt und verteilte alle seine Passagiere auf diese Boote in der Dunkelheit, so gut er es vermochte. Dann kehrte er an die Stelle zurück, an der die *Titanic* gesunken war, nahm einige der im Wasser Schwimmenden auf und kehrte zurück zu den vier Booten. Auf dem Weg zur *Carpathia* begegnete er einem der gekenterten Notboote [D] und nahm Passagiere an Bord, weil es so aussah, als ob es sinken würde.

Boot Nummer 12 war eins der vier Boote, die zusammengebunden waren, und der kommandoführende Seemann bestätigte, daß er versucht habe, zu den Ertrinkenden zu rudern, aber mit 40 Frauen und Kindern und nur einem weiteren Mann zum Rudern war es nicht möglich, ein so schweres Boot zu manövrieren und zur Untergangsstelle zurückzukehren.

Boot Nummer 2, ein kleinerer Rettungsboot-Typ, war besetzt mit vier oder fünf Passagieren und sieben Besatzungsmitgliedern. Boot Nummer 4 war eines der letzten, das die Backbordseite verließ, und um diese Zeit war die Schlagseite so stark, daß Decksstühle die Lücke zwischen Bootswand und Deck überbrücken mußten. Nach dem Herablassen blieb es eine Weile mit den Tauen verbunden, und als die *Titanic* sich anschickte, schnell zu versinken, sah es so aus, als ob es mit hinuntergezogen werden würde. Das

Boot war mit Frauen besetzt, welche die Seeleute daran erinnerten, die Seite nahe dem Schiff zu verlassen. Aber der Gehorsam zu einem Befehl des Kapitäns, in der Nähe der Rumpfpforte zu bleiben, hielt sie in der Nähe; tatsächlich so nahe, daß sie hörten, wie das Geschirr zerbrach als das Schiff kopfüber nach unten ging. Auch wurden sie fast von Wrackteilen getroffen, die von einigen der Offiziere und Besatzungsmitglieder über Bord geworfen worden waren, gedacht als Flöße für Rettungsmaßnahmen. Schließlich kamen sie doch klar und waren nicht weit weg, als das Schiff versank, so daß sie einige Männer auffischen konnten, die an die Oberfläche kamen.

Dieses Boot hatte nächtens eine unangenehme Begegnung mit Eisbergen, denn es wurden viele gesichtet und ihnen unter Schwierigkeiten ausgewichen. Steuermann Hichens hatte das Kommando über Boot Nummer 6, und wegen fehlender Männer wurde Major Peuchen zur Besatzungsverstärkung eingeteilt. Ihnen wurde gesagt, daß sie auf das Licht des Dampfers zusteuern sollten, das an der Backbordseite sichtbar war und folgten diesem, bis es verschwand. Es waren vierzig Frauen und Kinder dabei.

Auf Boot Nummer 8 befand sich nur ein Seemann, und weil Kapitän Smith die Order gab »Nur Frauen und Kinder«, mußten nun Frauen rudern. Später in der Nacht, als nur wenig Fortkommen erkennbar wurde, nahm der Seemann einen Riemen und stellte eine Frau an die Steuerpinne. Auch dieses Boot befand sich inmitten von Eisbergen.

Von unseren vier faltbaren Booten — tatsächlich ist faltbar nicht die richtige Bezeichnung, weil nur ein kleiner Teil klappbar ist, nämlich die umlaufende Persenning; »Brandungsboote« ist der echte Name — wurde eines im letzten Moment zu Wasser gelassen, indem man es über die die Deckskante überspülende See kippte, und es wurde nie aufgerichtet. Es war jenes, auf das die zwanzig Männer kletterten [Notboot B]. Ein anderes wurde von Herrn Lowe erreicht und dessen Insassen gerettet, mit Ausnahme von drei Männern, welche die Strapazen nicht überlebt hatten. Das Boot wurde freigegeben und trieb ab, und wurde einen Monat später in genau dem gleichen Zustand von der *Celtic* angetroffen. Es ist interessant zu bemerken, wie lange dieses Boot noch schwimmfähig blieb, nachdem angenommen worden war, daß es nicht mehr seetüchtig wäre.

Ein kurioses Zusammentreffen ergab sich daraus, daß einer meiner Brüder beschloß, an Bord der *Celtic* zu reisen und über ihre Seite sehend ein Boot der *Titanic* erkannte, auf der ich schiffbrüchig wurde. Die beiden anderen faltbaren Boote erreichten die *Carpathia* mit der vollen Auslastung an Passagieren: in einem, dem vorderen Steuerbord-Boot und eins der letzten abgefahrenen, befand sich Herr Ismay. In ihm waren vier Chinesen unter den Füßen der Passagiere verborgen. Wie sie dahin kamen weiß niemand — oder wie sie überhaupt auf die *Titanic* kamen, weil die Einwanderungsgesetze der USA ihnen nicht erlauben würden, dessen Häfen zu betreten.

Es muß zum Abschluß gesagt werden, daß es großen Grund zur Dankbarkeit gibt, daß alle abgesetzten Boote ihre Passagiere sicher zum Rettungsschiff brachten. Es wäre ein leichtes, viele Dinge aufzuzählen, die als Gefahrenmomente hätten wirken können.

Die Rückkehr der Carpathia nach New York

Die Reise der *Carpathia* von dem Zeitpunkt an, als sie das »CQD« der *Titanic* um etwa 00.30 Uhr am Montagmorgen empfing, bis sie am folgenden Donnerstag um 20.30 Uhr New York erreichte, war eine Reise, die größte Anforderungen an Kapitän, Offiziere und Mannschaften des Schiffes stellte. Sie umfaßten die größtmögliche Kenntnis der Navigation, die größte Wachsamkeit in jedem Abschnitt vor und nach der Rettung, und die Fähigkeiten zur Organisation, die vermutlich manchmal bis zum Zerreißen beansprucht worden war.

Die Leistungen und die Art und Weise, wie diese durchgeführt wurden, gehören zu dem immerwährenden Ansehen der Cunard-Linie und dem bei ihr angestellten Personal, die ihren Dienst auf der *Carpathia* versahen. Kapitän Rostrons Anteil daran ist groß und seine Tat ist eingehüllt in eine Bescheidenheit, die auffällig ist in ihrer Zurückhaltung. Nach seinem eigenen Verständnis war es eine Arbeit, die vollkommen und beherzt getan werden mußte.

Sobald die *Titanic* nach Hilfe rief und ihre Position angab, drehte die *Carpathia* gegen Nord: alle Kräfte wurden aktiviert, eine neue Wache von Heizern wurde hinzugezogen und die höchstmögliche Geschwindigkeit, der sie fähig war, wurde von den Ingenieuren gefordert, mit dem Ergebnis, daß die Entfernung von 58 Meilen zwischen den beiden Schiffen in nur dreieinhalb Stunden zurückgelegt wurde, mit einer Geschwindigkeit, die weit über ihrer normalen Leistung [über 16 zu etwa 14 kn] lag. Die drei Ärzte an Bord übernahmen je einen Salon und bereiteten sich auf jede Art von Hilfeleistung vor; die Stewards und die Küchenbesatzung waren kräftig bei der Arbeit, um heiße Getränke und Essen vorzubereiten, und die Zahlmeister-Gilde stand bereit mit Decken und Betten für die schiffbrüchigen Passagiere, sobald sie an Bord kommen würden. An Deck bereiteten die Seeleute Rettungsboote vor, schwangen sie in ihren Davits aus und warteten ab, ob sie Boote und Mannschaft herablassen sollten, wenn es notwendig erschien. Sie befestigten Strickleitern, Bootsmanns-Stühle, Schlingen und Körbe für Kinder an die Außenbordspforten, um die Geretteten heraufziehen zu können. Auf der Brücke war der Kapitän mit seinen Offizieren, angestrengt in die Dunkelheit blickend, darauf hoffend, die ersten Anzeichen der angeschlagenen *Titanic* zu entdecken, sie noch schwimmend vorzufinden, trotz der letzten verzweifelten Nachricht »Sinken über Bug«. Eine doppelte Wache von Ausguckposten war aufgezogen, weil es noch andere Dinge außer der *Titanic* in dieser Nacht gab, auf die geachtet werden mußte. Wie Kapitän Rostron in seinem Zeugnis sagte, sahen sie auf jeder Seite Eisberge zwischen 2.45 und 4.00 Uhr, passierten etwa zwanzig große, hundert bis zweihundert Fuß hoch, und noch viel mehr kleinere, und »mußten das Schiff dauernd zwischen ihnen manövrieren, um ihnen auszuweichen«.

Es war eine Situation, in der jeder Einsatz bis zur Höchstleistung gefordert wurde. Mit dem Wissen im Hintergrund, daß die große *Titanic*, das vermeintlich unsinkbare Schiff, von Eis getroffen war und schnell sank: mit dem immer wiederkehrenden Ausruf des Ausgucks zur Brücke, wie er es getan haben wird »Eisberge an Steuerbord« – »Eisberge an Backbord«, verlangte es Mut und Urteilskraft außerhalb des gewöhnlichen Rahmens, das Schiff durch eine Gasse von Eisbergen vorwärts zu steuern und »... um sie herumzumanövrieren«. Wie er selbst sagte »... ich nahm das Risiko der hohen Geschwindigkeit auf mich in dem Verlangen, Leben zu retten, und vielleicht werden mich einige Leute wegen dieses Wagnisses angreifen«. Aber der Untersuchungsausschuß versicherte ihm, daß er das auf keinen Fall tun wollte, und wir aus den Rettungsbooten haben sicherlich kein Verlangen danach.

Schließlich wurde das Schiff um 4.00 Uhr gestoppt, mit einem gesichteten Eisberg genau voraus (ohne Zweifel der gleiche, den wir in Boot 13 umrunden mußten, als wir die *Carpathia* ansteuerten), und etwa um diese Zeit wurde das erste Rettungsboot gesichtet. Wieder mußte sie um den Eisberg herummanövriert werden, um das Boot aufzunehmen, welches unter dem Kommando von Herrn Boxhall stand. Von ihm hörte der Kapitän, daß die *Titanic* untergegangen war und daß er zu spät kam, um noch jemanden zu retten, außer denen in den Rettungsbooten, die, wie man nun sehen konnte, aus allen Richtungen herankamen. Inzwischen kamen die Passagiere der *Carpathia* an Deck als der Tag gerade anbrach, einige aufgeweckt durch die ungewöhnlichen Schwingungen der Schraube, einige durch das Trampeln der Matrosen auf dem Oberdeck, als diese die Rettungsboote und die Fiereinrichtungen klarmachten; und jetzt wurden sie mit einem außergewöhnlichen Anblick konfrontiert. So weit das Auge blickte, erstreckte sich im Norden und Westen ein ausgedehntes Eisfeld, aus dem sich Eisberge erhoben und dazugehörige Eisschollen, als würde plötzlich ein Hügel aus der Ebene auftauchen. Voraus und nach Süden zeichneten sich schwimmende Monster durch die fahle Dunkelheit ab, ihre Anzahl wurde größer von Augenlick zu Augenblick, als der Tag anbrach und den Horizont rosa färbte. Es ist bemerkenswert, wie »lebhaft« all diese Eisberge die See aussehen ließ. Sie waren zu Bett gegangen mit nichts als Wasser und Himmel im Umkreis und dann an Deck zu kommen und so viele Objekte in Sichtweite zu haben, das machte die Änderung des Gesamteindrucks der

See aus: sie sah nun belebt aus. Dann kam ein Rettungsboot längsseits mit festgeklammerten Menschen darin, meist Frauen, in Schlafkleidern und Ankleide-Umhängen, in Mänteln und Schals; in allem, nur nicht in normaler Kleidung! Überall funkelten kurz Lichter auf und verlöschten – und Rufe und Begrüßungen schallten über das ruhige Wasser. Es ist schwer, sich einen unerwarteteren Anblick vorzustellen, als jenen, der nun vor den Passagieren der *Carpathia* lag, als diese am Morgen in früher Dämmerung an Deck kamen.

Kein Dichter würde es wagen, eine solche Ansammlung zu beschreiben: wunderbare Wetterbedingungen, ein rosiges Morgenrot, der Morgenstern und der Mond über dem Horizont. Das Wasser erstreckt sich in seiner ganzen Schönheit bis zur Kimm, und dann auf dieser See ein Eisfeld von arktischen Ausmaßen plaziert und unzählige Eisberge überall – weiße, rosagetauchte und tödlich kalte – und nahe bei ihnen plötzlich heraufkommende Boote aus der Mitte des Ozeans, um jene herumrudernd und ihnen ausweichend, mit Passagieren, gerettet von dem wunderbarsten Schiff, das die Welt je sah. Kein Künstler würde sich ein solches Bild aussinnen: es würde weit außerhalb der Vorstellungen liegen und nicht anerkannt werden. So eine Zusammenstellung von Ereignissen würde die Grenze der Einbildungskraft von Autor und Künstler überschreiten!

Die Passagiere säumten die Reling und sahen auf uns herab, wie wir heranruderten an diesem Morgen. Sie standen ruhig dabei, als die Besatzung uns an der Gangway unten an Bord nahm, und beobachteten uns, wie wenn das Schiff im Hafen läge, und wir hätten es nur in einer etwas ungewöhnlichen Weise betreten. Einige berichteten, daß wir sehr ruhig waren, als wir an Bord kamen: es ist wirklich wahr, wir waren es – aber sie waren es auch.

Es gab wenig Erregung auf beiden Seiten, nur das ruhige Erdulden von Leuten, die unter einem Eindruck stehen, der zu mächtig für ihre geistige Auffassung ist und den sie auch heute noch nicht verstehen. Und so fragten sie uns höflich, ob wir heißen Kaffee wünschten – den wir annahmen – und Essen, das wir im allgemeinen ablehnten, da wir nicht hungrig waren, und sie sprachen zunächst nicht über den Verlust der *Titanic* und unsere Abenteuer in der Nacht.

Es gibt vieles, das übertrieben oder falsch beschrieben wurde, die Verfassung der Passagiere betreffend, die an Bord kamen. Wir wurden als zu überdreht beschrieben, um zu verstehen, was passiert war, als zu überwältigt, um zu sprechen und vor uns hinsinnend »... starr, staunenden Blickes«, »... betäubt vom Schatten des furchtbaren Eindrucks«. Das ist ohne Zweifel das, was viele Leute von uns unter den gegebenen Umständen erwarteten, aber ich weiß, daß es nicht den richtigen Eindruck unseres Ankommens wiedergibt, tatsächlich ist es nicht wahr. Wie schon vorher bemerkt, ist das einzig Bedeutende an der Beschreibung von Ereignissen dieser Art, bei der Wahrheit zu bleiben, soweit sie die fehlbaren menschlichen Gedanken nur ausdrücken kann. Mein eigener Eindruck über unseren geistigen Zustand ist der, daß wir äußerst dankbar und erleichtert über die Möglichkeit waren, wieder ein Schiffsdeck betreten zu können. Es ist mir klar, daß die Erfahrungen in den besetzten Booten ziemlich unterschiedlich ausfielen; daß solche, die im unklaren über das Schicksal ihrer Angehörigen und Freunde von Angst und Sorge befallen waren, verschieden reagierten. Aber sich mit den geistigen Bedingungen befassend, soweit sie durch Gestik und Körperhaltung ausgedrückt wurden, denke ich, daß Freude, Erleichterung und Dankbarkeit die wesentlichen Gefühle waren, die auf den Gesichtern derjenigen geschrieben standen, welche die Strickleitern hochkletterten und in Körben heraufgezogen wurden.

Es darf nicht vergessen werden, daß niemand in dem einen Boot wußte, wer in den anderen Booten gerettet worden war, nur wenige wußten überhaupt, wie viele Boote es gab und wie viele Passagiere sie aufnehmen konnten. Es schien um diese Zeit möglich zu sein, daß Freunde ihnen auf die *Carpathia* folgen würden oder sich an Bord anderer Dampfer befanden oder sich auf dem Kai einfänden, an dem wir anlegen würden. Die dramatischen Szenen, die beschrieben wurden, wären vorstellbar gewesen; wahr ist, daß eine Frau unmittelbar nach Ankunft im Salon hysterisch geschrien hat, aber sie konnte gar nicht sicher sein, ob sie einen ihrer Freunde verloren hatte. Vielleicht war um diese Zeit das Gefühl der Erleichterung nach etlichen Stunden des Herumtreibens auf See zu viel für sie gewesen.

Eines der ersten Dinge, die wir taten, war die Belagerung eines Stewards, der einen Block mit Telegramm-Formularen bereit hielt. Er war der Überbringer der willkommenen Neuigkeit, daß Passagiere kostenlos Marconigramme zu ihren Angehörigen abschicken könnten, und gleich darauf trug er einen Stapel hastig gekritzelter Meldungen zum Funker. Um diese Zeit war die letzte Bootsladung an Bord und in der Funkkabine muß der Stapel angeschwollen sein. Wir erfuhren später, daß viele dieser Telegramme nie ihren Bestimmungsort erreichten, und das ist nicht verwunderlich. Es gab nur einen Funker — Cottam — an Bord, und obwohl er später unterstützt wurde, als Bride von der *Titanic* sich von seinen Strapazen erholt hatte, hatte er soviel zu tun, daß er in der Nacht von Dienstag auf Mittwoch über seiner Arbeit einschlief, nachdem er drei Tage ohne Unterbrechung im Dienst war. Wir wußten aber nicht, daß die Meldungen aufgehalten wurden und stellten uns vor, daß unsere Freunde über unsere Rettung Bescheid wußten. Am Montagmorgen wurde ein Appell der Geretteten im Salon der *Carpathia* abgehalten und das Ergebnis wurde an Land gefunkt, vor allen anderen Mitteilungen. Es schien nun sicher zu sein, daß jetzt von allen Freunden die Angst genommen sein würde, aber in der übermittelten ersten offiziellen Liste gab es Fehler. Die Erfahrung meiner eigenen Freunde illustriert das: weder kam das Funktelegramm, das ich schickte, nach England durch, noch wurde mein Name auf irgendeiner Liste erwähnt.

Erst eine Woche später sah ich ihn in New York auf einer schwarz eingerahmten »endgültigen« Liste der Vermißten, und danach schien es sicher zu sein, daß ich die *Carpathia* nie erreicht hatte; soviel zu diesem Thema. Ich schreibe diese Geschichte, vor mir meine Todesanzeige mit Auszügen aus englischen Zeitungen, die einen kurzen Abriß meines Lebens in England gaben. Nachdem wir in New York ankamen und mir klar wurde, daß meine Freunde bis zu dieser Nacht (Donnerstag, 21.00 Uhr) keine Neuigkeiten erhalten hatten, seit die *Titanic* am Montagmorgen gesunken war, weil ich auf keiner Liste der Geretteten verzeichnet war, die mir ein Reporter zeigte, telegraphierte ich sofort nach England. Obwohl ich zwei Shilling von der *Titanic* gerettet hatte, zahlte die White Star Line die Gebühren, aber die Nachricht ist nicht vor 8.20 Uhr am nächsten Morgen zugestellt worden. Um 9.00 Uhr lasen meine Freunde in den Zeitungen den kurzen Artikel des Unglücks, den ich der Presse geliefert hatte, so daß sie nun von meiner Rettung und den Erfahrungen des Schiffbruchs fast gleichzeitig erfuhren. Ich bin dankbar zu wissen, daß viele meiner Freunde in London sich davor scheuten, mich unter den Vermißten zu zählen.

... Neben den menschlichen gab es vor allem technische Unzulänglichkeiten: da der schwache Sender der *Carpathia* nur eine Reichweite von etwa 200 Meilen hatte, kam das Schiff erst am Mittwochabend in den Empfangsbereich amerikanischer Funkstationen. Bis dahin gab es nur die Möglichkeit, den Funkverkehr über andere Schiffe abzuwickeln, was zu den zahlreichen Irrtümern führte ...

Es gibt noch einen anderen Aspekt in diesem Zusammenhang, wie Neuigkeiten verbreitet wurden, und es ist wirklich ein trauriger Anlaß. Wieder wünschte ich, daß es nicht notwendig wäre, diese Dinge zu berichten, aber da alle auf Einrichtungen der Transatlantik-Gesellschaften Bezug nehmen – kraftvolle Funkanlagen, die Ablösung von Funkern usw. – ist es das Beste, sie zu erzählen. Der Name eines amerikanischen Gentlemans – derselbe, der neben mir in der Bibliothek am Sonntagnachmittag saß und den ich später auf einer Photographie wiedererkannte – war übereinstimmend in den Listen als gerettet erwähnt worden und sei an Bord der *Carpathia*. Sein Sohn reiste nach New York um ihn zu treffen und freute sich über seine Errettung, fand ihn dort jedoch nicht! Als ich seine Familie einige Tage später traf und in der Lage war, ihnen einige Einzelheiten seines Lebens an Bord zu schildern, schien es fast grausam zu sein, ihnen vom Gegenteil dessen zu berichten, was meine Freunde zu Hause erfuhren.

Zurückkehrend zur Reise der *Carpathia* – die letzte Bootsladung wurde um 8.30 Uhr an Bord genommen und die Rettungsboote wurden an Deck aufgebockt, während die klappbaren Boote aufgegeben wurden. Die *Carpathia* schickte sich an, um die Untergangsstelle zu dampfen, in der Hoffnung, irgend jemand aufnehmen zu können, der sich an Wrackteilen geklammert hatte. Bevor sie es tat, ordnete der Kapitän einen Gottesdienst im Salon an, an der Stelle, an der die *Titanic* gesunken war, soweit er es berechnen konnte – einen Gottesdienst, wie er sagte, aus Hochachtung vor den Verlorenen und aus Dankbarkeit für die Geretteten. Die *Carpathia* kreuzte im Unglücksgebiet, fand aber nichts, das die Hoffnung weckte, noch weitere Passagiere aufzunehmen; und als die *Californian* nun auftauchte, bald darauf gefolgt von der *Birma*, einem russischen Tramp-Dampfer, entschied Kapitän Rostron, die weitere Suche ihnen zu überlassen und mit den Geretteten in höchster Geschwindigkeit das Land anzusteuern.

Als wir abdrehten, gab es erstaunlicherweise nur wenige Wrackteile zu sehen: hölzerne Decks-Stühle und kleine andere Holzteile, aber nichts größeres. Aber die See war mit einer großen Menge von rötlich-gelben »Seetang« bedeckt, wie wir es auf der Suche nach einem Namen nannten. Es wurde angenommen, daß es Kork wäre, aber ich hörte nie die eigentlich richtige Bezeichnung dafür [es handelte sich wahrscheinlich um die Preßkork-Isolierung der Schottüren, die sich löste, als der Wasserdruck die Schotts zerstörte].

Das Problem des Landganges für uns war die nächste fällige Entscheidung. Die *Carpathia* war für Gibraltar bestimmt, und der Kapitän hätte die Möglichkeit gehabt, seine Reise fortsetzend, uns auf dem Weg dorthin auf den Azoren abzusetzen. Aber er brauchte mehr Kleidung und Vorräte, da die meisten Passagiere Frauen und Kinder waren, die schlecht gekleidet und zerzaust waren und Bedürfnisse hatten, die er nicht erfüllen konnte. Außerdem wäre er mit dem schwachen Sender bald aus dem Bereich der drahtlosen Kommunikation heraus, und so entschied er sich gegen diesen Kurs. Halifax wäre der landnächste Punkt gewesen, aber das würde bedeuten, nordwärts durch das Eis zu dampfen, und er meinte wohl, seine Passagiere mochten Eis nicht mehr sehen.

Deshalb fuhr er zurück nach New York, das er vergangenen Donnerstag verlassen hatte, fuhr den ganzen Nachmittag am Rand des Eisfeldes, welches sich so weit nach Norden erstreckte, wie ein Auge ohne Hilfsmittel sehen konnte. Ich habe mich die ganze Zeit gewundert, ob wir nicht möglicherweise die Passagiere von den Rettungsbooten auf diese schwimmende Eisfläche hätten bringen können, und zurückzukehren, um Schwimmende aufzunehmen, wenn wir gewußt hätten, daß es dort gewesen wäre. Ich könnte mir vorstellen, daß es so durchführbar gewesen wäre.

Es ist sicherlich ein außergewöhnlicher Anblick, an Deck zu stehen und die See mit festem Eis bedeckt zu sehen, weiß und blendend in der Sonne und an einigen Stellen mit Eisbergen durchsetzt. Wir fuhren in nur etwa 200 bis 300 Yards vorbei [180 bis 275 Meter] und dampften parallel zu den Schollen, bis sie nachts irgendwann endeten und wir zu unserer unendlichen Befriedigung die letzten Eisberge sahen, mit dem Feld, das nach achtern verschwand. Viele der Geretteten haben keine Sehnsucht mehr danach, je wieder Eisberge zu sehen.

Wir hörten später, daß das Eisfeld fast siebzig Meilen lang und zwölf Meilen breit gewesen ist [113 mal 19 km] und zwischen uns und der *Birma* lag, die sich auf dem Weg zur Rettungsstelle befand. Herr Boxhall bestätigte, daß er schon oft das Gebiet der Großen Neufundlandbänke durchquert habe, aber nie vorher Eisfelder gesehen hätte. Das Zeugnis von anderen Kapitänen und Offizieren anderer Schiffe in der Nachbarschaft ist von gleicher Art; sie hätten »... noch nie solche Eisberge um diese Jahreszeit gesehen« oder »... niemals so viel gefährliches Treibeis und bedrohliche Eisberge beobachtet«. Unzweifelhaft war die *Titanic* in der Nacht mit außergewöhnlichen und unvorhersehbaren Konditionen von Eis konfrontiert; der Kapitän wußte nichts über dessen Ausdehnung, aber er wußte etwas von dessen Existenz. Leider beachtete er die Vorwarnungen nicht!

Während dieses Tages wurden die Körper von acht Mitgliedern der Besatzung der Tiefe übergeben: vier von ihnen wurden tot aus den Booten übernommen, und vier starben während des Tages. Die Maschinen wurden angehalten und alle Passagiere an Deck nahmen ihre Kopfbedeckungen ab, während ein kurzer Gottesdienst abgehalten wurde. Als er zu Ende war, dampfte das Schiff weiter, um die Lebenden zum Land zu tragen.

Die Passagiere der *Carpathia* waren nun eifrig dabei, Bekleidung für die Geretteten zusammenzusuchen. Der Frisier-Salon wurde nach Bändern, Kragen, Haarnadeln, Kämmen usw. durchsucht, bald darauf war eine große Menge davon vorhanden; ein guter Samariter ging durch das Schiff und offerierte allen indiskret eine Schachtel voll Zahnbürsten. In einigen Fällen konnte keine Bekleidung für Damen gefunden werden und diese mußten den Rest der Zeit an Bord in ihren Kleidern und Mänteln verbringen, mit denen sie die *Titanic* verlassen hatten. Sie schliefen auch in ihnen, weil es nicht genug Kojen gab und sie auf den Böden der Salons und der Bibliothek auf Strohmatrazen liegen mußten, und dort war es nicht gut möglich, sich umzuziehen.

Den Männern wurde der Boden des Rauchsalons zugewiesen und eine Anzahl Wolldecken, aber der Raum war klein, und einige suchten sich das Deck zum Schlafen aus. Ich fand einen Stapel von Handtüchern auf dem Boden eines Badezimmers, die für das nächste Morgenbad bereit lagen und richtete mir auf diesen ein sehr gemütliches Bett her. Später wurde ich in der Mitte der Nacht von einem Mann geweckt, der mir seine Koje in einer Vierbett-Kabine anbot. Ein anderer Bewohner war aus physischen Gründen nicht in der Lage, seine Koje zu verlassen und deshalb konnte die Kabine nicht an Frauen vergeben werden.

Am Dienstag trafen sich die Überlebenden im Salon und formierten einen Ausschuß aus ihrer Mitte, um Geldbeträge für einen allgemeinen Fonds zu sammeln, aus dem nach Abstimmung, so gut es ging, die Bedürftigen der Zwischendeckspassagiere unterstützt werden sollten, Kapitän Rostron einen Pokal zu stiften und den Offizieren und Mannschaften der *Carpathia* Medaillen zu überreichen, und den Überschuß unter der Besatzung der *Titanic* zu verteilen. Die Arbeit dieses Ausschusses ist noch nicht beendet (Stichtag 1. Juni), aber alle Beschlüsse, außer dem letzten, wurden ausgeführt, und dieser hat nun die volle Aufmerksamkeit des Komitees. Die Geschenke für Kapitän und Mannschaft wurden an dem Tag überreicht, als die *Carpathia* von ihrer Reise aus dem Mittelmeer zurückkehrte, und es ist für alle Überlebenden eine große Freude zu wissen, daß der US-Senat den erwiesenen Dienst der Besatzung der *Carpathia* für die Menschlichkeit anerkannt hat und für eine Goldmedaille stimmte, die Kapitän Rostrons Rettungstat würdigt.

> Es wurden etwa 300 Medaillen geprägt, davon 14 in Gold, Inschrift: »Kapitän, Offizieren und Besatzung des RMS *Carpathia* in Anerkennung edler und heroischer Dienstleistung von den Überlebenden S. S. *Titanic*, 15. April 1912.« In Washington wurde später ein Denkmal errichtet, gebaut von Spendengeldern amerikanischer Frauen (25 000mal 1$), in Gedenken an den Leitspruch: »Frauen und Kinder zuerst in die Boote« ...

Am Nachmittag des Dienstags besuchte ich in Begleitung eines Mit-Passagiers die Zwischendeckspassagiere, um die Namen aller aufzunehmen, die in Sicherheit waren. Wir ordneten sie nach Nationalitäten – Engländer, Iren, Schweden usw. – und erfuhren von ihnen Namen und Herkunft, den Betrag des Geldes, den sie besaßen und ob sie Freunde in Amerika hätten. Die irischen Mädchen hatten allgemein kein Geld vom Wrack gerettet und waren auf dem Weg zu Freunden in New York oder seiner Umgebung, während die schwedischen Passagiere, unter ihnen eine beträchtliche Anzahl Männer, den größten Teil ihres Geldes gerettet und außerdem noch Bahnfahrkarten bis zu ihrem Bestimmungsort im Inland bei sich hatten. Die Sicherstellung ihres Geldes zeigt einen merkwürdigen Unterschied bei den Rassen, für den ich keine Erklärung anbieten kann. Ohne Zweifel hatten die irischen Mädchen nie viel gehabt, aber sie müssen den notwendigen Betrag gehabt haben, den die Einwanderungsgesetze vorschreiben. Es gab einige erbarmungswürdige Fälle von Frauen mit Kindern, die Ehemänner verloren hatten, einige Fälle mit ein oder zwei geretteten Kindern und alle anderen verloren, und in einem Falle wurde die ganze Familie vermißt und es gab nur einen Freund, der davon berichtete. Zwischen der irischen Gruppe gab es ein bemerkenswert hübsches Mädchen, schwarzhaarig, mit dunkelvioletten, langbewimperten Augen und wohlproportioniert und sehr jung, nicht älter als 18 oder 20. Ich denke, sie hat keine Angehörigen auf der *Titanic* verloren.

Der folgende Brief an die Londoner »Times« ist hier wiedergegeben um zu zeigen, welche Gefühle uns an Bord der *Carpathia* nach dem Verlust der *Titanic* bewegten. Er wurde am Mittwoch geschrieben, kurz nach dem Bekanntwerden der definitiven Erkenntnis, daß Eiswarnungen zur *Titanic* geschickt worden waren, und als uns allen klar war, daß etwas getan werden müßte, um die öffentliche Meinung aufzurütteln, hinsichtlich einer zukünftigen Sicherheitspatrouille auf dem Ozean.

Uns war nicht genau klar, was die Außenwelt bereits wußte, und es schien gut zu sein, das englische Publikum darüber aufzuklären, was passiert war, und das, sobald es eine Möglichkeit dafür gab. Ich habe bis heute keinen Grund, eine der in diesem Brief ausgeführten Meinungen zu ändern.

Sehr geehrte Herren —
als einer der wenigen überlebenden Engländer des Dampfschiffes *Titanic*, das Montagmorgen im Mittelatlantik gesunken ist, frage ich Sie, ob Sie bereit sind, vor Ihren Lesern einige Fakten auszubreiten, die das Unglück betreffen, in der Hoffnung, daß in naher Zukunft etwas getan werden wird, um die Sicherheit des Teils des reisenden Publikums zu erhöhen, welche die atlantischen Wege geschäftlich oder zum Vergnügen benutzen.

Ich möchte mich völlig von jeder Art von Versuch distanzieren, der zum Ziele hat, die Schuld irgendeiner Person oder einer Gruppe von Personen zuzuweisen, indem ich die Aufmerksamkeit auf die einfachen Tatsachen lenke, deren Zuverlässigkeit außer Frage stehen und vor jedes Untersuchungsgericht eingebracht werden könnten. Dadurch soll es Ihren Lesern erlaubt werden, selbst Schlüsse hinsichtlich der Verantwortung für die Kollision zu ziehen.

Erstens, daß den die Aufsichtführenden der *Titanic* bekannt gewesen ist, daß wir uns in einem Eisberggebiet befanden; daß die atmosphärischen Bedingungen und Temperaturen die Nähe von Eisbergen andeuteten; daß eine drahtlose Meldung von einem vorausfahrenden Schiff empfangen wurde, daß es sie [die Eisberge] schon in einer Gegend angetroffen habe, dessen Breite und Länge angegeben wurde.

Zweitens, daß zur Zeit des Zusammenstoßes die *Titanic* eine hohe Geschwindigkeit lief.

Drittens, daß die Rettungseinrichtungen für Passagiere und Besatzung völlig unzureichend waren, sie reichten nur aus für eine Gesamtzahl von etwa 950. Das ergibt für die größtmögliche Auslastung von 3 400 eine Rettungschance von weniger als 1 zu 3 im Falle eines Unglücks.

Viertens, daß die Anzahl der Ankommenden, etwa 700, die die *Carpathia* erreichten, einen hohen Prozentsatz von den möglichen 950 darstellt, was den Offizieren und Mannschaften des Schiffes ein exzellentes Zeugnis ausstellt für ihren mutigen, hilfsbereiten und hingebungsvollen Einsatz. Viele Beispiele ihres Edelmutes und persönlicher

Aufopferung sind uns bekannt, und wir wissen, daß sie alles in ihrer Macht stehende getan haben mit den Mitteln, die ihnen zur Verfügung standen.

Fünftens, daß es allgemeine Praxis ist, Post- und Passagierschiffe durch Nebel und Eisberggebiete mit hoher Geschwindigkeit fahren zu lassen. Sie sind darauf abgestimmt, fast wie Schnellzüge zu verkehren, und deshalb können sie in Zeiten möglicher Gefahr kaum mehr als ein paar Knoten langsamer fahren.

Ich habe weder das Wissen noch die Erfahrung, welche Gegenmittel ich anzuwenden erwägen würde, aber vielleicht könnten die folgenden Vorschläge hilfreich sein:

Erstens, daß es keinem Schiff erlaubt sein dürfte, einen britischen Hafen zu verlassen, ohne ausreichenden Raum in Booten sowie anderen Ausrüstungsgegenständen, so daß jeder Passagier und jedes Mitglied der Besatzung einen Platz findet; und daß zum Zeitpunkt der Buchung dieses dem Passagier mitgeteilt wird und ihm die Sitzplatznummer in einem bestimmten Boot zugewiesen wird.

Zweitens, daß sobald wie möglich nach der Abfahrt jeder Passagier ein Bootsmanöver durchlaufen sollte, zusammen mit der Besatzung seines Bootes.

Drittens, daß jedes Passagierschiff, welches in den Transatlantikdienst eingebunden ist, angewiesen werden sollte, in Eisberggebieten seine Fahrt um einige Knoten herabzusetzen und mit einem wirkungsvollen Suchscheinwerfer ausgerüstet werden sollte.

Ihr ergebener
Lawrence Beesley

Es schien außerdem gut zu sein, während des Aufenthaltes auf der *Carpathia* einen möglichst genauen Bericht über das Unglück vorzubereiten und ihn für die Presse bereitzuhalten, in der Absicht, die öffentliche Meinung zu beruhigen und falschen und hysterischen Berichten zuvorzukommen, die einige amerikanische Berichterstatter schon vorbereiteten. Der erste Eindruck ist oft der wichtigste, und gerade bei einem Unglück dieser Dimension ist eine akkurate Information notwendig, daß so die Vorbereitung eines Berichts wichtig erschien. Er wurde in einigen Ecken des Decks und des Salons der *Carpathia* geschrieben, und gelangte glücklicherweise in die Hände eines Reporters von Associated Press, welche am besten damit umgehen konnte. Ich fasse ihn als ersten Bericht auf, der durchkam und einen guten Teil des erwarteten Einflusses ausübte.

Die *Carpathia* kehrte nach New York zurück, dabei durchfuhr sie fast jede Art von Wetterbedingungen: Eisberge, Eisfelder und anfänglich bittere Kälte; strahlende warme Sonne; Blitz und Donner in der Mitte einer Nacht (das Grollen folgte so schnell dem Licht, daß einige Frauen im Salon hochschreckten und dachten, es würden schon wieder Raketen abgefeuert); die meiste Zeit über kalte Winde; Nebel jeden Morgen und den guten Teil eines Tages andauernd, mit ständig tönendem Nebelhorn; Regen; bockige

See mit überkommender Gischt, die auch durch das Salonfenster kam. Wir sind der Meinung, daß wir fast alles mitbekommen haben, außer heißem Wetter und stürmischer See. So breitete sich denn eine große Welle der Erleichterung aus, als uns gesagt wurde, daß das Nantucket-Feuerschiff am Donnerstagmorgen von der Brücke aus gesichtet worden war, daran denkend, daß New York und das Land bis zum nächsten Morgen erreicht werden würde.

Es gibt keinen Zweifel daran, daß viele von uns die Wartezeit dieser vier Tage schwer ertrugen: das Schiff war völlig belegt und bot nicht die übliche Bequemlichkeit. Die Wünsche nach frischer Kleidung und großer Wäsche traten hervor und über allem lag die Erwartung des Treffens mit Angehörigen an der Pier, in vielen Fällen mit dem Wissen, daß andere Freunde zurückgelassen worden waren und nicht nach Hause zurückkehren würden. Einige sahen einem Treffen mit jenen Freunden entgegen, denen sie auf dem Deck der *Titanic* »Au revoir« gesagt hatten, gebracht von einem schnelleren Schiff — sagten sie sich — oder auf jeden Fall nachfolgend auf einem anderen Schiff. Tatsächlich haben nur sehr wenige in Gedanken die Möglichkeit erwogen, daß jene sich im eiskalten Wasser des Ozeans befanden. Aber wir unterstützten sie darin, zu hoffen, daß die *Californian* oder die *Birma* weitere Schiffbrüchige aufgenommen hätten.

Seltsame Dinge waren passiert, und wir sind alle durch seltsame Umstände gegangen. Aber mitten aus diesen angespannten Gefühlen ragte ein Faktum heraus: niemand war krank. Kapitän Rostron bestätigte, daß der Schiffsarzt am Dienstag eine einwandfreie Gesundheitsliste vorlegte, bis auf Frostbeulen und angeschlagene Nerven. Es gab keine Krankheit, die auf den stundenlangen Aufenthalt in kalter Nacht zurückzuführen wäre — und, daran muß erinnert werden, eine beträchtliche Anzahl schwamm für einige Stunden herum, als die *Titanic* sank. Dann saßen sie entweder für Stunden in ihren nassen Sachen oder lagen flach auf gekenterten Booten, während die See sie teilweise überspülte, bis sie schließlich in ein Rettungsboot übernommen wurden [nicht ganz zuteffend, siehe später]. Keine Szene von weinenden Frauen, die Stunde um Stunde über ihren Verlust brüteten bis sie vor Kummer verrückt wurden — alles dieses wurde der Presse berichtet von Leuten an Bord der *Carpathia*. Diese Frauen bewältigten ihre Sorgen mit erhabenen Mut, kamen an Deck und sprachen mit ihren Mit-Passagieren von Angesicht zu Angesicht, und inmitten ihres Verlustes vergaßen sie nicht, sich mit jenen zu freuen, die mit ihren Freunden an Deck der *Carpathia* vereinigt waren oder mit ihnen zusammen im Boot gefahren waren. Es gab keinen Grund für jene an der Küste, die *Carpathia* als »Totenschiff« zu bezeichnen, oder Leichenbeschauer und Särge zur Pier zu schicken; ihre Passagiere waren allgemein bei guter Gesundheit und sie brauchten nicht vorzugeben, daß sie es nicht wären.

Bald darauf kam Land in Sicht und es war sehr schön, es wieder zu sehen. Inzwischen waren acht Tage vergangen, seit wir Southampton verlassen hatten, aber die Zeit schien »ausgedehnt zu sein bis zum Schicksalsende« und wurde zu acht Wochen. Es waren so viele dramatische Eindrücke in den letzten Tagen zu verarbeiten gewesen, daß die ersten vier friedlichen, eindrucksarmen Tage kaum Spuren in der Erinnerung hinterließen und fast aus dem Gedächtnis verschwunden waren. Es bedeutete genauso viel Mühe, zurückzufinden nach Southampton, Cherbourg und Queenstown, wie sich an Eindrücke aus dem letzten Jahr zu erinnern. Ich denke, wir alle erkannten, daß die Zeit nicht so sehr nach Sekunden oder Minuten, sondern mehr nach Eindrücken gerechnet werden sollte. Das, was Astronomen als Datum »15. April 1912, 2.20 Uhr« nennen, bezeichnen die Überlebenden als »das Sinken der *Titanic*, die folgenden Stunden sind »treibend in der offenen See« und »4.30 Uhr« bedeutet »von der *Carpathia* gerettet«. Diese Uhr ist von einer geistigen Art, und die Stunden, Minuten und Sekunden hinterlassen tiefe Eindrücke auf dem Zifferblatt der Gefühle, stark und leise.

Umgeben von jeder Art von Schleppern, von denen — genauso wie von jedem erreichbaren Gebäude in Flußnähe — Magnesium-Blitze der Photographen abgeschossen wurden, während Reporter nach Neuigkeiten des Unglücks schrien und nach Bildern der Passagiere, so fuhr die *Carpathia* langsam zu ihrem Platz an der Cunard-Pier*, die Landungsbrücke wurde übergeben und dann setzten wir zu guter letzt den Fuß auf amerikanischen Boden; sehr dankbare, zufriedene Menschen.

Auch bei diesem Landgang wurde der geistige und physische Zustand der Geretteten erheblich übertrieben — eine Beschreibung sprach davon, wir wären »halb ohnmächtig, halb verrückt, an Einbildungen leidend; erst jetzt beginnend, den Horror zu verstehen«. Es ist verhängnisvoll, solche Bilder in die Welt zu setzen! Es gab einige bedauernswerte Szenen von Leuten, die Angehörige verloren hatten, aber wieder einmal zeigten Frauen ihre Selbstbeherrschung und gingen in den meisten Fällen mit außergewöhnlicher Ruhe durch diese schwere Prüfung. Es tut gut zu bemerken, daß der gleiche Bericht ergänzte: »Einige, seltsam genug, waren ruhig und klar«; wenn man statt »einige« — »die große Mehrzahl« sagte, wäre das viel näher an der wahren Beschreibung des Landganges an der Cunard-Pier in New York gewesen.

Es scheint keinen vernünftigen Grund zu geben, warum ein Artikel zu dieser Szene den allgemeinen Kummer und die Sorgen schildern sollte, jede Einzelheit ausmalend zur Befriedigung der schrecklichen und abgründigen menschlichen Gelüste. Die ersten Fragen, welche die erregten Reporter

---

* Nach einem Zwischenstopp beim White-Star-Pier, wo die Rettungsboote übergeben wurden. Cunard lehnte übrigens jede Art von Ausgleichszahlungen für die Rettungsaktion ab.

stellten, als sie herumschwärmten, war die, ob es wahr sei, daß Offiziere Schußwaffen gegenüber Passagieren gebraucht hätten, die ersteren sich dann selbst erschossen hätten, ob sich Passagiere gegenseitig beschossen hätten, ob irgendwelche Schreckensszenen bemerkt worden waren, und was das für welche gewesen sind ...

Es wäre besser gewesen, den guten Gesundheitszustand der meisten Geretteten zu erwähnen, ihre Dankbarkeit über ihre Befreiung aus Seenot, jene tausenderlei Gründe zur Freude. Inmitten der vielfältigen Beschreibungen der hysterischen Seite sollte Platz sein für das Normale – und ich wage zu behaupten, daß die Normalität den wesentlichen Teil des Ankommens in dieser Nacht ausmachte. Im letzten Kapitel werde ich versuchen, die Beständigkeit des Normalen während des ganzen Unglücks zu zeigen. Nichts verursacht eine größere Überraschung, als Menschen zu finden, die in Gefahrensituationen nicht so reagieren, wie man es allgemein erwartet – und wie ich ergänzen muß, wie sie allgemein beschrieben werden.

Und so kehrte das gute Schiff *Carpathia* nach New York zurück in dem Bewußtsein, ihr Rettungswerk gut ausgeführt zu haben. Jedermann, der sie besuchte; jeder im Hafen; jeder, der von ihrer Reise hörte, wird den Worten Kapitän Rostrons zustimmen: »Ich danke Gott, daß ich mich in Reichweite drahtloser Übermittlung befand und daß ich rechtzeitig dort war, um die Überlebenden des Wracks aufzunehmen.«

Die Lehren, gezogen aus dem Verlust der *Titanic*

Eines der bedauernswertesten Dinge in den zwischenmenschlichen Beziehungen – die Handlungen und Reaktionen von Ereignissen, die konkret das »menschliche Leben« ausmachen – ist die Tatsache, daß ab und zu einige von ihnen aufgefordert werden, ihr Leben zu opfern. Es sind nicht jene mit dem Pflichtgefühl oder einer Berufsehre gemeint, wie man sie zum Beipiel bei Soldaten oder Seeleuten findet, sondern jene werden aufgerufen, die mit der Gefahr plötzlich konfrontiert werden – ohne vorheriges Wissen oder Warnung vor der Gefahr, ohne Möglichkeiten der Flucht und ohne jeden Wunsch, ein solches Risiko freiwillig einzugehen. Es ist ein Makel unserer Zivilisation, daß diese Dinge von Zeit zu Zeit notwendig sind, um die Verantwortlichen für die Sicherheit unseres Lebens aus ihrer gleichgültigen Selbstsucht wachzurütteln, von der sie gesteuert werden. Die etwa 2000 Passagiere, die an Bord der *Titanic* gingen, dachten, sie wären auf einem absolut sicheren Schiff, obwohl es die ganze Zeit über Menschen gab – Ausstatter, Bauleute, Experten, Regierungsstellen, die wußten, daß nicht genügend Rettungsboote vorhanden waren. Diese wußten, daß die *Titanic* nicht das Recht hatte, so schnell durch Eisberggebiete zu fahren. Sie kannten alle diese Tatsachen und unternahmen doch keine Schritte, um der möglichen Katastrophe vorzubeugen. Nicht, daß sie es absichtlich unterließen, aber sie waren eingelullt in eine Art Selbstgefälligkeit, aus der sie nur durch eine Tragödie wie dieser aufgeweckt wurden. Es ist eine schreckliche Notwendigkeit, welche verlangt, daß ein paar sterben müssen, damit sich bei vielen Menschen ein Gefühl für ihre eigene Unsicherheit einstellt, der Tatsache Rechnung tragend, daß schon seit Jahren die Möglichkeit eines solchen Unglücks bestanden hat.

Die Passagiere wußten nichts von diesen Dingen, und weil es nicht gut erschien, ihnen grundlos von den Gefahren der Ozeane zu erzählen, ist eine Sache sicher: Wenn sie die Gefahren kennen würden, reisten viele nicht unter solchen Bedingungen. Also würden bald strengere Sicherheitsregeln von den Schiffbauern verlangt werden, von den Reedereien und der Regierung. Aber es gab Leute, welche die Gefahren kannten und nicht versäumten, auf diese hinzuweisen: im Unterhaus wurden sie zeitweise vertraulich behandelt, und ein amerikanischer Marine-Offizier, Kapitän E. K. Roden, brachte sie in einem Artikel zum Ausdruck, der seitdem vielfach zitiert wurde. Er lenkte die Aufmerksamkeit auf die Unzulänglichkeiten dieses einzelnen Schiffes – der *Titanic*, als Beispiel für andere – und führte aus, daß sie nicht unsinkbar sei und nicht genügend Rettungsbootskapazität habe.

Jetzt muß die Frage nach der Verantwortung für den Verlust der *Titanic* gestellt werden. Auf keinen Fall, um die Schuld diesem oder jenem zuzuschieben und einen Sündenbock zu finden – das wäre Zeitverschwendung. Aber wenn das Festschreiben von Verantwortlichkeit schnell und wirksam zu einem Gegenmittel führt, sollte es unmittelbar in Angriff genommen werden. Es ist das mindeste, was wir als Verpflichtung einfach denen schuldig sind, die von der *Titanic* mit hinabgezogen wurden.

Sich zuerst mit den Vorsichtsmaßnahmen bezüglich der Schiffssicherheit befassend, unabhängig von den Rettungsmitteln, kann es nach meiner Meinung keine Frage sein, daß die direkte Verantwortung für den Verlust der *Titanic* und so vieler Leben dem Kapitän angelastet werden muß. Er war der Verantwortliche für den Kurs, für die Geschwindigkeit, mit der sie fuhr, Tag für Tag und Stunde für Stunde. Nur er allein hatte die Macht zu entscheiden, ob er die Fahrt herabsetzen sollte bei Eisbergen genau voraus oder nicht. Kein Offizier hat irgendein Recht, sich in die Navigation einzumischen, jedoch wird er ohne Zweifel zu Rate gezogen werden. Auch wird keinem Geschäftsträger der Gesellschaft – Herrn Ismay zum Beispiel – erlaubt werden, dem Kapitän Anweisungen zu geben. Es gibt auch keine Hinweise, daß er es je versucht hätte. Die unumstößliche Tatsache, daß der Kapitän eines Schiffes solche absolute Autorität besitzt, verstärkt dessen Verantwortung ungeheuer.

Selbst wenn man annimmt, daß die White Star Line und Herr Ismay vor der Abfahrt den Kapitän gedrängt hätten, einen Geschwindigkeitsrekord aufzustellen – wieder eine Annahme – könnten sie nicht direkt verantwortlich gemacht werden für den Zusammenstoß. [Beesley verdrängt, daß es »feinere Formen« der Beeinflussung nachweislich gegeben hat. Sie betrafen nicht die absolute Geschwindigkeit, sondern eine publikumswirksame Ankunftszeit in New York.] Der Kapitän war für die Leben der einzelnen an Bord verpflichtet und niemand anders als er war dazu bestimmt, das Risiko abzuschätzen, die Geschwindigkeit festzulegen, wenn Eis voraus gemeldet wird. Solchermaßen betrachtet können seine Handlungen nicht durch vorsichtige Seemannschaft gerechtfertigt sein.

Aber die Frage nach der indirekten Verantwortung zieht sofort eine Reihe von weiteren Fragen nach sich, die, wie ich denke, einen großen Teil der persönlichen Verantwortung von Kapitän Smith für den Verlust seines Schiffes nehmen. Es wäre gut, wenn einige dieser Streitfragen berücksichtigt würden.

Zuerst lassen Sie uns einmal die Wahrscheinlichkeit abschätzen, daß so etwas überhaupt passiert – sich von dem Wissen befreiend, daß die *Titanic* den Eisberg traf und sank. Ein Eisberg ist klein und beansprucht wenig

Platz im Vergleich zum großen Ozean, in dem er schwimmt. Die Chancen eines anderen kleinen Objektes wie ein Schiff, mit ihm zusammenzustoßen und daraufhin zu sinken sind sehr klein; die Wahrscheinlichkeit ist tatsächlich nur 1 zu 1 000 000. Das ist keine aus der Luft gegriffene Annahme, das ist die echte Risikorate, wie sie von Versicherungsgesellschaften für einen Totalverlust bei einer Kollision mit einem Eisberg angenommen wird. Das Eintreten dieses »Eins-zu-einer-Millionen-Unfalls« war es, welches die *Titanic* versenkte!

Aber wenn Kapitän Smith allein das Risiko zu tragen hatte, so trug er auch die Schuld für das daraus folgende Unglück. Es sieht so aus, als wäre er damit nicht allein, denn das gleiche Risiko wird immer wieder von schnellen Post-Passagier-Schiffen getragen, bei Nebel und mit Eisbergen auf ihrem Kurs. Ihre Kapitäne haben das schwere Los immer wieder auf sich genommen − und jedesmal gewonnen; er machte es genauso − und verlor. Natürlich war die Chance, in jener Nacht einen Eisberg zu treffen, viel größer als 1 : 1 000 000, zudem wurde sie durch die außergewöhnliche südliche Position einer großen Anzahl von Eisbergen sowie Eisfeldern enorm vergrößert. Daran denkend, welches Panorama an Deck der *Carpathia* unsere Augen sahen, nachdem wir aufgenommen wurden − die große Anzahl von Eisbergen, soweit das Auge blickte −, erscheint die Möglichkeit, **keinen** von diesen in der Dunkelheit zu treffen, klein!

Je mehr man darüber nachdenkt, daß die *Carpathia* mit voller Fahrt in der Dunkelheit an diesen Eisbergen vorbeigekommen ist, je unerklärlicher scheint es tatsächlich zu sein. Sicher, der Kapitän hatte eine zusätzliche Ausguck-Wache postiert und jeder Sinn der Männer auf der Brücke war auf das äußerste geschärft, den kleinsten Schimmer von Gefahr zu entdecken, und außerdem fuhr er nicht so schnell wie die *Titanic* und hatte sein Schiff besser im Griff. Aber dieses alles zugestanden: er zeigte sich bereit, ein großes Risiko einzugehen, als er sich verbissen zwischen den bösen 200-Fuß-Monstern in dunkler Nacht durchschlängelte. Bedeutet das, daß das Risiko vielleicht gar nicht so groß war, wie es uns erschien; daß wir etwas unnormal empfanden, was als normales Risiko bei der Fahrt umgeben von Eisbergen hingenommen wird? Er hatte sein eigenes Schiff und seine Passagiere zu berücksichtigen, und er hatte nicht das Recht, ein allzu großes Risiko einzugehen.

Aber Kapitän Smith konnte nicht wissen, daß es so viele Eisberge geben würde − welche Warnungen er erhielt, ist noch nicht genau bekannt. Es gab wahrscheinlich drei −, aber es ist im höchsten Maße unwahrscheinlich, daß er wußte, daß andere Schiffe Eisberge in solchen Mengen gesichtet hatten, wie wir sie am Montagmorgen sahen, das ist tatsächlich undenkbar!

Er dachte ohne Zweifel, er würde das gewöhnliche Risiko eingehen, und es stellte sich heraus, daß es ein außergewöhnliches war. Wenn man einige Kritiken liest, scheint es so, als hätte er sein Schiff vorsätzlich, gegen jede Gewohnheit, durch das eisverseuchte Gebiet gehetzt, ein Verfahren, das niemand vor ihm je getan hatte, so daß er alle Präzedenzfälle gröblich verletzte, da er die Fahrt nicht herabsetzte. Aber es ist klar, daß sich das nicht so verhielt. Jeder Kapitän, der durch Nebel und Eisberggebiete mit voller Geschwindigkeit fährt, hat die gleiche Schuld zu tragen wie er, nur: sie kamen durch und er nicht. Andere Schiffe können noch schneller fahren als es die *Titanic* je vermochte, wenn jene vom Eis getroffen würden, wäre es noch schlimmer ausgegangen. Es darf nicht vergessen werden, daß die Kraft des Aufpralls mit dem Quadrat der Geschwindigkeit wächst. Zum Beispiel ist sie viermal so groß bei sechzehn Knoten wie bei acht, neunmal so groß bei vierundzwanzig, und so weiter. Und mit der knappen Zeitreserve, die man diesen Schiffen zubilligt, müssen sie fast die ganze Reise über mit voller Kraft laufen. Erinnern Sie sich an die Ankündigungen »Verlassen Sie New York am Mittwoch — und speisen Sie am folgenden Montag in London« — und das im regelmäßigen Turnus, wie nach einem Schnellzug-Fahrplan. Auch würden ihre Offiziere noch weniger in der Lage sein, einen Zusammenstoß zu vermeiden, als Murdoch auf der *Titanic*, weil sie den Eisberg in noch kürzerer Zeit erreicht hätten. Viele Passagiere können davon berichten, daß ein guter Teil ihrer Überquerung im Nebel verlief, manchmal sogar die ganze Strecke, und sie hatten am Ende der Reise kaum ein paar Stunden eingebüßt.

Wenn das die allgemeine Gewohnheit ist, ist das ein allgemeiner Mißstand, nicht die Schuld eines einzelnen Kapitäns. Das Verhalten wird im wesentlichen durch Forderungen bestimmt und diese zu erfüllen ist die entsprechende Antwort. Was die Passagiere erwarten, erfüllt die White Star Line, und so sind beide, Publikum und Reederei, betroffen von der Frage nach der indirekten Verantwortung.

Das Publikum verlangte Jahr um Jahr mehr, höhere Geschwindigkeit ebenso wie größere Bequemlichkeit, und den Kunden entgegenkommend, wurden die langsameren Schiffe aus dem Verkehr gezogen, und so entstand allmählich die jetzige Situation. Nicht, daß die Geschwindigkeit an sich eine gefährliche Sache ist, — es ist manchmal sicherer, schneller zu fahren als langsamer — aber wenn die Voraussetzungen für Schnelligkeit gegeben sind und es einen Anreiz durch ständige Publikumswünsche gibt, wächst die Möglichkeiten ihres Einsatzes. Wenn die Schiffsführung zunehmend davon beherrscht wird – meistens ohne Zweifel unbewußt – ist sie bereit, Risiken auf sich zu nehmen, die sie für ein kleineres Schiff nicht auf sich nehmen würde. Die Anforderungen, wie sie zum Beispiel an den Kapitän der *Californian*, die mit gestoppten Maschinen 19 Meilen entfernt beigedreht lag, gestellt wurden, sind unendlich andere als die, denen Kapitän Smith gewachsen sein mußte. Ein erfahrener Reisender erzählte mir an Bord der *Carpathia*, daß er oft nicht mit den – wie er meinte – »absurden« Vorsichtsmaßnahmen der Offiziere einverstanden war, wie zum Beispiel abzuwarten, weil sie damit seine Zeit verschwenden würden – die er für sehr wertvoll hielt. Aber nachdem er vom Verlust der *Titanic* hörte, erkannte er an, daß er, in bezug auf die Geschwindigkeit mit der sie fuhr, in gewissem Maße selbst Schuld hätte, und er würde nicht wieder so denken.

Er war einer derjenigen Reisenden, die andauernd verlangen, so schnell wie möglich an das Ziel ihrer Reise zu kommen und dann protestieren, wenn sie wahrscheinlich zu spät ankommen werden. Es gibt einige Geschäftsleute, für die fünf oder sechs Tage an Bord übermäßig lästig sind und reine Zeitverschwendung bedeuten. Nur wenn sie zum Ende der Reise eine Stunde eingespart haben, ist das von Wichtigkeit für sie. Auch wenn dieses Verlangen nicht immer bewußt vorgetragen wird, so ist es doch wirksam als unbewußte Forderung, auf höchstmögliche Geschwindigkeit des Schiffes zu drängen. Der Mensch, der grundlos eine schnelle Überfahrt verlangt, muß unzweifelhaft seinen Anteil an der Verantwortung übernehmen. Er erwartet, mit einer Geschwindigkeit übergesetzt zu werden, die ihn nach kaum mehr als vier Tagen zum anderen Ufer bringt; dabei vergißt er vielleicht, daß Kolumbus 90 Tage in einem 40-Tonnen-Schiffchen brauchte, und daß es gerade 50 Jahre her ist, als Raddampfer sechs Wochen benötigten.

Und die ganze Zeit über ist der Wunsch nach Schnelligkeit und der Anspruch auf Bequemlichkeit immer größer geworden. Die Reedereien bieten sie an, bis jetzt die Sicherheitsgrenze erreicht und ein übermäßiges Risiko eingegangen wurde – dessen Opfer die *Titanic* ist. Alle, die nach größerer Geschwindigkeit gerufen haben, müssen nun ihren Anteil an der Verantwortung tragen. Der Ausdruck eines solchen Verlangens, nämlich die Unzufriedenheit mit den sogenannten »langsamen« Reisen, ist die Saat in den Köpfen der Menschen, die zu dem Drängen nach höherer Geschwindigkeit führte. Wir haben es nicht so direkt verlangt, aber wir haben vielleicht darüber gesprochen und nachgedacht, und wir wissen, daß keine Tat ohne Gedanken beginnt.

Die White Star Line wurde von einigen Teilen der Presse scharf angegriffen, aber der größere Teil dieser Kritik scheint ungerechtfertigt zu sein und vom Verlangen geprägt, einen Sündenbock zu finden. Alles in allem hat sie mehr für die Passagiere der *Titanic* getan, als jede andere Gesellschaft: Sie ließen ein Schiff bauen, welches sie für ein »großes Rettungsboot« hielt, unsinkbar unter normalen Umständen. Jene, die an Bord gingen, waren davon überzeugt, auf einem sicheren Schiff zu sein (zusammen mit der *Olympic*): es war gegen die allgemeinen Windkräfte gefeit, gegen die Wellen und Zusammenstöße auf See und brauchte vor nichts zurückzuschrekken, außer, auf einen Felsen aufzulaufen, oder schlimmer, mit einem Eisberg zusammenzustoßen, wobei die Auswirkungen, soweit es die Beschädigungen angeht, genauso schlimm ausfallen wie mit einem Felsen. Allerdings ist die Gefahr größer, da der Felsen kartographiert ist, der Eisberg aber nicht. Jedoch, während die Theorie des unsinkbaren Schiffes zerstört wurde, ging zur gleichen Zeit auch das Schiff selbst unter. Wir sollten nicht vergessen, daß das einem nützlichen Zweck diente – es verhinderte sicherlich die Möglichkeit einer Panik, und diese hätte einen Ansturm auf die Boote ausgelöst und möglicherweise einige von ihnen versenkt. Ich wünsche mir nicht, mir nur für einen Augenblick vorzustellen, daß diese Dinge hätten passieren können. Je mehr Informationen den Leuten an Bord zugänglich waren, desto wundervoller erscheint die vollständige Selbstkontrolle aller, auch als die letzten Boote verschwunden waren und nichts als das steigende Wasser erkennbar war – nur eben, daß die allgemein akzeptierte Theorie diese Dinge weniger wahrscheinlich machte. Diese Theorie war tatsächlich eine Sicherheitsmaßnahme, nur basierte sie auf falschen Voraussetzungen.

Es gibt keinen Beweis, daß die White Star Line ihre Kapitäne anwies, die Schiffe schneller laufen zu lassen oder einen Rekord anzustreben*. Die Wahrscheinlichkeit spricht dagegen, daß man auf der ersten Reise einen derartigen Versuch unternehmen würde. Die allgemeinen Anweisungen für ihre Kapitäne legen die gegenteilige Interpretation nahe. Es ist besser, sie in voller Länge zu zitieren, so wie sie während der Sitzungen des US-Ausschusses an die Presse verteilt wurden.

---

* Für einen absoluten Rekord gegenüber dem viel stärkeren Cunard-Duo mag das zutreffen, für einen internen Vergleich mit dem eigenen Schwesterschiff gibt es Hinweise. Es hätte sich gut gemacht, wenn die *Titanic* auf ihrer Jungfernfahrt bereits schneller gewesen wäre als die *Olympic*.

»Instruktionen für die Kommandanten

Den Kommandierenden muß vollständig klar sein, daß die Herausgabe von Befehlen sie auf keinen Fall von der Verantwortung befreit, für eine sichere und wirksame Navigation des ihnen anvertrauten Schiffs zu sorgen, und sie werden auch nachdrücklich daran erinnert, daß sie kein Risiko eingehen sollten, welches unter irgendeiner Bedingung einen Unfall für ihr Schiff nach sich ziehen könnte. Es wird der Hoffnung Ausdruck verliehen, daß sie immer im Gedächtnis behalten sollten, daß die Sicherheit des Lebens und des Eigentums ihnen anvertraut ist, und daß dies das oberste Gebot ihrer Handlungen für die Navigation ihrer Schiffe darstellt, und daß kein mutmaßlicher Vorteil von Geschwindigkeit oder Zeitgewinn ihrer Reise einen Anhaltspunkt für ein Unfallrisiko bieten darf.

Kommandierende werden daran erinnert, daß die Dampfer zu einem großen Teil unversichert sind, und daß ihr eigenes Auskommen ebenso wie der Erfolg der Gesellschaft davon abhängt, Unfälle zu vermeiden. Keine Vorsichtsmaßnahme, die eine sichere Navigation garantiert, sollte vernachlässigt werden.«

Nichts kann klarer sein als diese Anweisungen, und wenn man sie beachtet hätte, wäre das Unglück nie passiert. Sie warnen Kapitäne vor dem einzig übrigbleibenden Punkt, von dem ihrem unsinkbaren Schiff Gefahr droht – das Fehlen von »Vorsichtsmaßnahmen, die eine sichere Navigation garantieren«.

Außerdem handelte die White Star Line voll und ganz gemäß den Anforderungen der britischen Regierung. Ihr Schiff wurde einer Untersuchung unterzogen, so streng, daß sie ein Ärgernis darstellte, wie ein Offizier als Zeuge bemerkte. Das Handelsministerium schickte die besten Experten, da es um die Gefahren, die mit dem Ozean-Verkehr verbunden sind, wußte; und es kannte die Vorsichtsmaßnahmen, die von den Kapitänen beachtet werden sollten. Wenn diese Vorsichtsmaßnahmen nicht greifen, wird es nötig sein, sie so umzugestalten, bis sie greifen werden. Keinem Führer eines motorgetriebenen Fahrzeugs ist es erlaubt, mit voller Geschwindigkeit in gefährlicher Art eine öffentliche Straße zu befahren, und es sollte auch für einen Kapitän ein Vergehen sein, wenn er dasselbe mit einem Schiff auf hoher See tut, mit ahnungslosen Passagieren an Bord. Sie haben ihr Leben der Regierung ihres Landes anvertraut und deren Gesetze sollten in der Mitte des Atlantiks ebenso wie auf der Oxford-Street oder dem Broadway berechtigten Schutz bieten. Die freie See sollte nicht länger als neutrale Zone betrachtet werden, wo es keine polizeilichen Rechte eines Landes gibt.

Natürlich werden Schwierigkeiten bei der Formulierung auf dem Weg zu internationalen Abmachungen auftreten, viele Regierungen müssen konsultiert werden und viele Schwierigkeiten, die unüberwindlich scheinen, müssen überwunden werden; aber das ist ein Grund, warum Regierungen gewählt werden. Das ist es, warum Experten und Minister von Regierungen ernannt und bezahlt werden: um Schwierigkeiten zu überwinden, für Menschen, die sie gewählt haben und erwarten – neben anderen Dingen –, daß sie ihre Leben schützen.

Die amerikanische Regierung muß den gleichen Anteil an der Verantwortung tragen: Es ist nutzlos, zu versuchen, sie nur dem britischen Handelsministerium anzulasten, weil die Schiffe in England gebaut und dort von britischen Stellen untersucht wurden. Sie transportieren eine große Anzahl von amerikanischen Bürgern und laufen amerikanische Häfen an. Es würde eine der leichtesten Angelegenheiten für die amerikanische Regierung bedeuten, das Einlaufen jedes Schiffes zu verhindern, welches sich nicht an die gesetzlich vorgeschriebene Geschwindigkeit unter Nebel- oder Eisbergbedingungen hält, wenn sie solche Gesetze hätte. Tatsache ist, daß die amerikanische Nation praktisch keine eigene [Passagier-]Handelsflotte besitzt, und in der Zeit eines Unglücks wie diesem vergißt sie vielleicht, daß sie genau das gleiche Recht hat – und somit auch die gleiche Verantwortung – so zu inspizieren wie die britische Regierung es tut, und Gesetze zu erlassen, die leicht durchzusetzen sind, wenn man das Einlaufen verweigert.

Die Vorschriften über eine Geschwindigkeit in gefährlichen Zonen könnten gut von einer internationalen Flotte von Überwachungsschiffen wahrgenommen werden, die das Recht haben, Schiffe nötigenfalls anzuhalten, die für schuldig befunden werden, zu schnell gefahren zu sein. Außerdem sollten diese Schiffe die Pflicht übertragen bekommen, andere Schiffe vor der ausgemachten Position von Eisbergen zu warnen. Es wird natürlich nicht möglich oder ratsam sein, eine »Geschwindigkeitsbegrenzung« festzulegen, weil die Lage der Eisbergregionen sich mit der Südverlagerung laufend ändert und mit dem Abschmelzen der Eisberge ihr Gefahrenpotential. Die ganze Frage kann eigentlich nur von einem Kapitän an Ort und Stelle entschieden werden, aber man kann es so einrichten, daß es ein Vergehen gegen Gesetze bedeutet, eine bestimmte Geschwindigkeit in bekannten Gefahrengebieten zu überschreiten.

Soviel zu der Frage nach der Geschwindigkeitsregulierung auf hoher See. Die untergeordnete Frage nach den Rettungsgeräten wird vom gleichen Prinzip bestimmt, denn es ist in letzter Konsequenz nicht der Kapitän, nicht der Passagier, nicht der Schiffbauer und Eigner, sondern die Regierung durch ihre Experten, welche für das Vorhandensein von Rettungsmitteln verantwortlich zu machen ist.

Moralisch sind natürlich die Eigner und Schiffbauer verantwortlich, aber zur Zeit [!] ist diese moralische Verantwortung nur ein schwacher Antrieb für die menschlichen Angelegenheiten! Das ist der erbärmliche Teil des ganzen elenden Geschäfts – Eigner zu veranlassen, jede mögliche Vorsorge für die Leben unter ihrer Verantwortung zu treffen, namentlich die menschliche Sicherheit so weit über jede andere Erwägung zu stellen, daß keine Möglichkeit ausgelassen und jedes Gerät geprüft wird, welches Passagieren erlaubt, ein sinkendes Schiff zu verlassen. Aber es ist nicht richtig zu sagen, wie es zeitweise behauptet wurde, daß es die gierige und profitsüchtige Politik der Dampfer-Reedereien sei, die keine Vorsorge für Sicherheitseinrichtungen zuläßt; diese Dinge sind für sich betrachtet nicht so kostspielig. Sie wetteifern mit anderen Argumenten, um ihre Gesellschaft attraktiver zu machen, wie Geschwindigkeit, Größe und Bequemlichkeit, und sie tun das zu recht, denn solche Anpassungen sind das Ergebnis des Wettbewerbs zwischen kommerziellen Unternehmen.

Wo sie alle moralisch verfehlt gehandelt haben ist, daß sie ihren Passagieren nicht die Gunst erwiesen haben, daß ihrem Leben mehr Interesse eingeräumt wurde. Sie stehen damit nicht allein: Tausende anderer Menschen haben das gleiche getan und tun es noch – in Fabrikhallen, in Geschäften, in Minen; dort mischt sich die Regierung nicht ein und sorgt nicht für Sicherheitsvorkehrungen. Das ist ein Fehler im heutigen menschlichen Leben – Gedankenlosigkeit für das Wohlergehen unserer Mitmenschen – und wir sind alle in gewissem Grade schuldig. Es ist eine Torheit des Publikums, jetzt aufzustehen und die Dampfschiffs-Reedereien zu verdammen: ihre Fehler sind die allgemeinen Fehler der Unmoral und Gleichgültigkeit.

Das Gegenmittel ist ein Gesetz, und es ist das einzige Gegenmittel zur Zeit, das wirklich etwas bewirkt. Das britische Gesetz für diesen Fall stammt von 1894 und verlangt nur 20 Boote für ein Schiff der Größe der *Titanic*. Die Eigner und Schiffbauer haben dieses Gesetz erfüllt und damit ihre gesetzmäßige Verantwortung. Verschärft man diese Anforderungen, werden sie auch diese erfüllen – und die Angelegenheit ist erledigt, sobald die Geräte installiert sind. Es sollte vielleicht erwähnt werden, daß innerhalb von 10 Jahren [also etwa ab 1900] nur 9 Passagiere auf britischen Schiffen umkamen, das Gesetz scheint tatsächlich ausreichend gewesen zu sein.

Die Position der amerikanischen Regierung ist noch schlechter als die der britischen Regierung. Ihre Vorschriften verlangen mehr als die doppelte Bootsausstattung [42 für 2 367 Personen] gegenüber den britischen, und trotzdem erlaubten sie Hunderttausenden, ihre Häfen mit Schiffen anzulaufen, die den eigenen Gesetzen nicht genügen. Wenn ihre Regierung nicht auch wegen derselben Gleichgültigkeit schuldig sein will, hätten sie Passagieren auf beliebigen britischen Schiffen, deren Bootsausrüstung unvollständig war, nicht befördern lassen dürfen – wieder ein einfacher

Grund, um das Anlaufen zu verweigern*. Die Antwort der britischen Regierung gegenüber dem Senats-Ausschuß, der das Handelsministerium »... ungenügender Anforderungen und unzureichender Inspektionen« beschuldigte, könnte dann lauten: »Ihr habt auch ein Gesetz, seht selbst darin nach!« [Hafenstaat-Kontrolle = Recht des Staates des angelaufenen Hafens, die Einhaltung verbindlicher Standards zu überprüfen, ggf. Sanktionen zu verhängen.]

> ... der schwarze Peter wurde hinüber und herüber geschoben. Selbsternannte Experten und die Presse waren auf beiden Seiten des Atlantiks daran beteiligt, insbesondere, als die britische Untersuchung (2. Mai bis 3. Juli) zu teilweise anderen Schlußfolgerungen kam. Aber das war Beesley noch nicht bekannt, er reflektiert zum Zeitpunkt seines Buches genau den Stand der Diskussion mit dem Tenor: einerseits fehlen wirksame Gesetze, andererseits ist kaum etwas passiert in den letzten Jahren ...

Es wird nun gut sein, die verschiedenen Einrichtungen vorzustellen, welche für die Sicherheit von Passagieren und Besatzungsmitgliedern sorgen sollen. Dabei sollte daran erinnert werden, daß der Durchschnittspassagier das gleiche Recht hat, diese Dinge zu betrachten, denn sie sind bei weitem technisch nicht so kompliziert, daß sie jemand mit normaler Intelligenz vom Verstehen ihrer Konstruktion abhielten. Sie werden im weitesten Sinne behandelt, zunächst:

Schotten und wasserdichte Abteilungen

Es ist unmöglich, an dieser Stelle zu versuchen, eine Abhandlung über genaue Konstruktionseinzelheiten dieser Schiffsteile zu geben, aber in der Absicht, die Bedeutung der Schotten begreiflich zu machen, nehmen wir die *Titanic* als Beispiel. Sie wurde in 16 Abteilungen durch 15 stählerne Querwände eingeteilt, Schotten genannt. Wenn ein Leck in einer dieser Abteilungen auftritt, schließen wasserdichte Türen die einzigen Restöffnungen in der Abteilung und trennen diese beschädigten vom Rest des Schiffes, und das Schiff kann das rettende Land erreichen. Es sind schon Schiffe nach einer Kollision in einen nahe liegenden Hafen eingelaufen, die nach einer Untersuchung nur eine wassergefüllte Abteilung ohne andere Schäden aufwiesen. Später verließen sie den Hafen wieder zur Fahrt zum Heimathafen ohne Unannehmlichkeiten, wie das Ausbooten von Passagieren und umfangreiche Reparaturen.

---

* Das Problem der Zuständigkeiten war wesentlich komplexer: die White-Star-Reederei gehörte zum Beispiel dem amerikanischen Trust IMM, International Mercantile Marine.

Die Ausführung der Schotten der *Titanic* verdient besondere Aufmerksamkeit. Ein ausgezeichneter Artikel in der Zeitschrift »Sientific American« lenkte dieselbe auf folgende Schwachpunkte, die sich aus einem Vergeich der Sicherheit von wasserdichten Abteilungen ergaben (der Typ der *Titanic* und anderer) – betrachtet vom Standpunkt eines möglichen Zusammenstoßes mit einem Eisberg. Die *Titanic* hatte keine Längsschotten, die sie in kleinere Abschnitte unterteilt und verhindert hätte, daß das Wasser die große Abteilung überschwemmte. Wahrscheinlich war aber die Länge einer Abteilung auf jeden Fall zu groß – 53 Fuß [gut 16 Meter].

Die *Mauretania* war andererseits zusätzlich zu den Querschotten mit Längsschotten ausgestattet [Torpedo-Schutz-Schotten, eins an jeder Bordwand im Abstand von etwa 4,5 Metern], und der Raum zwischen ihnen und der Bordwand wurde als Kohlebunker benutzt. Außerdem reichen alle Schotten der *Mauretania* bis zum Hauptdeck, während sie im Falle der *Titanic* teilweise nur bis zum Salondeck, manchmal sogar nur bis zu einem tieferen Deck gezogen waren [innerhalb des Rumpfes, vom Boden aus gerechnet fünf durchgehende Etagen (excl. Kessel- und Maschinenraum: Unter-, Mittel-, Ober-, Salon-, Schutzdeck; siehe Seitenriß Seite 14/15] – der Schwachpunkt ist, daß, wenn das Wasser die Oberkante eines Schotts erreicht, es darüber fließt und die nächste Abteilung überschwemmt. Die britische Admiralität, welche die *Mauretania* und *Lusitania* subventionierte, um sie im Kriegsfall als schnelle Hilfskreuzer einzusetzen, bestand auf dieser Art der Konstruktion, und sie wird als erheblich besser angesehen, als die in der *Titanic* eingebaute.

... beim U-Boot-Angriff am 7. Mai 1915 nützt der Torpedoschutz jener Längsschotten der *Lusitania* nichts; eine schnell folgende zweite Explosion besiegelt ihr Schicksal innerhalb von 20 Minuten in der Irischen See. Warum hielten die Schotten der *Lusitania* nicht, was sich die Konstrukteure von ihnen versprachen? Marine-Experten halten den Torpedoeinschlag von *U 20* eher für einen Zufallstreffer, der dem Schiff nur wenig Schaden zugefügt hätte und für sich betrachtet nicht zu seinem Sinken geführt hätte. Läßt man nur die technischen Fakten gelten, könnten die Fachleute eigentlich zufrieden sein. Warum sank das Schiff trotzdem? Ballard geht in seinem Buch allen möglichen Theorien nach und hält abschließend eine Kohlenstaubexplosion für wahrscheinlich. Diese war als zweite, viel heftigere Detonation verantwortlich für ein wesentlich größeres Loch im vorderen Rumpfbereich. Dort gab es keine Seitenschotten. Der immense Wassereinbruch, durch die Geschwindigkeit des Schiffes noch verstärkt, hätte durch keine noch so ausgeklügelte Schottenkonstruktion verhindert werden können.

Der Autor des Artikels ist der Meinung, daß es möglich sei, daß diese Schiffe [*Mauretania* und *Lusitania*] bei einer vergleichbaren Kollision nicht gesunken wären. Aber als das ideale Schiff in bezug auf die Schotten-Konstruktion betrachtet er die *Great Eastern*, konstruiert vor vielen Jahren vom genialen Ingenieur Brunel. Ihr System der Abschnitte, geteilt und unterteilt von vielen Quer- und Längsschotten, war so vollkommen, daß sie trotz eines Lecks von 80 Fuß Länge [gut 24 Meter] an ihrer Seite, verursacht durch das Streifen eines Felsens, ihren Hafen sicher erreichte. Unglücklicherweise waren das Gewicht und die Kosten dieser Bauart so groß, daß dieses Verfahren hinterher nicht mehr angewendet wurde.

... das Unglück, auf das sich Beesley hier bezieht, traf die *Great Eastern* 1862 auf der Fahrt nach New York. Vier Jahre zuvor war sie — nach vier Jahren Bauzeit — unter großen Mühen in Millwall an der Themse vom Stapel gelaufen und hatte wegen vieler Probleme bereits die erste Firma ruiniert. Sie war technisch ihrer Zeit um mindestens 50 Jahre voraus, u.a. mit kompletter Doppelhülle, und etwa sechsmal größer als alle anderen Schiffe aus der Mitte des 19. Jahrhunderts: Vermessung 18 915 BRT, Länge 207 m, Breite ca. 25 m, Rumpf-Höhe 14,7 m, Kohle-Vorrat über 12 000 t, Frachträume für 6 000 t, Platz für 4 000 Passagiere, Besatzung etwa 500, 20 Rettungsboote — eine Geschichte für ein eigenes Buch. Trotz allem, die *Great Eastern* blieb wirtschaftlich unrentabel, da sie nicht auf ihrer ursprünglich geplanten Route nach Indien/ Australien zum Einsatz kam und auf dem Nordatlantik nie genug zahlende Passagiere an sich binden konnte. Nur als Kabelleger kamen ihre Vorteile voll zur Geltung: fünf Transatlantik-Kabel und eins von Suez nach Bombay brachte sie zu Wasser. Nach einem unrühmlichen Gastspiel als Jahrmarktsattraktion wurde sie ab 1889 verschrottet — und brachte der Verwertungsgesellschaft reichen Gewinn, denn das Material war von höchster Güte ...

Aber man sollte nicht behaupten, daß die Konstruktion der *Titanic* ein ernsthafter Fehler von seiten der White Star Line oder der Bauwerft wäre, aufgrund der Tatsache, daß die Schotten nicht so gut konstruiert waren wie bei der *Lusitania* und *Mauretania*, die unter den Kriegsschiff-Auflagen der britischen Admiralität entstanden waren — ein außerordentliches Risiko berücksichtigend, welches sonst von keiner anderen Werft bei der Auslegung eines Passagierschiffes eingeplant wird. Es wird nachdrücklich ins Gedächtnis gerufen, daß die *Titanic* ungewöhnliche Bedingungen in der Nacht der Kollision antraf, sie war unter normalen Umständen wahrscheinlich ein sicheres Schiff. Ein Zusammenstoß mit einem Eisberg ist kein normales Risiko, aber das Unglück wird wahrscheinlich dafür sorgen, daß die gesamte Konstruktion von Schotten und Abteilungen zugunsten des *Great Eastern*-Typs geändert wird, damit auch das »Eins-zu-einer-Million-Eisberg«-Risiko eines Verlustes abgedeckt wird.

Olympic und die im Bau befindliche *Britannic*, mit einer Vermessung von 48 168 BRT das größte Schiff des Trios, wurden nach dem *Titanic*-Unfall umgebaut und erhielten z. B. höhere Querschotten. Als die *Britannic* 1916 in der Ägäis auf eine Mine lief, sank sie dennoch innerhalb einer Stunde, weil der Schließmechanismus der Schotten versagte.

An dieser Stelle tritt die Frage nach den steigenden Herstellungskosten auf, und außerdem der große Verlust an Ladungsraum, der die geldbringende Nutzkapazität einschränkt, was ein Ansteigen des Passagepreises bedeuten würde. Dieses muß dem reisenden Publikum klar sein und unzweifelhaft wird es für die Gewißheit in Kauf genommen werden, die auch die Passagiere an Deck der *Titanic* vertrauensseelig in der Nacht des Zusammenstoßes für sich in Anspruch nahmen »... wir sind auf einem unsinkbaren Schiff«.

Es muß schließlich die Lösung des Problems darin bestehen, die Sicherheit auf See am besten zu garantieren. Andere Sicherheitsvorrichtungen sind hilfreich und nötig, aber unter verschiedenen Wetterbedingungen nicht immer brauchbar. Das Schiff selbst sollte immer das »sichere Gerät« sein, wirklich vertrauenswürdig; und nichts darf unversucht gelassen werden, dieses sicherzustellen [siehe letztes Kapitel].

Die Geschichte der Schottenbauweise der *Titanic* ist im Detail sehr interessant, widerlegt sie doch manche Experten, die wie Beesley von ihrem hohen Standard überzeugt waren. Als 1907 die Pläne der »Olympischen« Klasse Gestalt annahmen, tat die Werft das mindeste, aber nicht das beste für die Rumpfkonstruktion. Die Ingenieure griffen ganz legal auf Vorschläge von 1891 (!) zurück und bauten 15 Querschotten unter der Maßgabe ein, daß das Schiff bei zwei (vorn drei) gefluteten Abteilungen noch schwimmfähig bleiben sollte. Jene Annahmen basierten auf Zerstörungen, die durch die Kollision von Schiffen untereinander verursacht werden können. Die damals theoretisch bestimmte Sinksicherheit beschreibt exakt die relative Unsinkbarkeit der *Titanic*; daß das Schiff absolut untergehen konnte, war jedem Fachmann klar. Journalisten interpretierten »relativ« als »praktisch« und legten damit den Grundstein zu der falschen Aussage »... die *Titanic* kann nicht untergehen«. Die White Star Line sah keinen Grund, dieses Mißverständis aufzuklären. Während der britischen Untersuchung rügte ein Vertreter der Klassifikationsgesellschaft Lloyd's, daß im Jahre 1909 strengere Bauvorschriften in Kraft getreten waren. Diese Kritik konnte leicht angebracht werden, denn Lloyd's hatte die *Titanic* gar nicht abgenommen, sondern das Handelsministerium. Zusammenfassend läßt sich sagen, daß ihre Schottenkonstruktion nicht dem letzten Stand der Erkenntnisse entsprach und durch einige konstruktive Eingriffe zusätzlich geschwächt war. Das war allerdings nur wenigen Spezialisten bekannt und inwieweit diese Dinge den Untergang tatsächlich beeinflußt haben, muß dahingestellt bleiben.

Apparate für drahtlosen Verkehr und Funkoperateure

Die Reichweite der Geräte sollte vergrößert werden, aber ein prinzipieller Nachteil ist das Fehlen eines Funkers für den Nachtdienst auf einigen Schiffen. Die schreckliche Tatsache, daß die *Californian* in ein paar Meilen Entfernung lag, in der Lage, jede Seele an Bord zu retten und doch nicht die Meldung erhielt, weil der Funker schlief, ist zu entsetzlich. Auch auf der *Carpathia* war der Zeitpunkt gekommen, an dem der Operator sich zurückziehen wollte, als die Meldung einlief; und wir hätten viel länger auf dem Wasser treiben müssen – vielleicht mit einigen untergegangenen Booten – wenn er die Meldung nicht aufgenommen hätte. Es wurde angeregt, daß Offiziere eine Einweisung in die Bedienung der drahtlosen Telegraphie erhalten sollten, und das ist ohne Zweifel eine gute Vorkehrung. Es würde ihnen ermöglichen, die Arbeit der Funker besser zu beaufsichtigen und augenscheinlich scheint das eine Notwendigkeit zu sein. Der Austausch lebenswichtiger Mitteilungen zwischen einem sinkenden Schiff und herankommenden Rettern sollte unter der Kontrolle eines erfahrenen Offiziers stattfinden.

Um nur ein Beispiel zu nennen: Bride bestätigte, daß er der *Birma* die »CQD«-Meldung* und die Position angab und er eine Antwort erhielt, dann trat er in Verbindung mit der *Carpathia* – und während er korrespondierte, wurde er von der *Birma* unterbrochen, die fragte, was denn los sei. Ohne Zweifel war es die Pflicht der *Birma*, ohne Zwischenfragen sofort loszufahren, aber die Antwort der *Titanic*, den Funker der *Birma* anweisend, kein Dummkopf zu sein, der dazwischenfunkt, scheint eine unnütze Verschwendung von kostbaren Augenblicken zu sein. [Beesley verwechselt an dieser Stelle die *Birma* mit der *Frankfurt* des Norddeutschen Lloyd, dessen Funker sich etwas reserviert verhielt.] – Die Antwort: »wir sinken« würde nicht länger gedauert haben, besonders dann, wenn sie [die Funker] nach ihrer eigenen Schätzung der Signalstärke dachten, die *Birma* sei das nähere Schiff [was sie nicht war]. Es ist gut, darauf hinzuweisen, daß auf einigen großen Schiffen bereits eine Gruppe von drei Funkern fährt.

---

* Nebenbei, Herr Marconi bestätigte, daß CQD zugunsten SOS aufgegeben wurde. [Fußnote von Beesley]

Unterwasser-Signalapparate

Es gibt Bedingungen, unter denen drahtlose Geräte als schnelles Mittel der Lebensrettung auf See nutzlos sind.

Einer der Nachteile ist der Umstand, daß Schiffe, deren Maschinen gestoppt sind, mit dem gegenwärtig installierten System keine Meldungen mehr aussenden können. Es soll daran erinnert werden, daß die Signale der *Titanic* allmählich schwächer wurden und zum Schluß abbrachen, als die Maschinen aufhörten zu laufen [gemeint sind die Generatoren ganz hinten, die mit dem Restdampf noch betrieben wurden].

Noch einmal, im Nebel − und die meisten Unfälle passieren im Nebel − wenn der drahtlose Funk vom Unfall berichtet, erlaubt er anderen Schiffen doch nicht, sie nahe genug aneinander heranzuführen, um ihre Passagiere sofort zu übernehmen. Es ist zur Zeit noch keine Methode bekannt, wie man über die drahtlose Telegraphie die Richtung der Meldung bestimmen kann. Wenn das Schiff sich für einen längeren Zeitraum im Nebel befindet, ist es noch schwieriger, die genaue Position einem hilfebringenden Schiff mitzuteilen.

Nichts kann die beiden Punkte besser beschreiben als die Geschichte, in der die *Baltic* die *Republic* im Jahre 1909 fand, die in dichtem Nebel abseits des Nantucket-Feuerschiffes herumtrieb, hilflos nach einer Kollision mit der *Florida*. Die *Baltic* empfing einen drahtlosen Funkspruch, der den Zustand der *Republic* beschrieb und die Information enthielt, daß sie Kontakt mit einer Unterwasser-Glocke von [der Insel] Nantucket hatte, die sie hören konnte. Die *Baltic* drehte um und fuhr zu der Position im Nebel, nahm das Unterwasser-Glocken-Signal von Nantucket auf und begann, nahe dieser Position nach der *Republic* zu suchen. Sie brauchte dafür 12 Stunden, um das beschädigte Schiff zu finden, hin- und herfahrend in einem Kreis, in dessen Umfeld die *Republic* vermutlich liegen würde. In rauher See wäre es zweifelhaft, ob die *Republic* lange genug schwimmfähig geblieben wäre, bis die *Baltic* sie fand und alle Passagiere abholen konnte.

Einige Zusatzinformationen zu diesem Unglück, bei dem der erste Funk-Notruf abgesetzt wurde. Die *Republic* (15 378 BRT) gehörte ebenso wie die *Baltic* zur White-Star-Flotte und war mit etwa 800 Menschen auf dem Weg zum Mittelmeer, als sie morgens am 23. Januar von der italienischen *Florida*, auf dem Weg nach New York, mittschiffs gerammt wurde und mit Schlagseite und überflutetem Maschinenraum abtrieb. Funker Binns setzte in der Finsternis mit Hilfe einer Notbatterie einen CQD-Spruch ab, der u. a. von der 64 Meilen entfernten *Baltic* gehört wurde und die nach langer Suche abends die *Republic* erreichte. Zwischendurch waren deren Passagiere und ein Großteil der Besatzung von der am Bug beschädigten *Florida* übernommen worden, die sie dann an die *Baltic* übergab, welche alle wohlbehalten nach New York brachte. Verluste: 8 Passagiere starben bei der Kollision, die *Republic* sank beim Abschleppen. Funker Binns und der Kapitän wurden gefeiert ...

Nun zu den beiden Gelegenheiten, bei denen die drahtlose Telegraphie als unzuverlässig empfunden, die Nützlichkeit von Unterwasser-Glocken aber offensichtlich wird. Die *Baltic* hätte im dichten Nebel die *Republic* unfehlbar finden können, wenn letztere mit einer Unterwasser-Notglocke ausgerüstet wäre. Es ist vielleicht ganz gut, sich einige Zeit zu nehmen, um die Wirkungsweise der Unterwasser-Signal-Vorrichtung zu beschreiben, und zu verstehen, warum man dieses Ergebnis erwarten kann. Zwölf angstvolle Stunden in dichtem Nebel auf einem Schiff, das derart angeschlagen war, daß es später sank, ist eine Erfahrung, die jedes bekannte Mittel menschlichen Geistes zu dessen Verhinderung aktivieren sollte.

Dem Unterwasser-Signalwesen wurde nie die allgemeine Aufmerksamkeit gewidmet wie der drahtlosen Telegraphie, weil es nicht so populär war. Daß es eine absolute Notwendigkeit für jedes Passagierschiff – ebenso jedes andere Schiff – wäre, steht außer Frage. Es stellt eine zusätzliche Sicherheitsvorkehrung dar, auf die kein Schiff verzichten sollte.

Es gibt viele Gelegenheiten, bei denen die Atmosphäre als Übertragungsmedium für Meldungen kläglich versagt. Auch wenn sich Nebel ausbreitet, was manchmal nur Augenblicke beansprucht, fahren Hunderte von Schiffen auf Routen in unserem Küstenbereich. Sie laufen auf Strecken, die bei klarem Wetter leicht, aber bei Nebel schwer zu finden sind. Hunderte von Leuchttürmen und Feuerschiffen, die ein Vermögen gekostet haben, helfen ihnen nicht als Warnbaken, denn sie sind dann für den praktischen Gebrauch der Navigierenden nutzlos, so als wären sie nie gebaut worden. Sie sind nun genauso hilflos, als wären sie zurückgeworfen in die Zeit vor 1514, als dem Trinity House [erste engl. Schiffahrtsbehörde in London] von Heinrich dem VIII. ein Freibrief gewährt wurde »... zur Erleichterung ... der Schiffahrt in diesem Königreich von England ...« und begann, ein System von Leuchtfeuern an den Küsten einzurichten, welche die gegenwärtige Kette von Leuchttürmen und Feuerschiffen zum Ergebnis hat.

Auch das Nebelhorn ist nicht viel besser: Das Auftreten von unterschiedlicher Schichtung von Nebel und Luft und deren verschiedene Dichte, die zu Spiegelungen und Brechungen des Geräusches führt, bewahrt die Luft davor, ein brauchbares Medium zum Tragen des Schalls zu sein. Nun, das Unterwasser-Signalwesen hat keinen dieser Fehler, weil das Medium Wasser nicht so verschiedene Bedingungen wie die Luft annimmt. Seine Dichte ist fast ohne Veränderung und der Schall breitet sich mit einer Rate von 4 400 Fuß pro Sekunde aus, ohne Abweichung und Reflexion [etwa 1 435 m/s in Salzwasser].

... Beesley konnte noch nichts von den Schwierigkeiten ahnen, die bei der praktischen Umsetzung der aktiven Unterwasserschall-Ortung auftreten werden. In den zwanziger Jahren war die Technik so weit fortgeschritten, daß die ersten

Echolotgeräte entwickelt wurden — und man merkte sehr bald, daß auch im Wasser relativ große Dichteunterschiede vorkamen (bedingt z.B. durch Temperatur- oder Salzgehaltssprünge), was die Handhabung des Systems erschwerte. Hier aber geht es zunächst um die Beschreibung eines bereits installierten passiven Geräuschsystems in den Küstengewässern als Navigationshilfe ...

Die Apparatur besteht aus einer Glocke, die so eingerichtet ist, daß sie entweder von einem Feuerschiff aus pneumatisch ausgelöst wird, oder elektrisch von der Küste aus (die Glocke selbst ist als Dreibein auf dem Meeresgrund verankert); oder automatisch von einer schwimmenden Schall-Boje, oder von Hand von einem Schiff oder Boot. Der Schall pflanzt sich in alle Richtungen gleichmäßig fort, wie Wellen in einem Teich, und trifft vielleicht auf die Seite eines Schiffes. Der Empfangsapparat ist innerhalb des Schiffsrumpfes angebracht und besteht aus einem kleinen eisernen Tank, 16 Zoll im Quadrat und 18 Zoll tief [etwa 41 mal 46 cm]. Die offene Frontseite des Tanks endet an der eisernen Rumpfhülle des Schiffes und ist mit Wasser gefüllt, verbunden mit einem Rahmen, der mit einem Gummiüberzug gegen die Schiffswand abgedichtet wurde [z.B. wegen schiffseigener Schwingungen]. Auf diese Weise wird die Schiffswand einerseits von Seewasser und andererseits von Wasser im Tank umspült. Vibrationen der Glocke, die in einiger Entfernung läutet, treffen den eisernen Rumpf, dringen hindurch und treffen auf zwei Mikrophone, die im Tank hängen [gegenseitiger Ersatz]. Diese Mikrophone übertragen den Schall über Leitungen in den Kartenraum, wo Telephone die Meldung an den Offizier vom Dienst übermitteln.

Es gibt zwei von diesen Tanks oder »Empfänger« an den Schiffsseiten, einer an Backbord- und einer an Steuerbordseite, nahe dem Bug und so weit unter der Wasserlinie wie möglich. Die Richtung, aus welcher der Schall kommt, kann abgeschätzt werden, indem man zwischen den Mikrophonen in den Backbord- und Steuerbordtanks hin- und herschaltet. Wenn die Intensität auf dieser Seite größer scheint als backbords, liegt die Schallquelle zu ihr gewandt, und umgekehrt auf der Steuerbordseite.

Das Schiff wird so lange gedreht, bis der Schall mit der gleichen Lautstärke von beiden Empfängern zu hören ist, dann ist die Glocke genau voraus. Das funktioniert in der Praxis so genau, daß ein geübter Operateur sein Schiff danach steuern kann, in dichtem Nebel, direkt auf ein Feuerschiff zu oder zu jedem anderen Punkt, an dem eine Unterwasserglocke seine Warnungen durch die See sendet. Es muß wiederholt werden, daß das Medium für die Übertragung dieser Signale ein konstantes ist, verwendbar ohne jede Einschränkung oder Änderung, verursacht durch die Atmosphäre oder den Äther [altes physikalisches Weltbild] als Medium für die Übertragung von Licht, Tönen von Nebelhörnern und drahtlosen Schwingungen.

Heute geht die Hauptnutzung für das Unterwasser-Signalwesen für Schiffe in See von Küsten oder Feuerschiffen aus; mit anderen Worten, Schiffe tragen nur die Empfangsapparate und nur Leuchttürme und Feuerschiffe benutzen die Sendeeinrichtungen. Einige der Leuchttürme und Feuerschiffe an unseren Küsten sind bereits mit Unterwasser-Glocken ausgestattet, zusätzlich zu ihren Leuchteinrichtungen, und bei schlechtem Wetter senden die Glocken ihre Meldungen aus, um Schiffe vor der Annäherung an Gefahrenpunkte zu warnen. Diese Einrichtung ermöglicht es Schiffen, dem Klang der Glocken entlang der Küste zu folgen und in dichtem Nebel so zu fahren wie bei Tageslicht. Einkommende Passagierdampfer sind nicht gezwungen, im Nebel herumzuschweifen, blind ihren Weg zum Hafen ertastend. Wenn man einen Kode von Signalen hätte und die Stärke beurteilen könnte, wäre es möglich, ziemlich genau zu sagen, wo sich das Schiff in Relation zur Küste oder eines Feuerschiffes befindet.

Der Bericht der britischen Admiralität aus dem Jahr 1906 führt aus: »Wenn die Feuerschiffe an der Küste mit Unterwasser-Glocken ausgerüstet wären, würde es möglich sein, Schiffe, die mit Empfangsapparaten bestückt sind, bei Nebel mit der gleichen Sicherheit zu navigieren wie bei klarem Wetter.« Und die folgende Antwort eines Kapitäns im Küstenschutzdienst ist einleuchtend. Er wurde nach Einsparungsmöglichkeiten durch Abschaffung der Unterwasser-Glocken befragt, aber erwiderte: »Ich würde eher den Funkdienst einstellen. Der ermöglicht mir, anderen Leuten mitzuteilen, wo ich bin. Die Unterwasser-Signale ermöglichen mir, herauszufinden, wo ich selbst stehe.«

Die Reichweite dieser Geräte ist nicht so groß, wie die der drahtlosen Telegraphie, etwa 10 bis 15 Meilen [16 bis 24 km] für große Schiffe (auch wurde von Entfernungen von 20 bis 30 Meilen berichtet [32 bis 48 km]) und zwischen 3 und 8 Meilen für kleine Schiffe [5 bis 13 km].

Zur Zeit sind Empfangsapparate nur auf etwa 650 Dampfern der Handelsmarine installiert, meist auf den die erste Klasse führenden Passagierschiffen. Es ist keine Frage, daß sie auf allen Schiffen über 1 000 Brutto-Registertonnen eingebaut werden sollten, ebenso wie die Apparate für die drahtlose Telegraphie. Genauso wichtig wäre die Bereitstellung von Signalsendern an Bord von Schiffen. Es ist unverkennbar notwendig, ein Signal auch auszusenden, nicht nur zu empfangen, aber zur Zeit ist die Ausstahlung von Schiffen aus noch nicht vollständig gelöst. Die Entwicklung von Signalübermittlern, die auch während der Fahrt des Schiffes betrieben werden können, steckt noch im Experimentier-Stadium. Aber wenn es still liegt, kann eine Glocke über seine Bordwand herabgelassen werden. Sie würde durch Handarbeit in Betrieb gesetzt werden, ähnlich jenen, die von Leuchttürmen verwendet werden, mit genau der gleichen Wirkung. Aber Schnelldampfer sind nicht damit ausgerüstet (dabei kosten sie nur 60 £ Sterling).

Wie schon erwähnt: zusätzlich ausgestattet mit dem 60 £ teuren Utensil an Bord der *Republic*, hätte die *Baltic* den Glockenschlag aufnehmen und sie direkt ansteuern können, genauso, wie beide die Glocke von Nantucket hörten. Noch einmal, wenn die *Titanic* mit einer Glocke ausgerüstet worden wäre und die *Californian* mit einer Empfangsapparatur — weder das eine noch das andere war der Fall —, hätte der Offizier auf der Brücke die Signale über das Telephon ganz in der Nähe gehört.

... auch an der deutschen Küste wurden Unterwasser-Glocken von Bord der Feuerschiffe betrieben, die Empfangsapparate fanden aber auch hierzulande nicht die Verbreitung, die Sicherheitsexperten sich wünschten. Mit der Entwicklung anderer Navigationshilfen verloren sie ihre Bedeutung ganz.

Eine kleinere Ausführung für die Verwendung in Rettungsbooten ist in Vorbereitung, deren Empfang über etwa 5 Meilen möglich sein soll. Wenn wir eine dieser Glocken über die Bordwand der Rettungsboote in jener Nacht gehängt hätten, wären wir frei von der Angst gewesen, überrannt zu werden, so wie wir ohne Licht auf dem Kurs der *Carpathia* lagen. Oder wenn wir in dichtem Nebel abgetrieben wären und uns über Meilen voneinander über die See verteilt hätten (was unweigerlich passiert wäre), könnte die *Carpathia* jedes Boot individuell aufnehmen, indem sie den Glockensignalen folgte.

In derartig mit Empfangsapparaten ausgestatteten Schiffen sollte letztlich ein Offizier verpflichtet sein, die Funktion der Apparate zu verstehen; eine sehr weise Vorsichtsmaßnahme, und — wie vorher schon angeregt —, die ebenso respektiert werden sollte wie für die drahtlose Telegraphie.

Es war mir ein sehr großes Vergnügen zu sehen, daß alle diese Apparate hergestellt werden und funktionieren. Davon konnte ich mich bei einem führenden amerikanischen Hersteller von Unterwasser-Signalgeräten überzeugen und hörte von bemerkenswerten Geschichten, die ihren Wert in der heutigen Praxis belegen. Ich fühle mich von der Berufung ergriffen, abgeleitet von dem Motto »De profundis clamavi« [vollständig: De profundis clamavi ad te Domine; Bußpsalm im Totenamt der römisch-katholischen Lithurgie — Trauergesang; nach Luther: »Aus der Tiefe rufe ich, Herr, zu Dir«] in bezug auf das Ende der *Titanic* und den Rufen unserer Mitpassagiere, als sie sank. »Aus der Tiefe rufe ich nach Dir« ist tatsächlich ein geeigneter Leitspruch für alle jene, die alles versuchen, zu verhindern, daß diese Rufe ihrer Mitmenschen »aus der Tiefe« aufsteigen können.

Das Festlegen von Dampfschiff-Routen

Die »Straßen«, entlang denen die Schnelldampfer reisen, werden durch Übereinstimmung zwischen den Dampfschiff-Gesellschaften, in Absprache mit den hydrographischen Diensten der verschiedenen Länder festgelegt. Diese Routen sind so abgeglichen, daß ostgehende Dampfer immer etliche Meilen von denen entfernt sind, die westwärts fahren, und daß damit die Gefahr eines Zusammenstoßes zwischen ost- und westwärtsfahrenden Schiffen weitgehend ausgeschlossen ist. Die Routen können nach Süden verlegt werden, wenn Eisberge gemeldet werden, und wieder weiter nördlich, wenn die Gefahr vorüber ist. Natürlich wird die Reise länger, wenn sie weiter im Süden verläuft, und je länger die Zeit an Bord dauert, desto nachdrücklicher ist das Gemurre bei einigen Passagieren. Zum Beispiel, als die Routen nach dem *Titanic*-Unglück um 100 Meilen nach Süden verlegt wurden, bedeutete das eine um etwa 180 Meilen und acht Stunden längere Reisedauer. [Nach anderen Quellen betrug die Verlagerung 60 Seemeilen = ein Breitengrad.]

Die einzige echte Vorsichtsmaßnahme gegen den Zusammenstoß mit Eisbergen ist, weiter südlich zu fahren, als dort, wo sie sich wahrscheinlich befinden, es gibt keinen anderen Weg.

> Diese »Verkehrsregelung« vom Kanal zu nordamerikanischen Häfen geht auf die Ideen des Offiziers Maury der US-Navy zurück und wurde am 15. Januar 1898 festgelegt: Zwei Westwärts- und zwei Ostwärts-Routen, alternierend zu den Zeiten 15.1. bis 14.8. (größte Eisberggefahr nach dem Abbrechen vom Festlandeis); 15.8. bis 14.1. weiter nördlich für schnellere Reisen. Für kanadische Häfen gab es differenziertere Routen. Ironie am Rande: Vorsitzender des oben genannten Treffens war – Bruce Ismay. Nach dem *Titanic*-Unglück wurden die Strecken 1913 modifiziert, ein Jahr darauf wurde der erste Schiffs-Sicherheitsvertrag abgeschlossen, der viele von Beesleys vorgetragenen Anregungen berücksichtigte. Wegen des Ausbruchs des Ersten Weltkrieges trat er – aktualisiert – erst 1929 in Kraft, wurde aber zwischenzeitlich freiwillig eingehalten.

Rettungsboote

Die Vorsorge war natürlich jammervoll unzureichend. Der einzig menschenwürdige Weg ist die Zuweisung von numerierten Plätzen im Boot für jeden Passagier und jedes Besatzungsmitglied. Es wäre gut, wenn zur Zeit der Kabinen-Buchung auf sie hingewiesen würde und es einen Plan in jeder Kabine gäbe, wo sich das Rettungsboot befindet und wie man direkt dorthin gelangt – eine äußerst wichtige Überlegung bei einem Schiff wie der *Titanic* mit einer Deckslänge von über zwei Meilen [über 3,2 km, nach anderen Quellen über 7 km Korridorlänge]. Bootsübungen von Passagieren und Besatzungsmitgliedern sollten abgehalten werden, eine Pflichtübung, sobald wie möglich nach dem Verlassen des Hafens. Ich fragte einen Offizier nach der Möglichkeit, mit Übungen unmittelbar zu beginnen, nachdem die Landungsbrücke eingezogen und noch bevor es den Schleppern erlaubt wird, das Schiff aus dem Hafenbecken zu ziehen, aber er sagte, die Schwierigkeiten seien unüberwindbar zu dieser Zeit. Wenn dem so ist, sollte die Übung in Abschnitten durchgeführt werden, sobald das nach dem Auslaufen möglich ist, und zwar in einer gründlichen Art und Weise. Schulkinder werden plötzlich aufgerufen, eine Feuer-Übung abzuhalten, und es gibt keinen Grund, warum Passagiere an Bord eines Schiffes nicht genauso trainiert werden sollten. Es hängt soviel von Ordnung und Disziplin im Gefahrenfalle ab.

»Leider nichts dazugelernt«
Dieser Satz hat für den Untergang der *Lusitania* eine schreckliche Konsequenz gehabt. Drei Jahre nach dem Untergang der *Titanic* und entgegen den Empfehlungen zweier offizieller Untersuchungen, passieren an Bord von Cunards ehemaligem Flaggschiff genau die Dinge, die zum sinnlosen Tod von vielen Unschuldigen führen. Bei einer entsprechenden Vorbereitung der Passagiere hätte die Bilanz nicht so düster sein müssen. Wegen der bekannten, von Beesley an dieser Stelle nochmals herausgestellten Versäumnisse, sind folgende Punkte besonders zu bemängeln:
... daß auf Fragen der Passagiere Kapitän Turner entgegnete, für sein Schiff bestehe keine U-Boot-Gefahr, z.B. wegen der hohen Geschwindigkeit der *Lusitania*. Dabei unterschlug er absichtlich, daß sie aus Sparsamkeitsgründen »nur« höchstens 23 Knoten lief, zur Zeit der Torpedierung nur etwa 18 Knoten (wegen eines günstigen Einlauftermins in Liverpool bei direkter Ansteuerung, wie Turner später zugab).
... daß keine Rettungsboot-Übung mit Passagieren durchgeführt worden war.
... daß den Passagieren ihre Bootsplätze nicht bekannt waren und sie deshalb hilflos umherirrten und sich gegenseitig behinderten.
... daß nicht einmal ein Bootsdrill für die Besatzung stattgefunden hatte, obwohl Turner wußte, daß er nur einen ziemlich gemischten Haufen Matrosen auf dieser Passage zur Verfügung hatte. Etliche Seeleute waren wegen des europäischen Konflikts im sicheren Amerika geblieben und mußten auf der Rückfahrt von Männern ersetzt werden, deren Risikobereitschaft manchmal über ihrer Qualifikation lag.
So sterben trotz ausreichenden Bootsraums fast 1200 Menschen. Aus politischer Rücksichtnahme bleiben die eigenen Versäumnisse hinter den verschlossenen Türen der Kommission (Vorsitz: wieder einmal Lord Mersey). Schuld hat schließlich der Torpedo eines feindlichen U-Bootes. Die Fehler der Admiralität und die von Turner verschwinden für lange Zeit unter dem Teppich der Weltgeschichte.

Unzweifelhaft sollte die Ausrüstung, die Beladung und das Herablassen in den Händen eines erfahrenen Offiziers liegen, der keine anderen Pflichten haben sollte. Die neuen Schiffe sind einfach zu groß, um dem Kapitän zu erlauben, die Kontrolle über das ganze Schiff auszuüben, und alle lebenswichtigen Unterabteilungen sollten von eigenen Autoritäten geleitet werden. Es erscheint als bittere Ironie, sich daran zu erinnern, daß auf der *Titanic* ein hochbezahlter Küchenchef angestellt war, kostspieliger als jeder Offizier — und kein Boots-Meister (oder -Offizier) für nötig befunden wurde. Wieder war das allgemeine System schuld — nicht kriminelle Nachlässigkeit, wie einige eilige Kritiken glauben machen wollten. Es ist das Fehlen von Rücksicht für unsere Mitmenschen, das Mitführen von luxuriösen Anziehungspunkten, welche über die wohlwollenden Überlegungen gestellt werden, die es dann erlauben, die Vorsorge selbst für den bescheidensten Passagier zu vernachlässigen.

Aber es darf nicht übersehen werden, daß die Vorsorge für ausreichende Rettungsboote an Deck kein Beweis dafür ist, daß sie alle leicht von Bord kommen und alle Passagiere in Sicherheit bringen würden. Es muß daran erinnert werden, daß ideale Voraussetzungen in der Nacht geherrscht haben. Es gab keine Schlagseite, die das Aussetzen der Boote verhindert hätte; sie konnten an beiden Seiten gefiert werden, und als sie auf die ruhige See herabkamen, konnten sie fortrudern, ohne daß sie gegen den Rumpf geschleudert wurden, wie es in rauher See möglich gewesen wäre. Es muß manchmal damit gerechnet werden, daß nur die Boote an der von schwerer See geschützten Seite abkommen können, und daß dies gleich die Bootskapazität halbiert. Und wenn sie unten sind, besteht die Gefahr des Umschlagens in solch einer schweren See. Wenn man alles zusammen betrachtet, scheinen Rettungsboote in gewissen Situationen das schwächste Glied der Rettungskette zu sein. Es wird gesagt, daß Rettungsflöße noch minderwertiger seien als Rettungsboote; und faltbare Boote, bestehend aus Leinwand und dünnem Holz, zerfallen bald unter dem Einfluß der Witterung und sind daher in kritischen Momenten eher Fallen als Hilfen.

Einige der Rettungsboote sollten mit Motoren ausgerüstet sein, um den Pulk der Boote zusammenzuhalten und sich nötigenfalls abzuschleppen*. Das Zuwasserbringen ist ein wichtiger Aspekt, die Davits der *Titanic* funktionierten ausgezeichnet und waren der maßgebliche Grund, daß alle Boote sicher fortkamen; sie waren den üblichen Davits der meisten Schiffe weit überlegen.

---

* Erst mit dem modernen Freifall-Rettungsboot sind die meisten der hier vorgebrachten Wünsche erfüllt worden — 70 Jahre später. Für fast alle Passagierschiffe gilt nach wie vor das alte Prinzip des Zuwasserlassens.

Die Bemessungsgrundlage für den Bootsraum von Passagierschiffen wurde damals nach einem Prozentsatz der Bruttotonnage berechnet und in einer Tabelle festgelegt. Aber die Schiffe wuchsen schneller als die Tabelle, die bei 10 000 BRT aufhörte. Für die *Titanic* waren 16 Rettungsboote hochgerechnet worden und als Hilfsbootsraum waren die vier faltbaren Berthons vorgesehen. Dieser Hilfsbootsraum (volkstümlich als Flöße beschrieben) hätte eigentlich doppelt so groß sein müssen, aber die *Titanic* erhielt einen Bonus, da sie als schottengeteiltes Schiff gebaut war. Die vollständige Ausrüstung der Rettungsmittel liest sich wie folgt:

14 hölzerne Boote für je 65 Personen, je etwa 10 Meter lang;

2 hölzerne Notfallkutter (jederzeit ausschwingbereit als erstes Boot hinter der Brücke) für je 40 Personen;

4 Notboote (A bis D) = Berthons ohne eigene Davits, rechnerische Kapazität 47 Personen;

zusammen 1178 Bootsplätze für 2218 Personen auf der Jungfernfahrt. Zusätzlich waren an Bord:

48 Rettungsbojen, 3560 Schwimmwesten.

So verwirrend diese Zahlen heute erscheinen mögen, so verhielt sich alles völlig korrekt nach der Rechtsgrundlage des britischen Handelsministeriums — auf dem Papier. Bis zu einer gesetzlichen Änderung waren die aufgeschreckten Reedereien großzügig bereit, genügend Boote »freiwillig« mitzuführen.

Schwimm-Hilfen, Pontons

Nach dem Untergang der *Bourgogne*, bei dem zwei Amerikaner* ihr Leben verloren, wurde ein Preis von 4000 £ von ihren Erben ausgesetzt für die besten Lebens-Rettungs-Geräte, anwendbar für Schiffe auf See. Es wurde ein Gremium gebildet, um die unterschiedlichsten Anwendungen zu bewerten, die von den Wettbewerbern eingesandt wurden, und die letztlich den Preis einem Engländer zusprachen, der eine flache Sektion von Schiffsbreite vorschlug, die nötigenfalls vom Schiff abgelöst werden konnte und schwimmend einigen hundert Passagieren Platz bieten würde. Sie wurde nie von irgendeiner Dampfschiff-Reederei eingeführt. Ähnliche Vorschläge sind bekannt, bei denen das ganze hintere Deck über das Heck abgeworfen werden sollte, mittels eines Sperr-Mechanismus, ausgestattet mit Luftkammern, um es über Wasser zu halten; es scheint eine praktische Anregung zu sein.

---

* Das Unglück hatte in den USA das sog. Harter-Gesetz initiiert, welches Passagieren oder überlebenden Angehörigen das Recht auf Schadensersatz gegen Reedereien einräumte. Die Klärung des Vorwurfs der Fahrlässigkeit (zu wenig Rettungsboote) war mit ein Grund für die umfassende Arbeit des US-Ausschusses. IMM stand unter diesem Gesetz und damit auch die White Star Line.

Vorschläge von Rettungsgeräten (außer Booten) gab und gibt es zuhauf, einen kurzen Abriß vermittelt das letzte Kapitel. Daß Beesley hier den Untergang der *Bourgogne* erwähnt, hat vielleicht noch einen anderen Hintergrund: Als am 4. Juli 1898 das französische Schiff von einem englischen Segler vor Sable Island, Neu-Schottland, gerammt wurde, kam es unter den Zwischendeckern zu einer Panik und einem gnadenlosen Kampf um die Boote. Die Ordnungs-Versuche der Schiffsführung konnten nicht verhindern, daß beim Untergang 571 Tote zu beklagen waren – von etwa 600 Seelen! Die Angst der Verantwortungtragenden (und informierten Passagiere) vor einer Wiederholung mag allen noch nach 14 Jahren im Nacken gesessen haben und zu der äußersten Behutsamkeit beim Einbooten auf der *Titanic* geführt haben ...

Ein Punkt, bei dem die Schiffsführung der *Titanic* kläglich versagt hat, ist das Nicht-Vorhandensein einer gut eingespielten Mannschaft für jedes Rettungsboot. Das Rudern war in den meisten Fällen miserabel. Es gibt keinen Grund dafür, daß ein Steward rudern können sollte, das gleiche gilt für einen Passagier, so daß einige Passagiere mehr hätten gerettet werden können. Männer mit Muße für alle möglichen Sportarten (inklusive Rudern) zum Beispiel, die deshalb physisch besser geeignet wären, in offener See zu rudern, als ein Steward. Und wenn ein Steward nicht zu rudern imstande ist, hat er kein Recht an einem Riemen zu sitzen. Nach dem ungeschriebenen Gesetz, daß Passagiere Vortritt vor der Besatzung genießen, wenn es nicht genug Platz für alle gibt, hätte die Mehrheit der Stewards und Köche zurückstehen müssen und Passagiere hätten statt ihrer eingebootet werden sollen – sie hätten den gleichen Wert besessen, und es hätte eine größere Anzahl sein sollen. Es soll daran erinnert werden, daß das Verhältnis von geretteter Besatzung zu Passagieren 210 zu 495 betrug, ein hoher Prozentsatz. Eine Situation wie die beschriebene sollte niemals mehr auftreten dürfen, denn ein Besatzungsmitglied sollte die gleiche Möglichkeit wie ein Passagier erhalten, sein Leben zu retten.

Ein anderer Gesichtspunkt tritt aus diesen Zahlen zutage – auch wenn man die 21 weiblichen Stewardessen abzieht – und 189 Männer der Besatzung den 495 Passagieren gegenüberstehen: Einige von ihnen gelangten auf die zusammenlegbaren Boote, nachdem die *Titanic* sank, und wenige wurden von Rettungsbooten aufgenommen, insgesamt nicht viele [gemeint ist die Mannschaft]! Zählt man nun pro Boot sechs der Besatzungsmitglieder zur Bemannung – einen möglicherweise höheren Durchschnitt als tatsächlich vorgekommen – erhalten wir eine Gesamtzahl von 102 [=17 ordnungsgemäß abkommende Boote], die sich hätten retten dürfen, zu den 189, die sich gerettet haben. Es gab, das ist bekannt, Heizer und Stewards in den Booten, die nicht zur Mannschaft der Rettungsboote gehörten.

Es mag herzlos erscheinen, die Zahlen in dieser Weise zu analysieren und sich vorzustellen, daß einige der Besatzung so nie die *Carpathia* erreicht hätten. Aber dessen ungeachtet, Passagiere treten ihre Reise unter ganz bestimmten Voraussetzungen an – geschriebenen und ungeschriebenen – und eine davon ist, daß im Gefahrenfall die Angestellten der Gesellschaft, mit dessen Schiff sie reisen, zuerst an die Sicherheit der Passagiere denken sollten, bevor sie ihre eigene betreiben. Es wurden nur 126 männliche Passagiere gerettet, gegen 189 der Besatzung, und 661 gingen unter, gegen 689 der Besatzung, so daß tatsächlich ein höherer Prozentsatz der Besatzung gerettet wurde, als der von männlichen Passagieren – 22 gegen 16 Prozent. Aber Dampfschiff-Reedereien sind in diesem Fall mit echten Schwierigkeiten konfrontiert. Die Besatzung ist auf zwei Reisen nie die gleiche; sie heuern nur für einen Törn an, machen dann eine Pause an der Küste als Kellner oder Heizer bei Hotel-Feuerungsanlagen usw. – um an Bord eines anderen Schiffes zurückzukehren, welches gerade verfügbar ist. Sie können auf keinen Fall als Teil einer homogenen Besatzung betrachtet werden, Gegenstand üblicher Disziplin und erzogen, die Wertschätzung eines bestimmten Schiffes zu erhöhen, wie es bei der Besatzung unter Kriegsbedingungen gegeben ist.

... im Falle der *Titanic* hatte dieses Problem besondere Folgen: Die White Star Line wollte unbedingt ihr neues Schiff pünktlich abfahren lassen, und holte sich an Leuten, was sie auftreiben konnte, orderte sogar welche von eigenen Schiffen ab, die ebenfalls zur Ausreise bereit lagen. Das führte dazu, daß eine gänzlich zusammengewürfelte Besatzung auf der *Titanic* antrat – inklusive der Offiziersriege (nur Kapitän Smith und der Leitende Offizier Wilde – untergegangen – hatten Erfahrungen auf der *Olympic* gesammelt). Nach nur vier Tagen kam es zum Ernstfall ohne Probe: Evakuierung auf hoher See mit zu wenigen Seeleuten (es gab nur 83 Matrosen an Bord, weniger als 10 % der Besatzung), aber immerhin acht Personen für die Schiffsführung* und unerfahren, was Details anging, auch ohne Bootsmanöver auf See, das für den Sonntag geplant war, aber aus unerfindlichen Gründen eben nicht stattfand ...

Suchscheinwerfer

Diese scheinen eine absolute Notwendigkeit zu sein, und es ist ein Wunder, daß damit noch nicht alle Ozeanschiffe ausgerüstet sind. Sie sind nicht nur nützlich, um die See auf eine große Entfernung voraus auszuleuchten, sie erlauben auch die Signalübertragung zu anderen Schiffen. Während ich dieses schreibe, kann ich die Strahlen von Flußdampfern auf dem Hudson

---

* Kapitän, Ltd. Offizier, Erster bis Sechster Offizier, alle Inhaber von Kapitänspatenten

in New York durch das Fenster erkennen, jeder ausgestattet mit einem Suchscheinwerfer, das Flußbett erkundend, hier eine Sandbank beleuchtend, die
Hunderte von Yards voraus liegt und dort jedes Objekt in seiner Reichweite
sichtbar machend. Sie werden auch regelmäßig im Suez-Kanal benutzt.

Ich nehme an, daß es keine Frage ist, daß die Kollision hätte vermieden
werden können, wenn es einen Suchscheinwerfer an der Mastspitze der
Titanic gegeben hätte, die Wetterbedingungen sind ideal für seine Benut-
zung in dieser Nacht gewesen. Es gibt andere Dinge neben Eisbergen:
Treibgut wird von Zeit zu Zeit gesichtet und Fischerboote liegen auf dem
Kurs – ohne Lichter. Suchscheinwerfer sind jedoch nicht immer von prak-
tischem Nutzen. Sie werden nicht verwendet bei starkem Regen, bei Nebel,
bei Schneefall oder bei aufgewirbelter Gischt – und manchmal gibt es
Umstände, daß sie den Ausguck blenden.

Weil ich gerade vom Ausguck schreibe: es ist viel diskutiert worden über
das Unterlassen, die Ausgucks der *Titanic* mit Ferngläsern auszurüsten. Die
allgemeine Auffassung von Offizieren scheint zu sein, daß es besser ist,
keine Ferngläser vorzusehen, sich statt dessen auf gutes Augenlicht und
hohe Aufmerksamkeit zu verlassen. Zusammenfassend, sich auf die derzei-
tige Praxis beziehend, sollte die Meinung der Offiziere als abschließend
betrachtet werden, auch wenn es für Landratten so aussieht, als wäre es
besser, eine Ausrüstung mit Ferngläsern vorzusehen.

> Diese Meinung wird durch die spätere Praxis widerlegt. Über die jeweilige
> Benutzung von Ferngläsern ließe sich im Einzelfall streiten, aber dazu müssen
> sie zunächst einmal vorhanden sein. Es stellte sich heraus, daß die Betrach-
> tung der Umgebung abwechselnd mit und ohne Glas die größte Sicherheit
> bietet, treibende Gegenstände zu sichten. Bei zwei Personen an einem Stand-
> ort wie dem Krähennest der *Titanic* dürfte eine abwechselnde Handhabung
> des Fernglases nicht auf Schwierigkeiten gestoßen sein. Hätten Fleet oder sein
> Kollege Lee im richtigen Augenblick mit einem Fernglas vorausgeschaut –
> vielleicht wären die gewonnenen Sekunden ausreichend gewesen, das Aus-
> weichmanöver erfolgreich durchzuführen.

Kreuzende Feuerschiffe

Ein oder zwei Feuerschiffe als internationales Eigentum und von allen kon-
trolliert, ausgestattet mit jedem bekannten Mittel der Signalgebung- und
-übertragung würden solchen Gegenden ihren größten Schrecken nehmen.
Sie könnten Eisberge beobachten und kartographieren, ihre genaue Position verbreiten, die Anzahl und die tägliche Abdrift in den wechselnden
Strömungen melden, die dort angetroffen werden. Ihnen sollte auch die
Polizei-Befugnis anvertraut werden.

Einige Eindrücke

Niemand kann durch ein Ereignis wie den Schiffbruch der *Titanic* gehen, ohne viele Eindrücke geistig zu verarbeiten, tiefe und lebendige, von dem, was gesehen und gefühlt wurde. Insofern solche Eindrücke dem Wohle der Menschheit dienen, sollten sie nicht unkommentiert bleiben. Dieses Kapitel ist ein Versuch zu zeigen, wie Menschen denken und fühlen, von dem Zeitpunkt an, an dem sie zuerst von dem Unglück hörten bis zur Ankunft in New York, als es die Möglichkeit gab, die Ereignisse aus einer gewissen Distanz zu bewerten. Weil es zum großen Teil ein persönlicher Bericht ist, wurde er mit den mentalen Eindrücken anderer Überlebender verglichen und festgestellt, daß er sich in vielen Fällen in großer Übereinstimmung befand. Natürlich ist das sehr unvollkommen, und erhebt nicht den Anspruch, mehr als ein Protokoll zu sein, wie Leute unter bestimmten Einflüssen reagieren, die durch starke Gefühle in unmittelbarer Gefahr bestimmt sind.

Zunächst ist festzuhalten, daß als unumstößliche Tatsache feststeht, daß es ein Fehlen von jedwedem Ausdruck von Angst oder Beunruhigung von seiten der Passagiere gegeben hat, und normalerweise betraf dieser Umstand fast jeden. Ich denke, daß es keine Übertreibung wäre zu sagen, daß jene, die zu Hause in Ruhe vom Unglück lasen und sich die Szene der sinkenden *Titanic* vorstellten, mehr Schreckensgefühle hatten als die, welche an Deck standen und sie Zoll um Zoll hinabgleiten sahen. Tatsache ist, daß das Gefühl von Angst bei den Passagieren nur sehr langsam aufkam — als Ergebnis des Fehlens jeglicher Anzeichen der Gefahr in der friedlichen Nacht — und als es allmählich klar wurde, daß das Schiff ernsthaft beschädigt war, wurde die Angst, die mit der Erkenntnis entstand, unterdrückt. Es gab kein plötzliches überwältigendes Gefühl der Gefahr, welches so schnell aufkam, das es schwierig wäre, es zu begreifen und zu packen. Kein Grund für die Warnung: »... fürchtet euch nicht vor der plötzlichen Gefahr«, wie man es erwarten könnte, wenn wir direkt Bug voraus zusammengestoßen wären, mit einem Knall und einem Schock, den jedermann aus seinem Bett zu Boden geschleudert hätte.

Jeder hatte Zeit, sich auf die Gefahr einzustellen, als sie dann auftrat, war das Ergebnis ihrer Überlegungen so, als wenn man sagen würde: »Nun, hier ist eine Situation, der wir uns stellen müssen, und wir müssen sehen, wie wir so gut wie möglich da durchkommen.« Ruhe und Selbstdisziplin sind unzweifelhaft die am meisten ausgedrückten Gefühle gewesen. Es gab Zeiten, in denen die Gefahr zunehmend zu spüren war, und es gab zeitweise Erregung — zum Beispiel als die erste Rakete aufstieg — aber nach dem ersten Wahrnehmen seiner Bedeutung nahm die Menge die Situation gelassen und erreichte die gleiche ruhige Verfassung, die anfangs spürbar war. So wie das zu- und abnehmende Gefühl von Gefahr augenscheinlich der eigenen Kontrolle unterlag, so war jeder — unbewußt von dem Erkennen, das ruhig Blut bewahren absolut notwendig ist — zur eigenen Sicherheit bereit, die Gedanken an Gefahr so weit wie möglich von sich zu weisen. Außerdem erschien vielen die Szene so, als sei das Ganze wie ein Traum; so, als würden alle dem Geschehen von einem sicheren Orte aus zuschauen, und daß jene, die umhergingen oder anderen die Schwimmwesten umbanden, die Schauspieler auf einer Bühne wären und wir dabei zu Zuschauern gemacht wurden; daß der Traum bald vorbei wäre und wir aufwachen würden und das Bild wäre verschwunden. Viele Menschen haben die gleiche Erfahrung in Gefahrenmomenten gemacht und sie war auch wahrnehmbar auf dem Deck der *Titanic*. Teilweise erinnere ich mich daran, wie ich es selbst beobachtete, während ich einem Manne half, seine Schwimmweste anzulegen. Es erscheint mir ein glücklicher Umstand, daß es so sein kann: fähig zu sein, solche Eindrücke leidenschaftslos zu überblicken als eine wundervolle Hilfe, die Angst niederzukämpfen, die mit ihnen einhergeht.

Eine beträchtliche Unterstützung bei der Errichtung dieses Szenariums war sicherlich die Stille der Umgebung. Es mag überflüssig erscheinen, schon wieder darauf hinzuweisen, aber ich bin überzeugt, daß es sehr viel damit zu tun hatte, alle ruhigzuhalten. Das Schiff war bewegungslos; es gab nicht den Hauch eines Windes; der Himmel war klar, die See wie ein Dorfteich; die allgemeine Atmosphäre war friedfertig und jeder an Bord reagierte darauf unbewußt. Aber was die Situation grundsätzlich unter Kontrolle hielt, waren Eigenschaften wie Gehorsam und die Achtung vor der Amtsgewalt, jene wesentlichen Charakterzüge der germanischen Rasse. Passagiere taten, was ihnen von den Offizieren gesagt wurde: Frauen gingen auf das Deck unter ihnen, Männer blieben wo sie waren und warteten geduldig die nächste Anweisung ab, instinktiv wissend, daß dieses der einzige Weg war, der für alle an Bord das Beste bedeutet.

Die Offiziere führten ihrerseits die Arbeit aus, die ihnen von ihren Vorgesetzten übertragen worden waren, so schnell und ordentlich, wie es die Umstände zuließen. Die älteren Offiziere waren mit der Besetzung und dem Herablassen der Rettungsboote beschäftigt, während die jüngeren in einzelnen Booten mit herabgelassen wurden, um das Kommando über die abtreibende Flotte zu übernehmen. Ähnliches bei den Ingenieuren ganz unten, den Musikern, dem Fitneßtrainer; alle führten sie ihre Arbeit aus, so wie sich die Aufgaben ergaben: ordentlich, ruhig, ohne zu fragen oder aufzuhören, um nachzufragen, wie es um ihre eigene Rettungsmöglichkeit stünde. Im Vergleich zu den Passagieren gehorchten Offiziere und Mannschaften einfach nur ihrer Dienstpflicht und sie war eher angeboren und nicht das Ergebnis einer begründeten Einsicht.

Ich hoffe, daß es nicht so aussieht, als ob ich das Heldentum jener, die dem letzten Abtauchen der *Titanic* – als alle Boote fort waren – mutig gegenüberstanden, in irgendeiner Weise beeinträchtigen wollte. Wenn es so wäre, ist es die Schwierigkeit, eine Vorstellung adäquat in Worte zu fassen – auszudrücken, daß ihr ruhiger Heldenmut größtenteils unbewußt, ja anlagebedingt ist, nicht eine Spur von Wahlmöglichkeiten zwischen zwei Wegen lassend. Alles, was an Deck zu bemerken war, bevor die Boote abfuhren, legte die oben genannten Folgerungen nahe. Auch das Zeugnis jener, die mit dem Schiff untergingen und hinterher gerettet wurden, ist von gleicher Art.

Es ist unglücklich, daß einige Teile der Presse danach trachten, meist die individuellen Taten des Heldentums nachzuzeichnen. Das kollektive Verhalten einer Menge ist von viel größerer Bedeutung für die Welt und ein so viel wichtigerer Test – wenn es eines Testes bedarf – wie sich Menschen einer bestimmten Rasse verhalten. Der Versuch, diese Aktionen der Individuen zu beschreiben, führt offenbar zu solch falschen Berichten, wie den über Major Butt, der mit einem Revolver eine Gruppe von Passagieren in Schach gehalten und sie niedergeschossen hätte, als diese versuchte, die Boote zu stürmen; oder daß Kapitän Smith durch den Sprechtrichter gerufen haben soll: »Bleibt britisch!«, um anschließend Selbstmord zusammen mit dem Ersten Offizier Murdoch zu begehen. Es ist nur ein krankhafter Ausdruck, wenn solche Vorfälle als »mutig« beschrieben werden. Jedermann weiß, daß Major Butt ein aufrechter Mann war, aber sein Heldentum wird nicht dadurch erhöht, wenn er – ein ausgebildeter Armeeoffizier – durch Befehle vom Kapitän gezwungen worden wäre, unbewaffnete Passagiere niederzuschießen. Das mag unter gewissen Umständen notwendig gewesen sein, mutig wäre es nicht gewesen. Auch wäre es gleichfalls nicht mutig gewesen, wenn Kapitän Smith oder Murdoch ihrem Leben ein Ende gesetzt hätten. Es ist denkbar, daß Männer so von ihrem Unglücksgefühl überwältigt werden, daß sie nicht mehr wissen, wie sie handeln. Aber wirklich mutig wäre es gewesen, mit dem Schiff unterzugehen – wie sie es wohl taten – in der Hoffnung gerettet zu werden wie andere Passagiere und Besatzungsmitglieder, und zurückzukehren, um sich einer Untersuchungskommission zu stellen und um Zeugnis abzulegen, welches von großem Wert für die ganze Welt wäre, um ähnlichen Unglücken vorzubeugen. Das war nicht möglich; aber wenn Heldentum bedeutet, das Beste in größtem Ausmaß zu tun, wäre es für die Offiziere mutig gewesen, **anzunehmen**, gerettet zu werden. Wir wissen nicht, was sie dachten, aber ich für meine Person, könnte mir vorstellen, daß sie es getan hätten. Der Zweite Offizier Lightoller arbeitete unermüdlich bei den Booten bis zum letzten Moment, ging mit dem Schiff unter, wurde unter sehr wunderbaren Umständen gerettet und kehrte zurück, um wertvolles Zeugnis vor den Kommissionen zweier Länder abzulegen.

Der zweite Punkt, der aus den Gefühlen, die durch das Unglück hervorgebracht wurden, herausragt ist der, daß in Augenblicken der dringlichsten Hilfsbedürftigkeit Männer und Frauen etwas vollständig Ungewöhnliches zu tun bereit sind, um Hilfe zu erhalten. Ich erinnere mich an eine Geschichte, die ich vor Jahren gelesen habe, von einem Atheisten, der als Mittagsgast bei einer Regimentsmesse in Indien dabei war. Der Oberst hörte sich seine Bemerkungen zum Atheismus in Ruhe an und lud ihn am folgenden Morgen zu einer Ausfahrt ein. In einem leichten Wagen, der von zwei Ponies gezogen wurde, nahm er seinen Gast mit auf eine holperige Bergstraße und in einiger Entfernung zur Ebene drehte er den Wagen um und schien seinen Pferden zu erlauben, bergab zu galoppieren. Angesichts des heraufziehenden Unglücks wurde der Atheist aus seiner begründeten Überzeugung gerissen und flehte laut um Hilfe. Da zügelte der Oberst seine Ponies und mit der Bemerkung, die ganze Fahrt sei mit der Absicht geplant gewesen, seinem Gast nachzuweisen, daß es eine Kraft außerhalb seiner eigenen Vernunft gäbe, die in aller Stille im Grunde seines Herzens ruht.

Die Geschichte mag wahr sein oder nicht, auf jeden Fall sollte sie nicht als Angriff auf den Atheismus verstanden werden, aber sie zeigt auf eindringliche Weise die Schwäche in der Abhängigkeit von eigener Kraft und Geschick in unmittelbarer Gefahr. Allen jenen Männern auf dem Oberdeck, deren Boote sämtlich gefiert waren, und noch mehr, als alle Boote abgelegt hatten, wurde bewußt gemacht, daß nun die menschlichen Hilfsquellen versiegt und die Fluchtwege abgeschnitten waren. Mit dieser Erkenntnis kam die Hinwendung zu dem, was man an Bewußtsein besaß für die Urkraft, die das Universum erschaffen hatte. Zusammengefaßt: irgendeine Kraft hat die glitzernden Sterne über uns gemacht, unzählbare Meilen weit fort, gestaltet nach einem bestimmten Plan und bestimmten Gesetzen gehorchend. Sie hat jeden einzelnen Passagier geschaffen mit der Möglichkeit zu denken und zu handeln; mit dem direktesten Beweis, alles in allem, daß er geschaffen wurde: das Wissen um seine eigene Existenz. Und nun, wenn überhaupt jemals, war die Zeit gekommen, sich auf diese Kraft zu besinnen.

Als die Rettungsboote abgelegt hatten und es klar wurde, daß das Schiff schnell versank, standen Männer in Gruppen an Deck zusammen um zu beten, und später, als einige von ihnen auf dem umgeschlagenen faltbaren Boot lagen, wiederholten sie immer und immer wieder das Vaterunser — unabhängig von ihrer religiösen Überzeugung, einige — vielleicht — auch ohne jeden Glauben, vereint in einem kollektiven Aufruf nach Befreiung aus ihrer Lage. Und dies geschah nicht aus Gewohnheit, weil sie es auf den

Knien ihrer Mütter gelernt hätten; Männer tun so etwas nicht aus Gewohnheit. Es muß geschehen sein, weil jeder einzelne sah, wie sich die 1001 Wege auflösten, auf die er sich verlassen hatte. Es war die Erkenntnis vom zerstörten Vertrauen auf menschliche, materielle Dinge, die ihm helfen sollten – eingeschlossen jene Abhängigkeit, sich auf dem umgeschlagenen Boot zu befinden. Egal ob es nun Gott oder göttliche Kraft genannt wurde oder Ursprung oder Schöpfer – oder gar nicht benannt wird, aber unbewußt anerkannt wird – diese Dinge sehend und in eine Ausdrucksform von Worten bringend, so war es ihm am geläufigsten im Zusammensein mit seinem Nebenmann.

Er tat es nicht aus Pflichtgefühl seinem Glauben gegenüber, nicht weil er die Worte erlernt hätte; er tat es, weil er erkannte, daß es das nützlichste war, was er tun konnte – die beste Art und Weise, ihm zu helfen. Männer tun praktische Dinge in Zeiten wie diesen, sie würden in keinem Moment Worte verschwenden, wenn diese Worte nicht der Ausdruck ihrer größtmöglichen echten Überzeugung wären, der sie fähig sind. Noch einmal: wie das Gefühl von Heldentum ist dieser Appell angeboren gewesen und intuitiv, und hat sicherlich seine Grundlage in einer Erkenntnis – ohne Zweifel weitgehend verborgen – der Erkenntnis von Unsterblichkeit. Ich denke, dieses muß einleuchten; es kann keine andere Erklärung dafür geben, daß alle menschlichen Sinne der tausend verschiedenen Möglichkeiten von tausend verschiedenen Leuten sich auf diesen einzelnen Anruf reduzierten.

Das Verhalten der Menschen während der Stunden im Rettungsboot, das Erreichen der *Carpathia*, das Leben dortselbst und das Ankommen in New York kann zusammengefaßt werden zu der Aussage, daß Leute nicht immer so handeln, wie man es vermutet – oder vielmehr, wie die meisten Leute annehmen, wie sie handeln würden, und in einigen Fällen haben sie irrigerweise gesagt, wie sie gehandelt hätten. Schwierigkeiten sind dazu da, ihnen entgegenzutreten, nicht um Menschen zu zerschmettern. Situationen tauchen auf, die Mut und Findigkeit erfordern; zum Beispiel von jenen, die liebe Freunde verloren, wurde enorme Selbstdisziplin verlangt, die sie aber wundersamerweise besaßen. Es gab das gleiche ruhige Benehmen, die gleiche angeborene Herrschaft über die Umstände, die gleiche Übereinstimmung zu normalen Reaktionen, welche die Gruppe der Passagiere an Deck der *Titanic* auszeichnete – und das aus den gleichen Gründen.

Die ersten zwei oder drei Tage an Land waren zweifellos für die Überlebenden schwer zu ertragen. Es sah so aus, als kämen sie neu auf die Welt – volle vier Tage abgeschnitten zu sein von Neuigkeiten schien zu lange zu sein – und sie merkten, welchen Schock das Unglück ausgelöst hatte: die Fahnen halbmast, die dicken Balkenüberschriften, die Empfindung von Schwermut über allem; das alles machte die Dinge drückender, als würden sie noch auf der *Carpathia* sein. Der Unterschied im allgemeinen Klima war bemerkenswert und Menschen gaben unter seinem Gewicht nach und fühlten die Reaktion. Dankbarkeit für ihre Befreiung und der Wunsch, »... das Beste daraus zu machen« müßte ihnen jedoch bald helfen, zum normalen Zustand zurückzukehren. Dabei ist es nicht überraschend, daß einige Passagiere an Bord der *Carpathia* durch das Fehlen von Neuigkeiten von draußen gelassen wurden, denn die nachfolgende Zusammenfassung einer führenden New Yorker Abendzeitung zeigt, aus welchem Stoff die Atmosphäre an Land zusammengebraut wurde:

»Gelähmt durch den greulichen Zusammenstoß flüchteten die betäubten Passagiere aus ihren Kabinen in den Hauptsalon, inmitten des Krachs des berstenden Stahls, zerbrechender Teller und einstürzender Decksbalken, während sich das Dröhnen der fallenden Eisbergspitze auf das eingedrückte Deck dem Horror dazugesellt ... In einem wilden, unberechenbaren Strom brachen sie aus den Salons hervor, um Augenzeugen einer der erschreckendsten Szenen zu werden, die man sich vorstellen kann ... Auf hundert Fuß Länge war der Bug zu einer formlosen Masse aus verbogenem, gesplitterten Stahl und Eisen geworden ...« Und so weiter, Schrecken folgt auf Schrecken, und kein Wort davon ist wahr oder kam der Wahrheit auch nur nahe.
Diese Zeitung wurde in den Straßen New Yorks verkauft, während die *Carpathia* einlief, während Anghörige von jenen an Bord am Hafenbecken standen um sie zu treffen, und ängstlich jede Zeitung kauften, die vielleicht Neuigkeiten enthalten könnte. Niemand von Bord der *Carpathia* konnte solche Informationen verbreitet haben. Es gab zu diesem Zeitpunkt überhaupt nicht einen auf der Welt, der Einzelheiten vom Unglück der *Titanic* gewußt hätte, und die einzig mögliche Schlußfolgerung daraus ist, daß die ganze Geschichte nur eine absichtliche Übertreibung darstellte, um das Blatt besser zu verkaufen.
Das ist die Wiederholung des gleichen Fehlers in der menschlichen Natur, wie er sich schon in der Vorsorge der Rettungseinrichtungen an Bord des Schiffes zeigte – das Fehlen von Rücksichtnahme auf andere. Das Gegenmittel ist das gleiche – ein Gesetz: es sollte ein kriminelles Vergehen für jedermann sein, absichtliche Falschmeldungen herauszugeben, die Angst und Kummer verursachen. Die moralische Verantwortung der Presse ist sehr groß, und ihre Pflicht, das Publikum nur mit sauberen, einwandfreien Meldungen zu versorgen, ist entsprechend schwer. Wenn die allgemeine Leserschaft jetzt noch nicht in der Lage ist, die Veröffentlichung solcher Nachrichten dadurch zu unterbinden, indem sie jene Zeitungen nicht mehr kauft, die Falschmeldungen drucken, dann muß das Gesetz dahingehend ausgedehnt werden, daß diese Fälle mit eingeschlossen sind. Verleumdung ist ein Vergehen, und diese Berichte wiegen schwerer, als jede Verleumdung je sein könnte.

Es ist nur gerecht, hinzuzufügen, daß die Mehrzahl der New Yorker Blätter vorsichtig genug war, nur von solchen Neuigkeiten zu berichten, die sie rechtmäßig von Überlebenden oder von Passagieren der *Carpathia* erhalten hatten. Manchmal war es übertrieben und manchmal auch gar nicht wahr, aber im Gegensatz zur vorherigen Berichterstattung muß man zugestehen, daß das meiste ziemlich richtig war.

Auf eine Sache muß noch eingegangen werden: die Verbreitung von Aberglauben, der die *Titanic* betrifft. Ich vermute, daß kein Schiff je einen Hafen verlassen hat, über das soviel Unsinn ausgebreitet wurde. Zunächst gibt es keinen Zweifel, daß viele Leute sich weigerten, auf ihr zu fahren, weil es ihre Jungfernfahrt war, und dieses ist augenscheinlich ein allgemein verbreiteter Aberglaube. Sogar der Kassierer des White-Star-Schalters, wo ich meine Fahrkarte buchte, gab zu, daß das der Grund dafür wäre, die Leute von der Mitfahrt abzuhalten. Eine Anzahl Reisewilliger hat der Presse mitgeteilt, daß sie daran gedacht hätten, auf ihr zu fahren, aber aufgrund von bösen Prophezeiungen hätten sie die Passage widerrufen. Viele bezogen sich auf das Schwesterschiff, die *Olympic*, und wiesen auf das Unheil hin, das über ihr lag – ihre Kollision mit der *Hawke* und eine zweite Panne, die eine Reparatur nach sich zog und zu einer Verspätung im Hafen führte, so daß Passagiere sie verließen. Sie prophezeiten größeres Unglück für die *Titanic* und sagten, daß sie nicht im Traum daran dächten, auf diesem Schiff zu reisen. Auch einige an Bord waren auf unerklärliche Weise verunsichert. Eine Dame berichtete, daß sie nie die Absicht hatte, dieses Schiff zu nehmen, aber ihre Freunde hätten sich dafür eingesetzt und ihr die Fahrkarte besorgt; seither hätte sie keine ruhige Minute mehr gehabt. Ein Freund erzählte mir von jener Überfahrt auf der *Olympic* nach der Verspätung, von Southampton ausgehend, und sprach von einem Gefühl der Schwermut, welches das ganze Schiff umgab; die Stewards und Stewardessen gingen sogar soweit, daß sie von einem »Totenschiff« sprachen. Übrigens, diese Besatzung wurde größtenteils auf die *Titanic* übernommen.

Die Schilderung dieser Stimmungslage scheint die Theorie der Herren Gardiner und van der Vat zu unterstützen. Bei ihrer »radikalen Neubewertung« des Untergangs der *Titanic* (Original: »The Riddle of the TITANIC«, deutsch: Die TITANIC-Verschwörung) ließen sich deren Autoren auf eine sehr spekulative Hypothese ein: Das untergegangene Schiff könnte die *Olympic* gewesen sein! Angelpunkt bei dieser Vertauschung der Identitäten ist die unbestrittene Tatsache, daß die beiden Schiffe in Belfast nebeneinander lagen und für Außenstehende nur schwer zu unterscheiden waren. Mit vielen Argumenten wird versucht, der White Star Line ein Motiv für diese Aktion zu unterstellen und die Durchführbarkeit einer solchen Arbeit als möglich hinzustellen. Läßt man

sich auf ein Gedankenspiel ein, das »nur« die Umgestaltung umfaßt, zeigt sich schnell, daß es nicht so einfach ist, wie die Urheber dem aufgeschreckten Leser weismachen wollen. Es sind eben nicht nur alle direkten Namenszüge auszutauschen, was mit einer Handvoll gekaufter Arbeiter durchzuführen wäre, sondern es müßte die getürkte *Titanic* ex *Olympic* in einen vollwertig neuen Zustand gebracht werden. Dazu gehören frische Anstriche innen wie außen, neuwertige Ausstattungen, Unterlagen, Typenschilder an Geräten und Maschinen, der Austausch von sichtbaren Baunummern (401 gegen 400) und vieles mehr. Und bei der *Olympic* ex *Titanic* alles andersherum, diesmal alles auf gebraucht getrimmt. Dazu die gleichzeitige Berücksichtigung von baulichen Änderungen, die zu dieser Zeit für das neue Schiff durchgeführt wurden. Dann wäre da noch die Besatzung. Viele stammten von der Olympic, so z.B. Kapitän Smith, der Chef-Ing. der Maschine und sein Stellvertreter und diverse Heizer. Sie hätten sofort erkannt, daß sie nicht auf einem werftneuen Schiff angeheuert hatten. Will man allen unterstellen, ihre Loyalität zu White Star sei so hoch, daß sie freiwillig die ihnen anvertrauten Bereiche, ihre Passagiere, ihre Maschinen und sogar ihr eigenes Leben für einen Versicherungsbetrug einsetzten? Absurd! Selbst wenn das alles irgendwie mit Geld zu erreichen gewesen wäre, spätestens nach dem Untergang hätte sich irgendeiner der geretteten Besatzung nicht an seine erkaufte Schweigepflicht gehalten und die Story seines Lebens erzählt. Nichts davon ist geschehen. Am Ende, wenn sich der Leser durch faktenreiche, aber nicht sonderlich spannende 260 Seiten gelesen hat, räumen die Autoren ein, es könnte natürlich auch anders gewesen sein ...
Die (echte!) *Olympic* befuhr noch 23 Jahre den Nordatlantik zur größten Zufriedenheit der Reederei und der Passagiere, von denen sich manch einer der Anziehungskraft des Schwesterschiffes der legendären *Titanic* nicht entziehen konnte.

Der Zwischenfall mit der *New York* im Hafen von Southampton, das Erscheinen des Heizers im Schornstein in Queenstown, das alles miteinander kombiniert, macht eine Menge Unsinn aus, den augenscheinlich empfindliche Leute glauben, oder den sie auf jeden Fall besprechen. Nachdem die *Titanic* gesunken war, sind Briefwechsel veröffentlicht worden, in denen ein Geschäftsträger der White Star Line von jemandem angefleht wurde, das neue [noch in Bau befindliche] Schiff nicht *Gigantic* zu taufen, weil das nach einer »Herausforderung des Schicksals« aussehen könne. Es sieht fast so aus, als würden wir ins Mittelalter zurückkehren, als Hexen verbrannt wurden, weil sie schwarze Katzen hielten. Es gibt ebensowenig einen Grund, daß ein schwarzer Heizer für die *Titanic* ein schlimmes Vorzeichen sein sollte, wie die schwarze Katze für eine alte Frau.
Der einzige Grund für die Erwähnung dieser dummen Einzelheiten ist der, daß eine überraschend große Anzahl von Leuten denkt, daß »... irgend etwas schon dran sein könnte«. Die Wirkung ist diese: Wenn die Reederei

und eine Anzahl von Leuten durchdrungen werden von dem undefinierbaren Schrecken des Unbekannten — ohne Zweifel die Reste von wilder Furcht, die man nicht versteht — so hat das eine unangenehme Ausstrahlung auf die harmonische Arbeitsweise an Bord des Schiffes. Die Offiziere und Mannschaften spüren den depressiven Einfluß und es kann soweit kommen, daß sie von ihrer üblichen Wachsamkeit und Präsenz abgehalten werden. Genauso wie das unbewußte Verlangen nach höherer Geschwindigkeit, um über den Atlanik zu kommen, mag es Kapitäne veranlaßt haben, ein Risiko einzugehen, von dem sie sich sonst fernhielten, so daß diese düsteren Vorboten manchmal mehr Einfluß haben, als wir uns vorstellen können. Es bedarf oft nur einer Kleinigkeit, das Geschehen in eine bestimmte Richtung zu lenken.

Am Ende dieses Kapitels von mentalen Eindrücken muß davon berichtet werden, daß **ein** Eindruck in uns bleibt bis zum heutigen Tage — jener der tiefen Dankbarkeit, daß wir sicher vom Wrack der *Titanic* fortkamen, und ihre Folgeerscheinungen — daß es unser Vermächtnis ist, — dafür zu sorgen, soweit es an uns liegt, daß sich solche Dinge nie wieder zutragen dürfen. Inzwischen können wir von ihnen das sagen, wie Shelley* — selbst ein Opfer eines ähnlichen Unglücks — von seinem Freund Keats sprach in ADONAIS:

»Ruhe, Ruhe! Er ist nicht tot, er schläft nicht —
Er ist aufgewacht vom Traum des Lebens —
Er ist wach und lebt. Es ist der Tod des Todes selbst, nicht seiner —
Traure nicht um Adonais.«

* Percy Bysshe Shelley, *1792, ertrunken 1822; englischer Dichter

Fazit oder *Titanic* zum letzten

Alles war normal auf der Jungfernfahrt der *Titanic*, oder sah doch zumindest im Jahre 1912 so aus. Dazu gehörte die gewöhnliche Bordroutine und das langsame Hochfahren der neuen Maschinenanlage. Die Gäste des Luxushotels wußten um die Qualitäten des Schiffes und verließen sich auf die Erfahrung der Offiziere. »An Bord alles wohl«, wie es ein geflügeltes Wort aus der Seemannssprache so treffend beschreibt und kein Problem in Sicht, daß man nicht zu lösen können glaubte.

> Die *Titanic* erreichte New York am Nachmittag des 16. April und es gab am Pier der White-Star-Reederei eine tolle Willkommens-Feier. Die Reichen waren des Lobes voll und die weniger reichen am Ziel ihrer Träume. Ach ja, es hatte Eiswarnungen gegeben und man war etwas von dem ursprünglichen Kurs abgewichen. Am frühen Montagmorgen mußte sogar ein größeres Treibeisfeld umfahren werden. Aber man hatte Glück gehabt und war dem erfahrenen Kapitän dankbar für seine umsichtigen Entscheidungen. Mit der Rückfahrt der *Titanic* am 20. April begann der geplante Pendelverkehr der zur Zeit größten Atlantik-Liner ...

Dieser Bericht ist nie so geschrieben worden — aber er hätte dem normalen Ablauf entsprochen.
Das Eintreffen des von Beesley erwähnten 1 : 1-Million-Risikos machte aus einer normalen Reise eine außergewöhnliche.
Murdochs gut gemeintes aber falsches Kommando machten aus einer außergewöhnlichen eine fatale Reise.

Eine Reihe unglücklicher Umstände verschlechterte die Stabilität des Schiffes.
Das Fehlen von ausreichendem Bootsraum machte eine Katastrophe möglich.
Hochmut und die Reaktion der schon Geretten in den Booten machte sie perfekt.
Das sollte man über allen mühsam herausgefundenen Unzulänglichkeiten nicht vergessen.
Ähnliche Konstellationen sind heute und morgen möglich. Die sich daraus ergebenden Folgen werden die Erinnerung immer wieder zu dem Unglück von 1912 zurückkehren lassen und den Mythos der *Titanic* auch in Zukunft aufrechterhalten.

Nachwort: Neue Bewertungen

Wenn man Beesleys Geschichte gelesen hat, mag man kaum glauben, daß das alles in kaum acht Wochen konzipiert, niedergeschrieben und gedruckt wurde. Neben dem kommerziellen Anreiz ist diese Anstrengung vielleicht nur zu verstehen, wenn man seine letzte Bemerkung — die sich wie ein roter Faden durch das ganze Buch zieht — sehr ernst nimmt: Sein Werk sollte nicht in erster Linie als Anklage zu verstehen sein, sondern als Vermächtnis den Unglücklichen gegenüber, die an seiner Seite einen grausigen Tod starben.

Sieht man von wenigen Fehleinschätzungen ab, so erstaunt das weite Spektrum, mit dem Beesley sich auseinandergesetzt hat, um seine Ausführungen zu untermauern. Aus Anlaß dieses Unglücks drückte er damals populär aus, was leider heute noch Bestand hat, wie zum Beispiel

○ das Fehlen von Rücksichtnahme gegenüber den Mitmenschen,
○ das Streben nach Größer, Schneller, Weiter ... Bequemer; einer urmenschlichen Schwäche, der auch Beesley selbst erliegt (siehe seine Begründung für die Passage an Bord der *Titanic*),
○ den fahrlässigen Umgang mit Vorschriften nach dem Motto: »... es wird schon gut gehen, und wir haben es schon immer so gemacht ...«,
○ teilweise sensationslüsterne Presse — trotz vorgeblicher Selbstkontrolle.

Die später erfolgten internationalen Aktivitäten, die Beesley so vehement forderte, konnten trotz aller Anstrengungen natürlich nicht verhindern, daß die Schiffahrt von ähnlichen Unglücken verschont blieb. Eis-Kollisionen gibt es weiterhin, sogar Totalverluste, ähnlich jener der *Titanic*, sind zu beklagen: z. B. das moderne, eisverstärkte dänische Motorschiff *Hans Hedtoft* versank 1959 zwischen Grönland und Island, wahrscheinlich während eines mißglückten Ausweichmanövers, um einer Kollision mit Eis zu entgehen — keine Überlebenden. Erst vor wenigen Jahren sorgte eine Beinahe-Katastrophe im nördlichen Eismeer für Schlagzeilen (1989, Kreuzfahrtschiff *Maxim Gorki*, ex *Hamburg*). Die Überflutung einer weiteren Abteilung hätte vielleicht zum gleichen Ergebnis geführt wie 1912.

War also alles Hoffen, alles Bemühen von Beesley und seinen Mitstreitern von damals umsonst? Nein, denn es ist viel erreicht worden in der Zwischenzeit. Aber es sind schließlich die Zufälligkeiten des Augenblicks, die menschliche Irrtümer oder unzureichende Technik zu Katastrophen werden lassen — nicht das Vorhandensein oder Fehlen von Vorschriften. Die gesetzlichen Grundlagen wurden in der Tat verbessert und dieser beständige Prozeß hat im Zeitalter der schnellen Containerschiffe oder der gefahrträchtigen Großtanker nichts an Bedeutung verloren. Mehr Sicherheit auf See wird heute eher durch wirtschaftliche Randbedingungen beeinträchtigt, nicht durch fehlenden Regularien.

Aber wie ist es mit der Wichtung von Verantwortlichkeiten zur *Titanic*-Tragödie aus heutiger Sicht? Die Beantwortung dieser Fragen bringt uns zu dem Abschnitt der heutigen Erkenntnisse, die das Schicksal der *Titanic* selbst und die Geschichte der Seefahrt auf dem Nordatlantik betreffen, soweit sie in diesem Zusammenhang von Interesse ist.

Zuerst soll Stellung bezogen werden zum umfassend diskutierten Anklagepunkt: Wie kam es zu den derart unvollkommenen Vorschriften für Rettungsboote im allgemeinen und bei der englischen Handelsmarine im besonderen? Verteidiger dieser Regelungen könnten damals wie heute antworten: So schlecht waren die Vorschriften gar nicht! Immerhin hatte jeder Passagier und jedes Besatzungsmitglied eine Schwimmweste und es gab Plätze in den Booten, die nicht ausgenutzt wurden.

Wenn wir uns die Entwicklung der Rettung menschlichen Lebens auf See einmal im Ablauf der Geschichte ansehen, ist der Standard von 1912 tatsächlich nicht so schlecht, wie er gern dargestellt wird. Zunächst müssen wir uns aber gedanklich frei machen von unseren heutigen Sicherheitsansprüchen, ähnlich wie es Beesley schon anregte: eine mentale Reduktion ist vonnöten.

Die Seefahrt ist seit Urzeiten eine lebensgefährliche Sache gewesen und alle Beteiligten wußten das ganz genau. Hatte ein Besatzungsmitglied das Pech, außerhalb des Hafens über Bord zu fallen, dann war er so gut wie tot. Dieses Berufsrisiko wurde akzeptiert, und bis in die Neuzeit wurde kaum etwas unternommen es zu verringern, seien es nun administrative oder schiffbauliche Maßnahmen oder der persönliche Ehrgeiz, zum Beispiel das Schwimmenlernen. Die Personengruppe der Seefahrer war sozusagen unter sich, ihre Aufgaben waren über Jahrhunderte die gleichen: Fischfang, Warentransport, Kampf gegen Feinde. Passagiere im heutigen Sinne spielten außerhalb des Fährgeschäfts praktisch keine Rolle; wer sollte schon so verrückt sein, freiwillig übers Meer zu fahren?! Bis zu den Aktivitäten des Thomas Cook gab es wenige Ausnahmen: Entdecker, Diplomaten, Wissenschaftler. Sie wurden an Bord geduldet, aber wenn das Schiff verloren ging, war ihre Rettungschance nicht größer als die jeder anderen Seele.

Als die Schiffsabmessungen zulegten, gab es an Bord ein oder mehrere Boote, die im allgemeinen kieloben oder ineinander auf Deck festgezurrt waren und nur im Hafenbereich für Zubringerdienste vorgesehen waren, keinesfalls als Rettungsgerät. Das Zuwasserlassen bei Segelschiffen in Fahrt war technisch ein schwieriges Manöver, und sollte jemand das große Schiff tatsächlich per Boot verlassen haben, mangelte es meist an der Ausrüstung, um eine längere Seefahrt in der offenen Nußschale lebend zu überstehen.

Ausnahmen, wie zum Beispiel Kapitän Blighs 4000-Seemeilen-Törn nach der Meuterei auf der *Bounty*, bestätigen nur diese Regel. Bei den Seestreitkräften war man meist besser ausgerüstet und diese waren durch Vorschriften zu einer Inspektion und Mindestausstattung verpflichtet — aber das galt den Booten in ihrer Funktion als kleine Kampfeinheiten, nicht primär dem Rettungseinsatz. Überhaupt waren die Boote unbeliebt, galt das Interesse der Besatzung doch in erster Linie dem Überwasserhalten des eigentlichen Schiffes — besonders, wenn es dem Kapitän gehörte.

Der Sklavenhandel brachte eine lukrative Neuerung mit sich, um mehr Menschen unterzubringen: Man brauchte nur eine weitere Ebene zwischen Laderaum und Oberdeck einzuführen und hatte damit die Möglichkeit, Ladung und Menschen gemeinsam zu transportieren, oder eben etwa doppelt soviel Köpfe unterzubringen. Als der Auswandererstrom zu Beginn des 19. Jahrhunderts anwuchs, wurden dessen Individuen auch dort einquartiert und so entstand der Begriff der »Zwischendeckspassagiere«. Reiche Reisende logierten »in Kabinen«, anfangs zusätzliche Deckshäuser auf dem Oberdeck. Ihr Fahrpreis schloß die Mahlzeiten ein, während die Zwischendecker zunächst nur Anspruch auf eine schmale Ration »Trinkwasser« für all ihre Bedürfnisse hatten. Wenn die Fahrten länger dauerten als geplant — mehr als die üblichen zwei bis drei Wochen — reichten die Vorräte für mehrere hundert Menschen manchmal nicht aus und es kam zu Ausschreitungen; kurz gesagt, das Reisen war schon unter normalen Umständen eine heute kaum vorstellbare Strapaze. Im Jahre 1841 brauchte die Brigg *Lady Hood* 78 Tage für die Nordatlantik-Passage. Außerdem gab es Seuchen an Bord und Schiffbrüche; allein in der Zeit zwischen 1847 bis 1851 kamen von englischen Häfen ausgehend 44 Schiffe nicht in der Neuen Welt an, 1 043 Menschen sind mit ihnen verschollen. Kein Wunder, daß jenseits und diesseits des Atlantiks Menschen laut nach gesetzlichen Regelungen riefen, welche Mindestanforderungen an die Unterbringung, die Verpflegung und die Rettungsmöglichkeiten vorschreiben sollten. In den jungen USA gab es erste Vorstöße schon 1819, in Europa dauerte es länger; eine Übersicht wichtiger historischer Zusammenhänge zeigt die nächste Seite.

Da man die Schwächen der Boote als Rettungsgerät kannte, suchten Seeleute und andere Erfinder nach Alternativen. Es wurden unzählige »schwimmende Apparate« entworfen, meist in Form einer bojenähnlichen Konstruktion, aber auch Schimmbänke, Pontons, Flöße ..., Schwimmgürtel, -ringe und -westen. Daraus läßt sich eine Einteilung ableiten, die kollektive und individuelle Rettungsmittel unterscheidet*. Angesichts der großen

---

* Ausführlich behandelt in: »Individuelle Rettungsmittel«, Koehlers Verlagsgesellschaft

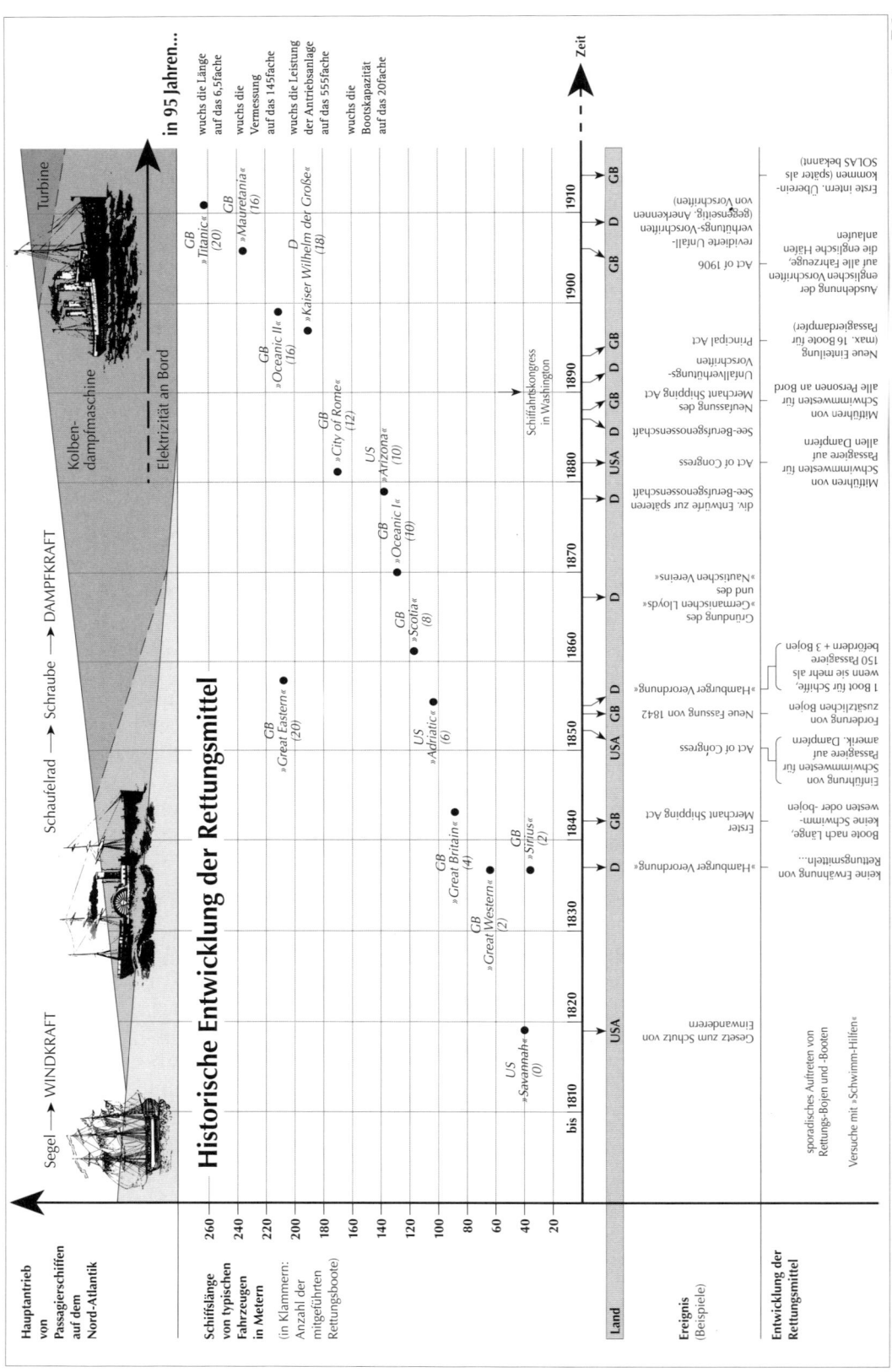

Historische Entwicklung der Rettungsmittel

Kopfzahlen an Bord von Auswandererschiffen war es nicht nur eine Frage nach der sichersten Konstruktion, sondern auch die der Finanzierung, welche Rettungsmittel vorgesehen werden sollten. Für gutbetuchte Reisende war es Mitte des 19. Jahrhunderts kein Problem, in den Häfen sogenannte »life-preserver« zu kaufen. Das Heer der Auswanderer hatte kein Geld dafür übrig, die Menschen hatte meist überhaupt keine Ahnung, was auf sie zukam, wenn sie über den großen Teich fahren wollten oder mußten.

Auf Druck der öffentlichen Meinung wurden die schiffahrttreibenden Länder dazu gedrängt, gesetzliche Regelungen zu erlassen und Institutionen zu gründen, die sich mit der Überwachung von Vorschriften befaßten, um den internationalen Transatlantikdienst abzuwickeln. Dazu entstanden ab 1854 (erster British Merchant Shipping Act) eine Reihe von Gesetzeswerken, die sich zum Beipiel mit der Vermessung von Schiffen befaßten; eine Einteilung in »Klassen« vorsahen, zum Beispiel für Bauvorschriften und Versicherungen; Besetzungs- und Prüfungsordnungen von Besatzungen (Einführung des Dampfantriebs) und Unfall-Verhütungsvorschriften erließen; Ämter für hydrographische und meteorologische Dienste oder das Signalwesen gründeten und so weiter ...

Die für alle Handelsschiffe bis vor kurzem verbindliche Vermessung in Registertonnen ist ein Raummaß vom 2,83 Kubikmetern. Es erfaßt, vereinfacht ausgedrückt, alle geschlossenen Räume an Bord und ergibt als Ganzes die Vermessung in Bruttoregistertonnen (BRT, englisch GRT= Gross Register Tons = tons). Der nutzbare Raum (Nettoregistertonne NRT) wird errechnet, indem man alle zum Betrieb des Schiffes notwendigen Räume von den BRT abzieht. Wegen der auf Seite 16 beschriebenen Änderungen weichen diese Maße bei den äußerlich gleichen Schwesterschiffen der »Olympischen« Klasse ab. Das machte 1004 BRT mehr für die *Titanic* gegenüber der *Olympic* aus. Diese Angabe war wohl in Beesleys Erinnerung, als er sein Manuskript verfaßte. Mit 46 328 BRT war die *Titanic* tatsächlich das räumlich größte Schiff der Welt. Ein echtes Gewichtsmaß ist hingegen die Wasserverdrängung, gleich dem Gewicht des Schiffes. Als Leergewicht der *Olympic* wurden etwa 52 000 englische Tonnen (ts = 1016 kg) kalkuliert, die *Titanic* sollte etwa 250 Tonnen (ts) mehr an Masse aufweisen. Voll ausgerüstet dürften die Schiffe jeweils etwa 66 Millionen Kilogramm auf eine imaginäre Waage gebracht haben.

Aber zurück in die Zeit um die Mitte des 19. Jahrhunderts.

Da England bekanntlich die Meere beherrschte, waren wichtige Kriterien an den dortigen Richtlinien orientiert, und diese sahen zum Beipiel die Ausrüstung mit Rettungsbooten, abhängig vom Fahrtgebiet und von der Schiffslänge, später der Vermessung vor. Das mag paradox erscheinen, ist aber in gewisser Weise verständlich, wenn man davon ausgeht, daß auf größeren Schiffen auch mehr Platz vorhanden ist, zumal es üblich wurde, die Boote an kleinen Kränen – Davits genannt – an den Bordwänden mitzuführen. Die Vorschriften reichten also allgemein für die sogenannten »Paket-Boote« (= Linienschiffe für den Postverkehr) aus, die relativ wenig Passagierplätze in der ersten und zweiten Klasse aufwiesen und begüterten Reisenden schon einen gewissen Komfort und zumindest die Aussicht auf einen Bootsplatz boten. Diese Schiffe waren der Maßstab für Regelungen (die Postgesellschaften gaben erhebliche Subventionen zum Betrieb, den heißbegehrten »mail-contract«) und ihnen galt die ungeteilte Aufmerksamkeit von Reedereien, der Presse und dem Publikum. Daneben befuhr eine Vielzahl von Seelenverkäufern die Meere, die den Massenverkehr bewältigten, westwärts mit Auswanderern gefüllt, ostgehend mit Ladung für Europa. Mit dem Aufkommen von Maschinenantrieben änderte sich vieles an Bord, zum Beispiel auch die Raumaufteilung. Das klassische Zwischendeck wurde von Kessel- und Maschinenräumen unterbrochen. Die erste Rückreisewelle von den reichgewordenen Yankees setzte ein, und neue Maßstäbe wurden an Komfort und Geschwindigkeit gestellt. In den 80er Jahren des 19. Jahrhunderts begann das Wettrennen um das »Blaue Band« für die schnellste Atlantiküberquerung, die Maschinen wurden größer, ihr Platzbedarf wuchs, Deckshäuser wurden zu Aufbauten, diese zu durchgehenden Decks, die Besegelung wurde reduziert und verschwand um die Jahrhundertwende vollständig.

An der Raumaufteilung der *Titanic* ist diese Entwicklung gut nachzuvollziehen: Ganz oben, in der Nähe der Brücke und der Boote, lagen die teuersten Luxus-Suiten der ersten Klasse, die zusammen mit den »normalen« Erste-Klasse-Kabinen und den Gesellschaftsräumen im übrigen etwa 30 Prozent (für 905 Passagiere) des gesamten Schiffsraums einnahmen. Die Kabinen der zweiten Klasse befanden sich im hinteren Schiffsviertel (etwa 9 Prozent für 564 Passagiere), die der Auswanderer im Achterschiff oder ganz vorn, wo auch ein Teil der Besatzung unterkam. Der Begriff »Zwischendecker« trifft also nicht mehr zu und wird richtigerweise durch »Achterdeckspassagiere« ersetzt oder vornehmer durch »Dritte Klasse« (auch Beesley verwendet diese Bezeichnungen). Sie kamen bei der Raumvergabe am schlechtesten weg (8 Prozent für 1134 Passagiere). Wenn man die Heizer und Maschinisten dazuzählt, die weit unten hausten und schufteten, spiegelt der Rumpf der *Titanic* genau den Querschnitt der damaligen Gesellschaft wider. Zwar hatten es die Auswanderer an Bord besser als je zuvor, aber der Weg zu den Rettungbooten war unendlich weit und kompliziert, und es ist wohl richtig, daß ihn viele nicht oder zu spät fanden. Schließlich gab es neben der Sprachbarriere und den abweichenden Mentalitäten auch handfeste Hindernisse, welche die Klassen normalerweise rigoros trennten. Das war ein Relikt aus der amerikanischen

Gesetzgebung zu einer Zeit, als Seuchen auf Auswandererschiffen vornehmlich bei den Zwischendeckern vorkamen.

Offiziell wird immer wieder betont, daß die Sperren – später – in der Nacht des Unterganges geöffnet waren, für die inneren Türen der Menschen der dritten Klasse mag das nicht ausgereicht haben.

Rückblickend muß man eingestehen, daß die Gesetze von 1894 bezüglich der Ausrüstung mit Booten schon bald überholt waren, denn die Schiffsgrößen wuchsen rasant: 1899 lag die berühmte *Oceanic* (II) der White Star Line schon deutlich über den maximal 10 000 tons, für die 16 Rettungsboote vorgeschrieben waren, die *Celtic* von 1901 war schon mit 20 904 tons vermessen. *Olympic* und *Titanic* waren dreimal so groß wie die Bemessungsgrundlage, hätten also auch dreimal so viele Rettungsboote benötigt, wenn die Verhältnisse stimmen sollten. Die deutschen Vorschriften des Germanischen Lloyd von 1896 verlangten einerseits einen Rettungsbootplatz für jedes Besatzungsmitglied, begnügten sich andererseits aber mit maximal 14 Booten insgesamt. Gerechterweise muß man anmerken, daß der Chefkonstrukteur der White Star Line, Alexander Carlisle, mehr Platz für Rettungsboote vorgesehen hatte, er war aber von der Direktion auf 16 plus 4 zerlegbare Boote heruntergehandelt worden. Vor dem Hintergrund zweier parlamentarischer Anfragen (1910 und 1911), die Bootsausstattung von großen Passagierschiffen betreffend, erscheint das sogar verständlich, denn die Antworten der Regierung zielten darauf ab, die Sicherheit der Schiffe selbst zu verbessern. Vorschriften für eine wasserdichte Abschottung des Rumpfes, die ein Schiff »im Normalfall unsinkbar« werden ließen, schienen dazu besser geeignet zu sein, als die Verpflichtung, mehr Boote anzuschaffen, die wiederum mehr Besatzung für ihre Bedienung erfordert hätten. Aber das war kein britisches Dilemma, sondern überall üblich. Die allgemein dünne Personaldecke wirkte sich beim Sinken der *Titanic* nicht aus, da ausreichend Zeit zur Verfügung stand – aber wehe, wenn diese fehlte!

Es galt in den damaligen Regierungskreisen als Selbstverständlichkeit, die vermeintlich zusätzlichen Kosten für Bootsmatrosen den Reedereien nicht zuzumuten – der Klassenkampf war schließlich in vollem Gange (zum Beispiel der Bergarbeiterstreik im Frühjahr 1912). Außerdem war die Handelsschiffahrt seit Beginn des 20. Jahrhunderts von keinem großem Unglück betroffen worden, ein Verlangen nach mehr Sicherheit war in den Köpfen der Menschen einfach nicht vorhanden. Die Statistik bewies: Seereisen sind die sicherste Reiseart überhaupt. Auch dieser Aspekt wird von Beesley schon abgehandelt.

Wäre das Erinnerungsvermögen weiter in die Vergangenheit zurückgegangen, hätten aufmerksame Zeitgenossen bemerkt, daß von 1890 bis 1912 nicht weniger als 102 Schiffe mit Eis kollidiert waren. Diese Fälle reichten

von leichter Beschädigung bis zum Untergang, fanden aber keine sonderliche Beachtung in der damaligen Berichterstattung. Im Jahre 1879 traten ganz ähnliche Bedingungen wie bei der *Titanic* auf. Damals rammte in etwa dem gleichen Seegebiet der Dampfer *Arizona* einen 20 Meter hohen Eisberg in dichtem Nebel; direkt, so daß er seinen Bug zerschmetterte. Das Kollisionsschott machte seinem Namen alle Ehre und so konnte das Schiff den Nothafen St. Johns anlaufen – in Rückwärtsfahrt. Experten sind sich im nachhinein einig, daß auch die *Titanic* einen Frontalzusammenstoß ausgehalten hätte, wäre Murdoch kaltblütig genug gewesen, sein Schiff geradeaus weiterlaufen zu lassen. Die Beschädigungen wären beträchtlich gewesen, es hätte wahrscheinlich Tote und Verletzte gegeben, aber untergegangen wäre es nicht. Die möglichen juristischen Auseinandersetzungen eines solchen Manövers – wer will hinterher beweisen, daß es überhaupt notwendig war – sollen an dieser Stelle bewußt ausgeklammert bleiben.
Aber Murdoch – ohne Expertenrunde und ohne Zeit zur Überlegung – wollte der *Titanic* die Kollision natürlich ganz ersparen und fast hätte er es geschafft, denn es fehlten nur wenige Sekunden am Gelingen. Wie man von Probefahrten wußte, dauerte es etwa 37 Sekunden, bis das Schiff auf das gelegte Ruder reagierte, genau die Zeitspanne, die verging, um die weiche Flanke der *Titanic* dem Eisberg anzubieten. Folgende Rechnungen machen klar, wie klein der Unterschied zwischen Untergang und Weiterfahrt gewesen ist:
Annäherungsgeschwindigkeit des treibenden Eisbergs zum entgegenkommenden Schiff:

Geschwindigkeit	Strecke nach ..37	..40	..45	..50 Sekunden
bei 16 kn = 8,2 m/s	305	328	369	410 m
bei 18 kn = 9,3 m/s	343	370	417	465 m
bei 20 kn = 10,3 m/s	381	412	463	515 m
bei 21 kn = 10,8 m/s	400	432	486	540 m
bei 22 kn = 11,3 m/s	419	452	508	565 m

Wenn man sich die Einschätzungen der englischen Untersuchungskommission zu eigen macht, wurde der Eisberg etwa eine viertel Seemeile voraus (etwa 460m) erkannt und gemeldet und das Ausweichen nach Backbord fiel mit dem Vorbeischleifen des Eisbergs zusammen. Bei einer Fahrt von 18 kn hätten 10 zusätzliche Sekunden zur Verfügung gestanden, bei 16 kn (der Geschwindigkeit der *Carpathia*) sogar sechzehn! Eine Reduktion auf 18 kn hätte also theoretisch ausgereicht, das Unglück zu verhindern und das Manöver zu einer Episode in den Gesprächen der Offiziere werden lassen.
Jedoch, wie die oben genannte Untersuchung auch zeigte und wie Beesley es andeutet: es war normale Praxis, bei klarem Wetter (rein subjektiv defi-

niert) die Geschwindigkeit beizubehalten und sich auf die Ausgucks zu verlassen. Die Erfahrung, die zu dieser Einstellung führte, basierte allerdings auf Überfahrten, die mit langsameren Schiffen gesammelt wurden!

Die Wetterbedingungen werden an vielen Stellen umfassend, aber doch recht allgemein beschrieben. Aber es gibt ausführliche Beobachtungen von Schiffen in diesem Seegebiet und aus dieser Zeit. Die Bedeutung von standardisierten meteorologischen Informationen zum Nutzen der Handelsschiffahrt ist bereits Mitte des 19. Jahrhunderts erkannt worden. Von deutscher Seite wurde die Entwicklung damals maßgeblich mitgestaltet (Gründung der Norddeutschen Seewarte 1868 in Hamburg), wie der vorher abgedruckte Auszug verdeutlicht. Alle Kapitäne wurden angehalten, genaue Beobachtungen von Wetter und See anzustellen und in einem »Journal« für die Seewarte festzuhalten. Andere Länder verfuhren ähnlich, und so sind sicher auch auf der *Titanic* Wetterbeobachtungen angestellt worden – und verlorengegangen. Glücklicherweise ist das Beobachtungstagebuch des »stählernen Dampfers *Frankfurt*« vom Norddeutschen Lloyd erhalten geblieben und konnte ausgewertet werden.

Die *Frankfurt* war auf dem Heimweg von der US-Küste zum Kanal und sollte ihre Reise in Bremerhaven beenden. Am Mittag (Bordzeit) des 14. April befand sie sich auf der Position 39° 39' Nord, 55° 44' West, Kurs Ost mit einer Geschwindigkeit von etwa 13 Knoten. Da sie südlicher als die *Titanic* fuhr, war das Wettergeschehen in ihrer Umgebung vom Golfstrom geprägt: sie hatte bei bedecktem Himmel eine Lufttemperatur von 12 °C bei einer Wassertemperatur von 18 °C. Zum Tageswechsel lagen die Werte ähnlich, aber die vorher leere Spalte »Bemerkungen« spiegelt die kommende Dramatik wider. Die erste Mitteilung lautet: »100 (= 01.00 Uhr Bordzeit) hörten Hilferuf (drahtlos) von *Titanic*, hielten deshalb nordwärts.« Während der nächsten Wache wurden drei große Eisberge gesichtet und eingetragen, die Luft kühlte auf 5 °C ab. An Bord war man sich der Bedeutung der Wassertemperaturmessungen offenbar bewußt und maß nun stündlich, fand aber als Ergebnis zunächst nur eine geringe Abkühlung auf 16 °C. Am Mittag (Bordzeit) des 15. April 1912 wurde das Untergangsgebiet erreicht (Position 41° 42' Nord, 50° 10' West) und die Wassertemperatur zeigte plötzlich nur noch null Grad. Das Journal enthält den Hinweis »Passieren gerissenen großen Eisberg in (20 [=wahrscheinlich der Abstand in Hektometer]), sahen über den ganzen Horizont in West bis Südwest ein großes Eisfeld ...« Nichts zeigt deutlicher als diese Eintragung, wie schnell sich auf wenigen Seemeilen die Bedingungen geändert haben!

Damit kommen nun meteorologische Phänomene zur Sprache, die in diesem ausgeprägten Grenzbereich von warmem Wasser und herantreibendem Eis auftreten können. Außerhalb der amtlichen Untersuchungen wurde zum Beispiel über Dunstschleier diskutiert, die die Ausguckwachen vor der

Begegnung mit dem Eisberg gesichtet und auch an die Brücke der *Titanic* gemeldet haben wollen. Dieser Hinweis hätte erfahrene, aber weniger ehrgeizige Offiziere stutzig werden lassen müssen. Eine Möglichkeit der Bildung von Dunst- oder Nebelschwaden in dieser Situation (wolkenlose Nacht, schwachwindig, glatte See) ist durch die Abkühlung der Luft über einer ausgedehnten Eisfläche gegeben. Auch sind bei einer solchen Wetterlage und besonders über dem Eis atmosphärische Schichtungen denkbar, die zu einer anomalen Refraktion (Krümmung von Lichtstrahlen) führen können. Dabei kann die Sichtweite weit über den geometrischen Horizont hinaus ansteigen, wenn sich der Beobachter in einem günstigen Blickwinkel befindet. Somit wäre der Verwirrung durch optische Täuschungen ein weiteres Kapitel hinzugefügt, welches erklären würde, warum manche Zeugen etwas sahen, was unter »normalen« Verhältnissen schwer vorstellbar ist.

Der Umgang mit so großen Schiffen wollte erst einmal gelernt sein. Hier hatte Smith aber eine gewisse Erfahrung, war er doch seit Juni 1911 Kapitän auf der *Olympic* und deshalb mit den Dimensionen und den Manövriereigenschaften der White-Star-Liner vertraut. Trotzdem passierte der Zwischenfall mit Seiner Majestät Kreuzer *Hawke* am 20. September. Die *Olympic* fuhr mit Lotsenunterstützung durch Solent und Spithead Richtung Kanal, der Kreuzer lief quasi auf Parallelkurs in 300 bis 100 Meter Abstand (je nach Ansicht). Die *Hawke*, mit nur einem Siebtel der Wasserverdrängung des Passagierschiffes, befuhr die südliche Fahrrinne und drehte nach Steuerbord ab und die zahlreichen Zuschauer an Bord und an den Ufern nahmen an, daß sie hinter dem Heck der *Olympic* passieren wollte.

Auf dem Kreuzer lagen die Dinge aber angeblich ganz anders: Kommandant Blunt wollte entgegengesetzt nach Backbord abdrehen, wurde aber trotz gelegten Ruders unwiderstehlich zum Schnelldampfer gezogen und war zum Rammen verurteilt.

Er traf die *Olympic* etwa 25 Meter vor dem Heck, riß sich selbst den Rammsteven ab und sorgte an der Küste für viele kontroverse Diskussionen. Personenschaden gab es keinen, aber die White Star Line hatte fortan einen Makel. Das Seeamt mußte sich mit vielen bis dahin unbekannten Faktoren auseinandersetzen, um zu entscheiden, ob der Sog — längsseits des letzten Rumpfdrittels — ursächlich für die Kollision war oder nicht. Ein Streit der Experten entbrannte und das Publikum nahm über die Presse regen Anteil daran. Es wurde versucht, mittels Modellen und vergleichbar kleineren Schiffen die Situation zu rekonstruieren, und man kam zu dem Schluß, daß der Sog (namentlich mit »unerklärliche Kräfte« umschrieben) zu dem Unglück allein ausgereicht haben müßte. Das Urteil beinhaltet aber viele Ungereimtheiten und ließ eine Parteinahme zugunsten des Kriegsschiffes erkennen.

Zurück zur *Titanic* und der Frage, warum ein so erfahrener Offizier wie Edward J. Smith, Seniorkapitän der White Star Line und mit dem letzten Kommando seiner langen Laufbahn betraut, sich eine derartige Fehleinschätzung bezüglich der Geschwindigkeit in Eisberggebieten hat zuschulden kommen lassen. Deshalb wird die Reiseroute nochmals von Beginn an nachgezeichnet.

Distanzen auf See zu berechnen war eine Aufgabe des jeweils diensthabenden Navigations-Offiziers. Dessen Ausrüstung war 1912 sehr viel bescheidener als heute. Die Mittagspositon benutzte er seit altersher zur Bestimmung der aktuellen Breite. Seit es zuverlässige Chronometer an Bord gab, war er auch in der Lage, die geographische Länge mit hinlänglicher Genauigkeit zu berechnen. Aus beiden Angaben läßt sich das Etmal, die zurückgelegte Entfernung über Grund zwischen zwei Mittagspositionen, kalkulieren. Da das Schiff sich bewegt, treten Zeitverschiebungen bei Ost- oder West-Reisen auf. Bei langsamen Segelschiffen waren sie täglich nur gering, im Falle der *Titanic* und anderer Schnelldampfer auf dem Nordatlantik wurde die Zeit täglich um eine Stunde angepaßt. Jede Reederei hatte ihre eigenen Vorschriften für diese Umstellung, und so kam es dazu, daß die Schiffe jeweils individuelle Bordzeiten führten. Das macht den Vergleich von Zeiten und Orten von Schiffen in der Umgebung der Kollisionsposition so schwierig und führte bei den Untersuchungen zu zahlreichen Ungenauigkeiten.

Und wie machte sich die Zeitverschiebung bei der Jungfernfahrt der *Titanic* bemerkbar? An Bord gab es zwei Zeiten: Auf der Brücke und im Funkraum gab es Bordchronometer, die immer MGZ (Mittlere Greenwich Zeit, oder GMT = Greenwich Mean Time) anzeigten. Für die Bestimmung der Längendifferenz vom Null-Meridian war GMT unentbehrlich, aber sie war für den Bordbetrieb unpraktisch. Daher wurde eine künstliche Zeit konstruiert, welche die Fortbewegung nach Westen berücksichtigte. Damit sich diese Anpassung möglichst unauffällig vollzog, sah die Anweisung der White Star Line vor, die Borduhren täglich in drei Intervallen à 20 Minuten zurückzustellen. Das wurde jeweils in Laufe der Abendwache (20–24 Uhr), der Nachtwache (00–04 Uhr) und der ersten Morgenwache (04–08 Uhr) durchgeführt, so daß zur Frühstückszeit die Uhren auf die »neue« Tageszeit eingestellt waren. Somit konnten die fünf Stunden Zeitunterschied zwischen London (GMT) und New York (Eastern Standard Time) bequem in den fünf Reisetagen untergebracht werden, die für die Ozeanüberquerung gebraucht wurden.

Der Kurs der *Titanic* war von Smith auf dem üblichen Großkreis vom Fastnet Feuerschiff bis zum Wendepunkt auf 42° N 47° W abgesetzt worden, dann aber aufgrund der bis dahin eingegangen Eiswarnungen von der *Baltic* und der *Caronia* auf eine etwas südlichere Route geändert worden (Steuerkurs ab 14. April 17.50 Uhr – eine halbe Stunde später als üblich –

266 Grad, also fast West). Smith glaubte, damit genug getan zu haben und auch die Reederei wollte aus seiner Entscheidung vor dem Revisionsgericht besser abschneiden als bei der ersten Untersuchung.

Der Vorsitzende dieses Gremiums, Lord Vaughan Williams, führte dazu am 9. Februar 1914 aus: »Das Abweichen von der [normalen] Route von Kapitän Smith war für sich betrachtet der Beweis, daß er selbst den Ernst der vorausliegenden Gefahr erkannte ... und das Anerkennen der Tatsache, daß man auch bei klarer Nacht nicht immer Kurs und Geschwindigkeit beibehalten kann, wenn man in einer eisgefährdeten Region unterwegs ist.« Bekanntermaßen besprach Smith mit dem abends wachhabenden Lightoller das klare, ruhige Wetter und die damit verbundene Gefahr, Eisberge nicht rechtzeitig zu erkennen. Die Definition »klares Wetter« war also in diesem Fall ein zusätzlicher Risikofaktor! Der Zeitpunkt der akuten Gefahr war beiden ebenfalls klar, obwohl sie nicht alle Eiswarnungen kannten.

Lord William war ein kritischerer Richter als der konservative Lord Mersey, dessen »Empfehlungen« der ersten Untersuchung eindeutig reedereifreundlich geprägt waren und so kam die White Star Line aus der zweiten Untersuchung schlechter heraus, als sie vorher dastand.

Ein anderer Punkt allgemeiner Kritik hätte möglicherweise die richtigen Entscheidungen von Smith nach sich gezogen: wenn er in der Nacht auf der Brücke gestanden und sich um die Eislage persönlich gekümmert hätte. Dann wäre die Eiswarnung der *Mesaba* von 21.40 Uhr vielleicht nicht im Funkraum liegen geblieben, die von Eisbergen zwischen 42° und 41° 25′ N und 49° und 50° 30′ W berichtete. Dann hätte er einsehen müssen, daß sein Kurs nicht südlich des ausgedehnten Eisfeldes liegen würde, sondern mitten hindurch führte, und es scheint immerhin möglich, daß er dann die Geschwindigkeit gedrosselt hätte. So aber wähnte er sich auf der sicheren Seite der um diese Jahreszeit üblichen Eismeldungen und ergriff keine weiteren Vorsichtsmaßnahmen.

Die Meldung der *Mesaba* blieb aber bei Phillips in der Funkstation liegen, und ebenso unbeachtet, wie die nicht durchgekommene Eiswarnung der *Californian*, die der *Titanic* voraus bereits im tödlichen Eisfeld festlag. Dieser Aspekt ist ein wirklich gravierender Fehler im System, denn bis dahin waren die Unzulänglichkeiten alle noch tragbar und folgenlos.

Aber der erste Funkoperateur der *Titanic* war im Streß. Am Vortag war ein Transformator ausgefallen und Phillips mußte ihn reparieren, so daß er einen Rückstau an Privat-Telegrammen am Abend des 14. April noch nicht aufgearbeitet hatte. Jeder Anruf eines anderen Schiffes wurde folgerichtig als Störung seiner wichtigen Arbeit empfunden und man muß annehmen, daß auch Eiswarnungen dazu zählten.

Ein erster indirekter Kontakt zur *Californian* hatte schon gegen 19.30 Uhr bestanden, als Phillips eine Eismeldung für den Dampfer *Antillian* mithörte und das auch bestätigte – ohne weitere Reaktion. Die *Californian* war auf einem etwas nördlicheren Kurs nach Boston unterwegs und hatte um 18.30 Uhr drei große Eisberge auf einer Länge von 49° 09′ W gesichtet. Die *Titanic* erreichte dieses Gebiet um etwa 21.30 Uhr, fast genau zum überlieferten Zeitpunkt, an dem Smith und Lightoller sich auf die akute Eisgefahr einstellten! Aber zurück zu Phillips: Sein eigenes Wissen bezüglich der eingelaufenen Eiswarnungen mag ihn dazu verleitet haben, das Problem der Weiterleitung an die Schiffsführung der *Titanic* als nachrangig erscheinen zu lassen.

Gegen 23.00 Uhr versuchte Evans, der alleinige Funker der *Californian*, seinem Kollegen auf der *Titanic* direkt eine aktuelle Eiswarnung zukommen zu lassen, aber Phillips fuhr ihm dazwischen: »Sei still, ich bin beschäftigt, ich bin in Verbindung mit Cape Race, du störst mich [hier wohl funktechnisch gemeint, da die Signale der in der Nähe stehenden *Californian* unnatürlich laut kamen]« – und unglücklicherweise tat Evans, wie ihm geheissen und schaltete bald darauf seine Station ab, denn seine Dienstzeit dauerte von 7.00 bis 23.00 Uhr.

Was wollte Evans loswerden? Seine Meldung lautete: »Wir liegen gestoppt und sind von Eis umgeben – Position 42°05′ N 50°07′ W.« Dort lag die *Californian* seit etwa 22.20 Uhr fest und ihr Kapitän war klug genug, die Weiterfahrt durch das ausgedehnte Packeisfeld mit eingelagerten Eisbergen erst bei Tageslicht zu wagen. Und auf dieses Eisfeld fuhr mit Höchstgeschwindigkeit der neue Luxusliner zu und hatte bis zur Kollision noch etwa 40 Minuten Zeit! Wäre Evans unbeeindruckt von der – vielleicht gar nicht so unhöflich gemeinten – Abfuhr seines Kollegen geblieben, hätte er immerhin der Meldung – nach Rücksprache mit dem Kapitän – durch den vorangestellten Zusatz MSM (Master Service Message) mehr Nachdruck verleihen können und Phillips hätte zuhören müssen. Aber auch diese letzte Warnmöglichkeit wurde nicht wahrgenommen und das Schicksal nahm seinen Lauf.

Wenn man nun geneigt ist, den Funkern alle Schuld zuzuschieben, sollte man sich vergegenwärtigen, unter welchen Bedingungen diese arbeiteten. Jack Phillips (25 Jahre alt) und sein Kollege Harold Bride (22) zählten nicht zur regulären Schiffsbesatzung, sondern führten ein vom übrigen Bordbetrieb isoliertes Dasein im Dienste der Marconi-Gesellschaft. Sie sollten einen Betrieb rund um die Uhr gewährleisten und hatten ihren Dienst- und Ruheraum zwischen dem ersten und zweiten Schornstein, relativ weit entfernt von der Kommandobrücke (siehe Decksplan, Seite 50/51). Die Telegrammwünsche der Passagiere wurden ihnen vom Zahlmeisterbüro mittels Rohrpost angeliefert, der Kontakt zur Schiffsführung beschränkte sich meist auf die Entgegennahme oder Abgabe von Vordrucken. Die Verhältnisse waren also wenig geeignet, eine enge Zusammenarbeit zu fördern und auch die Wichtigkeit von Eismeldungen ist zu diesem Zeitpunkt nicht herausgestellt gewesen.

Eine Kuriosität am Rande: Der Erfinder der drahtlosen Telegraphie selbst, Herr Guglielmo Marconi, hätte ein weiteres Opfer sein können. Er und seine Frau Bea hätten auf Einladung der White Star Line an der Jungfernfahrt der *Titanic* teilnehmen sollen, Marconi hatte aber schon vorher dringend in New York zu tun und fuhr deshalb mit der *Lusitania* einige Tage früher die gleiche Strecke.

Nach der Kollision errechnete Boxhall die aktuelle Position – 41°44′ N, 50°24′ W – und mit ihr erschien Kapitän Smith bei den ahnungslosen Funkern, setzte sie in Kenntnis und bat sie, sich bereitzuhalten, um Hilfe herbeizuholen. Es dauerte dann aber noch bis 15 Minuten nach Mitternacht, bis E. J. Smith definitiv befiehlt, einen Notruf abzusetzen, denn er hatte inzwischen einen Rundgang mit Thomas Andrews, dem Inspektions-Ingenieur der Bauwerft, durchgeführt und war sich darüber klar, daß die *Titanic* sinken würde. Daher morste jetzt Phillips: »CQD – Haben Eisberg gerammt – Position 41°46′ N, 50°14′ W – MGY«, das Kürzel MGY war das Unterscheidungssignal der *Titanic*. Später wurde auch das neue Zeichen »SOS« ausgesendet, das offiziell schon ab 1910 das »CQD« abgelöst, aber sich noch nicht allgemein durchgesetzt hatte. Erstmalig verwendet wurde »SOS« vom Cunarder *Slavonia* – einem ähnlichen Schiff wie die *Carpathia* – die sich am 11. Juli 1910 auf dem Weg von New York nach Neapel befand und unglücklicherweise an einem Riff bei den Azoren hängenblieb.

Warum aber diese beiden unterschiedlichen Positionsangaben? Wo befand sich die *Titanic* eigentlich tatsächlich? Diese Frage ist insofern von Bedeutung, da es bald genau darauf ankommen wird, wer wann wo gewesen ist.

Die Bestimmung der Position wurde nach dem normalen Mittagsbesteck am 14. April nochmals um 19.30 Uhr durch Sternenpeilung vorgenommen, um 20.00 Uhr durch Kopplung (Berücksichtigung der Kurs- und Fahrtänderungen). Nach der Kollision wurde eine weitere Kopplung auf der Grundlage der letzten angestellt, beim Notruf wurde eine Nachberechnung aufgrund der astronomischen Bestimmung vorgenommen, die genauer sein sollte und wahrscheinlich die Strömungsverhältnisse einschloß, denn diese Position liegt östlicher als die erste. Allerdings war diese Ausgangslage nun schon über vier Stunden alt und inzwischen hatte die *Titanic* über 100 Seemeilen (180 Kilometer) zurückgelegt, hatte ein Ausweichmanöver hinter sich und war danach noch etwas weitergefahren; alles in allem wohl eine schwierige Aufgabe. Allgemein rechnete man auf 100 Seemeilen Distanz mit einer Abweichung des gekoppelten Ortes vom tatsächlichen mit plus/minus 5 Seemeilen!

Wenn man die Position der *Carpathia* als glaubhafter annimmt (Kapitän Rostron ahnte natürlich die folgenden Untersuchungen und gab sich bestimmt alle Mühe, seine Postion so genau wie möglich zu bestimmen), dann traf diese auf die Rettungsboote der *Titanic* etwa 16 Seemeilen südöstlicher als es der Positionsangabe des inzwischen gesunkenen Passagierschiffes entsprochen hätte. Aber auch hier liegen wieder vier Stunden zwischen Bestimmung und Zusammentreffen und die Abdrift durch Strömungen und die Eigenbewegungen der Boote sind zu berücksichtigen. Es blieben also lange Zeit mehr Fragen als Antworten. Aber vielleicht hilft der Fundort des Wrackes weiter, weil 1985 mit modernsten Vermessungsmethoden gearbeitet wurde.

Laut Ballard befindet sich die Hecksektion der *Titanic*, von der man annehmen kann, daß sie dem Kollisionspunkt am nächsten liegt, auf 41°43′ N 49°57′ W, aber auch diese Lage wurde erst nach Ausweichmanöver und Weiterfahrt erreicht, worüber die Meinungen im Detail auseinandergehen.

Am Schluß des Kapitels wird versucht, alle bekannten Angaben aus verschiedenen Quellen zu betrachten, in der Hoffnung, daß sich der Leser selbst ein Bild von den Verhältnissen machen wird. Dabei sind folgende Überlegungen von Interesse:

1. Die Übersichtskarte gibt die **gemeldeten** Verhältnisse wieder und diese ergäbe eine Durchschnittsgeschwindigkeit von 22,6 kn für die Zeit vom Kurswechsel um 17.50 Uhr bis zum angenommener Ruhepunkt = keine Fahrt mehr im Schiff. Das würde bedeuten, daß die *Titanic* zeitweise noch schneller gefahren sein müßte, da in den letzten 20 Minuten (23.40 bis 24.00 Uhr) die Fahrt auf jeden Fall unter der Durchschnittsgeschwindigkeit lag.

2. Nimmt man den Fundort als Endpunkt der Zeitachse (24.00 Uhr) an, ergibt sich eine tatsächliche Geschwindigkeit von nur 20,3 kn über Grund und diese erscheint wesentlich realistischer (etwa 22 kn durch das Wasser für die meisten Zeit).

Warum sind diese Überlegungen so wichtig? Wie schon angedeutet, befand sich die *Californian* ganz in der Nähe, aber es wurde erbittert um den tatsächlichen Abstand der Schiffe zueinander gestritten, denn davon hing ab, ob man dem Kapitän des Frachters unterlassene Hilfeleistung unterstellen konnte. Nach den Positionsangaben der *Californian* zum gemeldeten Standort der *Titanic* wäre er etwa 20 Seemeilen entfernt gewesen, nach Schätzungen von Besatzungsmitgliedern des untergehenden Schiffes war er wesentlich näher. Auch hier kommt neben den systembedingten Koppelfehlern aller Angaben erschwerend hinzu, daß die *Californian*, obwohl im Eis gefangen, einer Drift eben dieses Feldes ausgesetzt war. So ist davon auszugehen, daß sich die Positionen im Laufe der Stunden weiterhin verändert haben. Und die grundsätzliche Diskrepanz vieler Aussagen ließe sich nur damit erklären, daß es tatsächlich noch ein zweites Schiff in der Nähe des Unglücksortes gegeben hat.

Bevor wir zu diesem – im deutschsprachigen Raum weitgehend unbekannten – Aspekt kommen, begeben wir uns an Bord der *Californian* und versuchen, die Beobachtungen und Reaktionen von Besatzungsmitgliedern nachzuzeichnen. Unstrittig ist, daß Kapitän Stanley Lord von Evans wußte, daß die *Titanic* heranrauschte (erster indirekter Kontakt gegen 19.30 Uhr) und daß er pflichtgemäß allgemeine Eiswarnungen absetzen ließ. Er hatte einen langen Tag mit schwierigen Situationen hinter sich und sehnte sich wahrscheinlich nach Ruhe, nachdem er sein Schiff in vorläufiger Sicherheit wähnte.

Um kurz vor Mitternacht kommt der Ingenieur-Assistent Ernest Gill aus der stillgelegten Maschine – die Kessel waren nicht gelöscht, sondern nur heruntergefahren – um frische Luft zu schnappen und bemerkt im Süden die Lichter eines großen Dampfers in geschätzten 10 Seemeilen Entfernung. Nach einer Pause unter Deck kommt er wieder nach oben und sieht in beschriebener Richtung weiße Raketen aufsteigen. Gill wundert sich, unternimmt aber nichts, da er davon ausgeht, daß auch auf der Brücke die gleichen Beobachtungen gemacht wurden.

Das trifft zu, denn der wachhabende Dritte Offizier Charles Groves und der Kapitän können ein Schiff erkennen, dessen Lichter aber gegen 23.50 Uhr zu verlöschen scheinen, dann wird eindeutig ein rotes Backbordlicht gesichtet. Um jene Zeit dreht die *Titanic* nach der Kollision mit eingeschlagenem Ruder in nördliche Richtung. Kapitän Lord und der Offizier sind sich aber uneins, ob es sich um ein Passagierschiff handelt oder nicht. Um das zu klären, weist Lord Groves an, mit der Morselampe Verbindung mit dem fremden Schiff aufzunehmen.

Nach Lords Aussage vor dem US-Ausschuß meinte dieser, daß es in etwa vier Seemeilen gelegen habe und überhaupt nicht reagiert hätte, obwohl die Morselampe auf zehn Seemeilen mit Sicherheit zu erkennen ist.

Wachwechsel um Mitternacht; von nun an beobachtet der Zweite Offizier Stone mit dem Kapitän zusammen das merkwürdige Schiff, das sich auch nicht mehr zu bewegen scheint. Unterdessen geht der Dritte Offizier in den Funkraum und trifft dort einen schlafenden Evans an, so daß er seine Neugier nicht befriedigen kann. Dabei wüßte er gerne, was es mit dem unbekannten Schiff auf sich hat, aber er kennt sich mit den Funkapparaturen nicht aus und will auch den Operateur nicht auf eigene Verantwortung wecken.

Technisch ist es kein Problem, auch außerhalb der Besetzungszeiten etwas zu empfangen, für solche Fälle gibt es den »magnetischen Detektor« mit Federwerkaufzug – das allerdings nicht betätigt worden ist. So nützt die beste Ausrüstung nichts, weil der Fachmann schläft – und das tut er, bis er gegen fünf Uhr vom Leitenden Offizier geweckt wird.

Zurück auf die Brücke der *Californian*. Nach etlichen Bemühungen der Kontaktaufnahme beschließt Lord gegen 00.50 Uhr sich endlich hinzulegen, wird aber schon bald vom Zweiten gestört, der ihm meldet, daß das fremde Schiff Raketen abschießt. Lord will wissen, ob es sich um (farbige) Reedereisignale handelt oder um Notraketen, er bekommt aber keine klare Antwort.

Heute ist es kaum verständlich, wieso nicht spätestens zu dieser Zeit der Kapitän aufmerksamer wird und klären läßt, welche Identität sich hinter dem Fremden verbirgt. Diese Reaktion hätte man von einem ausgeschlafenen Schiffsführer erwarten dürfen, aber der ist müde und sowieso wenig kontaktfreudig und so befiehlt er nur, weiterhin die Morselampe zu verwenden. Sind Notsignale nicht klar definiert, so daß es überhaupt zu Zweifeln kommen kann? Ja: Weiße Leuchtmittel, in Intervallen gezündet, gelten zu dieser Zeit allgemein als Notsignal; Nein: es werden in der Praxis alle möglichen Leuchtkugeln für die unterschiedlichsten Zwecke verwendet. Diese Art des Informationsaustausches auf hoher See hatte sich entwickelt, als es noch keine Telegraphie gab (siehe auch Beesleys Bemerkungen zu den Fischereifahrzeugen, Seite 96). Es bleibt also dem einzelnen überlassen, ob er weiße Raketen — weißlich und bläulich sind leicht zu verwechseln — als Notsignale versteht oder nicht. Es sollte noch lange dauern, bis der heute selbstverständliche Zusammenhang ROT = NOT verbindlich eingeführt wurde (ab 1948).

Andererseits: darf man als Kapitän so nachlässig sein, die Raketen einfach zu ignorieren und weiterzuschlafen? Nachdem acht weiße Raketen beobachtet wurden, scheint das Schiff gegen 02.15 Uhr nach Südwesten zu verschwinden; so wird es jedenfalls von der Brücke aus gesehen und über den Offiziersanwärter Gibson dem Kapitän gemeldet. Lord nickt, fragt: »Alles weiße Raketen?«, läßt sich die Uhrzeit geben und schläft weiter. Ein klassischer Fall von Mißverständnis? Eigentlich nicht, denn wenn man Lords Ansicht folgt — »Ich hielt die Raketen für Reederei-Signale« — wäre die eigene Identifikation die normale Reaktion gewesen, gerade weil der Kontakt mit der Morselampe keine Klarheit brachte. Ein aufgeschlossenerer Kapitän hätte auch die Funkerei sinnvoller eingesetzt und die Notlage der *Titanic* wäre sofort offensichtlich gewesen.

Wachwechsel um 4.00 Uhr; dem ablösenden Leitenden Offizier ist die Sache nicht geheuer und nach einiger Zeit der Überlegung weckt er den Funker, der verschlafen den Rundruf »CQ« morst und dann von der *Frankfurt* erfährt, daß die *Titanic* ganz in der Nähe untergegangen ist. Lord wird geweckt und ist fassungslos, er läßt sich die Position geben und dampft im Morgengrauen bis zu der Stelle, an der die *Carpathia* inzwischen ihr Rettungswerk aufgenommen hat. Kurz nach 8.00 Uhr erfährt er über Winkspruch, was sich in unmittelbarer Nähe zugetragen hat und daß er jetzt nur noch nach Leichen suchen kann, derweil die *Carpathia* sich auf den Weg nach New York macht, mit 703 Geretteten.

Die *Californian* erreichte ihren Bestimmungshafen Boston am 19. April und dort machten Gerüchte die Runde, daß Besatzungsangehörige die Raketen der *Titanic* gesehen hätten. Daraufhin werden Lord und einige andere nach Washington vorgeladen, wo der US-Untersuchungsausschuß tagt. Der Vorsitzende, Senator William Alden Smith, hat kurz darauf neuen Stoff zum Wundern. Aber obwohl Kapitän Lords Glaubwürdigkeit vor diesem Ausschuß erschüttert wird, konnte ihm seine Einschätzung bezüglich der Entfernung nicht pauschal widerlegt werden; auf etwa 20 Seemeilen — wenn alle Positionsangaben richtig wären — hätte er tatsächlich den Rumpf der *Titanic* nicht erkennen können. Sein Horizont lag bei 7,8 Seemeilen, jener von der Brücke der *Titanic* bei 9,6 Seemeilen.

Andere Zeugen sprachen eindeutig von geringeren Entfernungen (4 oder 5, höchstens 10 Seemeilen), wenigstens war man sich über die gegenseitige Blickrichtung einig. Die Auffassungen über den Schiffstyp gingen dafür völlig auseinander. Manche Seeleute der *Titanic* glaubten, das fremde Schiff sei ein Fischereifahrzeug und kein Dampfer gewesen.

Es fand sich aber zunächst kein Beweis für weitere Schiffe in der Nähe des Unglücksortes und die Widersprüche wurden unaufgeklärt zu den Akten gelegt. Dazu ein Zitat aus dem offiziellen Bericht des Handelsausschusses vom 28. Mai 1912: »Ein (drittes) Schiff hätte nicht westwärts fahren können, ohne die *Californian* im Norden oder die *Titanic* im Süden zu passieren ...« Das ist logisch, aber dennoch falsch.

Hier enden normalerweise die Berichte über die bis dahin größte Schiffskatastrophe, das Staunen über die Praktiken im Passagierdienst auf dem Nordatlantik und die unrühmliche Rolle der *Californian*.

Jahre später kamen neue Erkenntnisse hinzu, denn es gab zumindest ein drittes Schiff. Es war der norwegische Seehundfänger *Samson* unter Kapitän Ring. Das 506 tons große Holzschiff (Bark mit Hilfsantrieb) fuhr ohne Funkanlage und war daher auf optische oder akustische Kommunikation angewiesen. Es ist möglich, daß die *Samson* jene Dampferlichter führte, die von der *Titanic* aus beobachtet wurden, aber sie könnten auch zu einem anderen Schiff gehört haben, um dessen Identität auch heute noch gestritten wird. Der Kapitän der *Samson* reagierte jedenfalls recht eigensinnig und das könnte an seinem schlechten Gewissen gelegen haben. Die Jagd auf Seehundbabies war schon damals reglementiert, für die kanadischen Fanggründe galten die Absprachen jedoch nicht. Andererseits war nach norwegischem Recht das Jagen an Sonntagen verboten. Deshalb, oder weil er das Jagdrecht für die Neufundlandbänke — von denen er gerade kam — doch nicht so genau zu kennen glaubte, hatte Ring

Angst vor einer Überprüfung; der 14. April war schließlich ein Sonntag. Als er die *Titanic* aus Osten herankommen sah, hielt er sie vielleicht für ein Kriegsschiff, als er sie »anhalten« sah, glaubte er an eine baldige Inspektion mit der Folge einer empfindlichen Strafzahlung. Bis zum Anruf über Morselampe(n!) mag man dieser Argumentation noch folgen können, aber eine Begründung, warum Ring nicht auf die Leuchtkugeln reagierte, blieb er schuldig. Die einzige Möglichkeit, den vermeintlichen Unannehmlichkeiten zu entkommen, schien zu sein, sich unauffällig nach Nordosten abzusetzen, Kurs Island. Dort angekommen, hörte die Besatzung natürlich von der Tragödie, die sich ganz in ihrer Nähe abgespielt hatte. Der Erste Offizier der *Samson*, Hendrick Naess, vertraute sich dem norwegischen Konsul in Reykjavik an und schrieb später seine Erinnerungen, die 1926 in der norwegischen Presse veröffentlicht wurden, aber keine große Beachtung fanden. Erst sechzig Jahre später ist seine Geschichte erneut aufgearbeitet worden. David L. Eno, Sachverständiger der US-Bundesregierung, recherchierte mit Unterstützung der Titanic Historical Society in Island und Norwegen. Dabei stieß er auf Hinweise, die der alten Geschichte eine neue Glaubwürdigkeit zukommen lassen und damit zu den neueren Erkenntnissen gehören, die noch nicht überall bekannt sind.

Selbst wenn man über das Nichteingreifen der *Samson* schockiert ist, sollte nicht vergessen werden, daß das kleine Schiff kaum eine Bereicherung der Rettungsmöglichkeiten für etwa 1500 Menschen bedeutet hätte. Einzig die *Californian* hätte genug Platz bieten können – wenn sie denn rechtzeitig gekommen wäre. Ist diese Annahme überhaupt realistisch? Für die 20 Seemeilen brauchte sie am nächsten Morgen etwa zwei Stunden – bei Tageslicht. Im günstigsten Fall, wenn der erste Notruf gegen 00.15 Uhr gehört worden und sofort alle Maßnahmen zur Abfahrt getroffen worden wären, wäre die *Californian* bestenfalls zur Untergangszeit angekommen. Wäre sie erst nach dem Sichten der Leuchtkugeln und Klärung ihrer Bedeutung abgefahren, hätte ihre Verspätung etwa eine Stunde betragen. Zu dieser Zeit waren die Menschen im Wasser bereits tot. Aber diese Überlegungen bleiben Spekulation.

Fassen wir zusammen:

1. Die *Titanic* war das einzige größere Passagierschiff auf Westkurs um diese Zeit, und sie war unter den idealen Wetterbedingungen nicht zu übersehen.

2. Sinnestäuschungen (Verschätzen von Entfernungen, Lichter-für-Sterne-halten und umgekehrt) waren möglich. Dazu zählen auch Refraktionsphänomene, die Objekte unterhalb des Horizontes sichtbar werden lassen.

3. Es wird unterstellt, daß niemand wissentlich falsche Aussagen machte, um zum Beispiel seine eigene Schuld herunterzuspielen.

4. Der Segler *Samson* war eines der mysteriösen Schiffe in der Umgebung der Untergangsposition und wurde zeitweise von Zeugen für ein mögliches Rettungsschiff gehalten. Die Silhouette der *Samson* (ohne Segel wegen der Flaute) erlaubte einen großen Spielraum für Spekulationen, die verschiedenen Schiffstypen betreffend.

Parallel zu meinen ersten Recherchen (1991 bis 1993) und ohne davon zu wissen, wurde auch in England dieser Teil des *Titanic*-Dramas untersucht. Eine Studie des britischen Verkehrsministeriums versuchte eine Neubewertung der inzwischen hinzugekommenen Fakten vorzunehmen. Der Bericht bemüht sich nach 80 Jahren um Objektivität und listet auch die entsprechenden Aussagen der britischen Untersuchung von 1912 auf. Die Positionen von *Californian* und *Titanic* zueinander werden jetzt − wie in diesem Buch beschrieben − akzeptiert. Der Stromversatz wird aufgrund von Rückrechnungen der Rettungsposition zur heutigen Lage des Wracks nach Südsüdwest angenommen (statt nach Südost). Im Gegensatz zu meinen Quellen wird vermutet, daß die *Titanic* nach der Kollision nicht mehr weiterfuhr. Es wird festgestellt, daß die Leuchtkugeln der *Titanic* zwar von der *Californian* gesehen wurden, aber nicht als Notsignal erkannt worden sind. Kapitän Lord wird insofern rehabilitiert, als daß ihm nun seine damals gemachten Angaben zur eigenen Position abgenommen werden. Infolgedessen konnte er keine echte Hilfe vor dem Eintreffen der *Carpathia* leisten, da sein Schiff zu weit entfernt war. Aber auch seine Versäumnisse und die des Zweiten Offiziers Stone werden nicht verschwiegen. Außerdem wird die *Samson* offiziell als drittes Schiff genannt, auch wenn eingeräumt wird, daß es Schwächen in der Begründung für das Nichteingreifen gibt.

Auf der folgenden Seite findet sich eine Kartenskizze, welche die Angaben aus allen mir zugänglichen Quellen zusammenfaßt. Das Puzzle paßt, wenn man die zeitlichen Variationen berücksichtigt (individuelle Bordzeiten und Unklarheit über Zeitanpassungen) und eine unumgängliche Fehlertoleranz aller Positionsangaben zuläßt. Daß sich der tatsächliche Fundort des Wracks etwas südöstlicher befand als die CQD-Position, ändert nichts an den grundsätzlichen Verhältnissen.

Übersichtskarte Untergang der »*Titanic*« (14./15. April 1912)

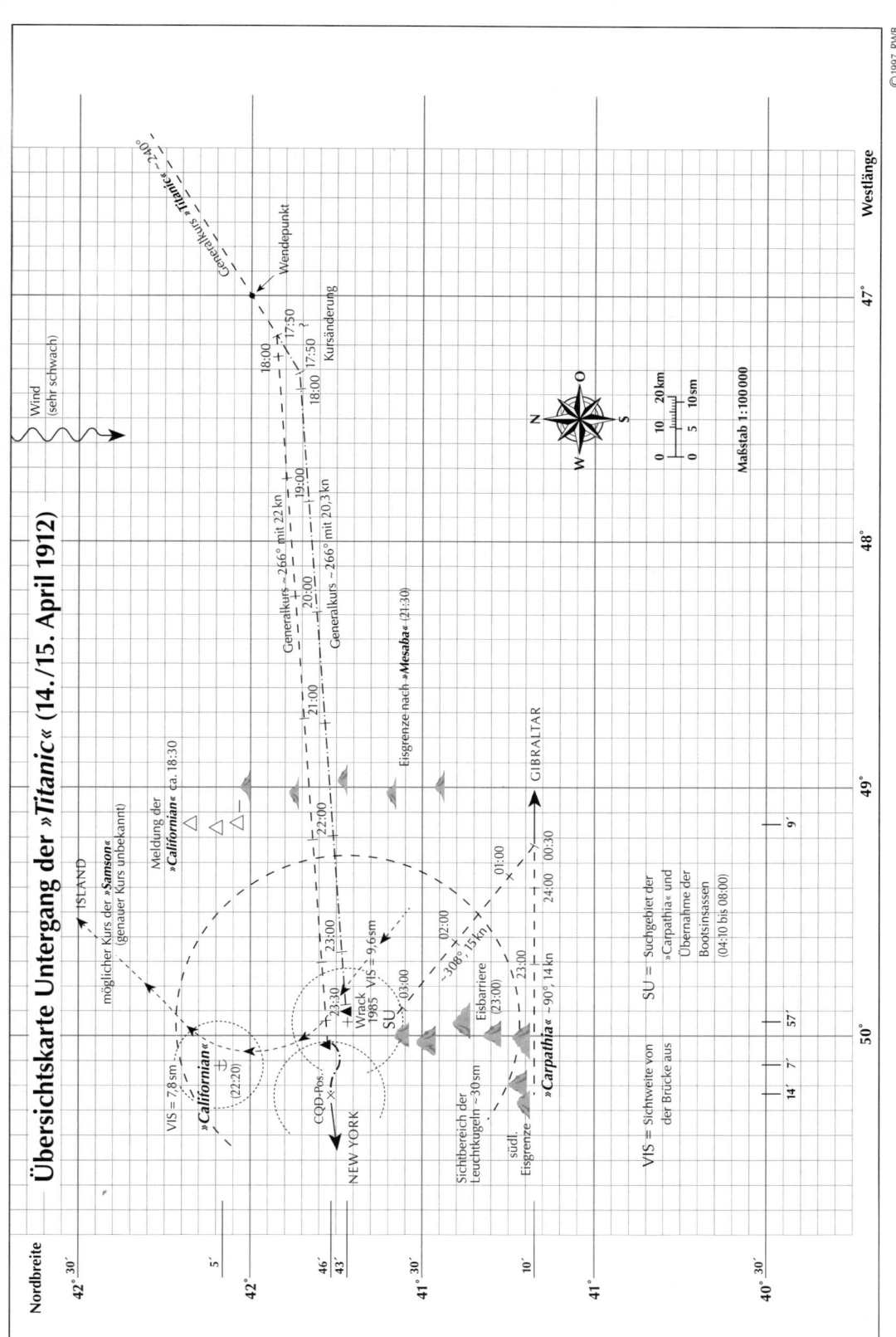

Nordbreite

Wind
(sehr schwach)

Westlänge

ISLAND

möglicher Kurs der »*Samson*«
(genauer Kurs unbekannt)

Meldung der
»*Californian*« ca. 18:30

Generalkurs »*Titanic*« ~240°

Wendepunkt

17:50
18:00
18:00 17:50 ?
Kursänderung

Generalkurs ~266° mit 22 kn
19:00

20:00
Generalkurs ~266° mit 20,3 kn

Eisgrenze nach »*Mesaba*« (21:30)

21:00

22:00

VIS = 7,8 sm

»*Californian*«
(22:20)

NEW YORK

CQD-Pos.
23:30
23:00
Wrack VIS = 9,6 sm
1985
SU

~308°, 15 kn
Eisbarriere
(23:00)

südl.
Eisgrenze

03:00

02:00

01:00

24:00 00:30

»*Carpathia*« ~90°, 14 kn

23:00

GIBRALTAR

Sichtbereich der
Leuchtkugeln ~30 sm

VIS = Sichtweite von
der Brücke aus

SU = Suchgebiet der
»*Carpathia*« und
Übernahme der
Bootsinsassen
(04:10 bis 08:00)

N
W O
S

0   10   20 km
0   5   10 sm

Maßstab 1:100000

42° 30'
5'
42°
46'
43'
41° 30'
10'
41°
40° 30'

50°
57'
7'
14' 7'
9'

49°
48°
47°

© 1997 RWB

Quellenhinweise

Im Laufe meiner Recherchen habe ich mich durch einen Berg von Literatur gearbeitet. Zu speziellen Fragen suchte ich einerseits in Archiven nach authentischen Berichten, verließ mich andererseits auf Aussagen von Experten, die diese Themen bereits bearbeitet hatten. Die Wiedergabe erfolgt nach bestem Wissen und Gewissen, ein detailliertes Quellenverzeichnis kann aber nicht vorgelegt werden. Einige Publikationen, die wertvolle Mosaiksteine zur Tragödie lieferten, möchte ich aber erwähnen:

Die »Titanic«-Katastrophe in der Technik-Geschichte von Dr.-Ing. Foerster; in Werft — Reederei — Hafen, Berlin 1942

RMS »TITANIC«, Reappraisal of Evidence Relating to SS »CALIFORNIAN«, Marine Accident Investigation Branch, Department of Transport, First published 1992.

Ship to Shore (Jahrgang 1984); Zeitschrift von ONRS, USA.

»The Shipbuilder«, 1911.

The Titanic Cummutator; offizielles Journal der »Titanic Historical Society«, USA (diverse Ausgaben).

TITANIC-POST, vierteljährliche Zeitschrift des Titanic-Vereins Schweiz
Anschrift: Kontaktstelle in Deutschland:
Titanic-Verein Schweiz   Oliver Schwarz
Postfach 407   Wangeroogestraße 14
CH-8636 Wald   D-26935 Stadland

Wer sich mit dem Thema intensiver auseinandersetzen möchte, dem empfehle ich folgende Bücher:

Robert D. Ballard: Das Geheimnis der *Titanic* — 3800 Meter unter Wasser; Ullstein-Verlag, 1987.

Robert D. Ballard: Das Geheimnis der *Lusitania* — Eine Schiffskatastrophe verändert die Welt; Ullstein-Verlag, 1995.

Don Lynch / Ken Marschall: TITANIC − Königin der Meere;
Heyne-Verlag, München, 1992.

Wyn Craig Wade: Die *Titanic*, Ende eines Traums;
Stalling Verlag, 1981; DTV München, 1983.

Hess / Hessel: TITANIC − Zwei Gesichter einer Katastrophe
Gondrom Verlag, Blindlach, 1995.

Richard Garrett: Atlantic-Disaster, *Titanic* and other Victims of the North Atlantic;
Buchan & Enright Publishers Limited, London, 1986.

* * *

Kritischen Lesern kann ich das Original des »Skandal-Buches« empfehlen:

R. Gardiner & D. van der Vat: The Riddle of the TITANIC;
Weidenfeld & Nicolson, London, 1995

* * *

Das Zitat auf Seite 86 wurde mit freundlicher Genehmigung des Bundesamtes für Seeschiffahrt und Hydrographie in Hamburg abgedruckt. Das Journal des Dampfers *Frankfurt* konnte ich mit Einverständnis des Deutschen Wetterdienstes, Geschäftsfeld Seeschiffahrt, auswerten. Für die Unterstützung bei der Überarbeitung dieses Buchprojektes bin ich allen Kollegen dankbar, die mir mit ihrem Spezialwissen sehr geholfen haben.

* * *

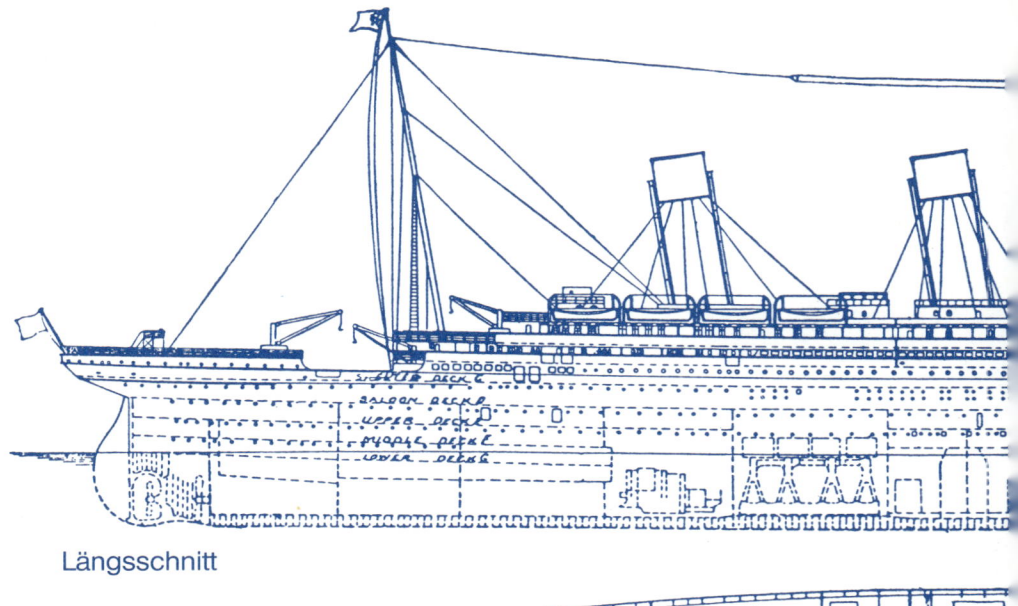

Längsschnitt

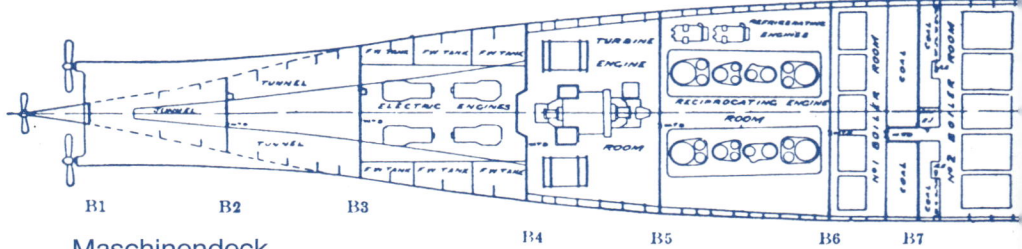

Maschinendeck

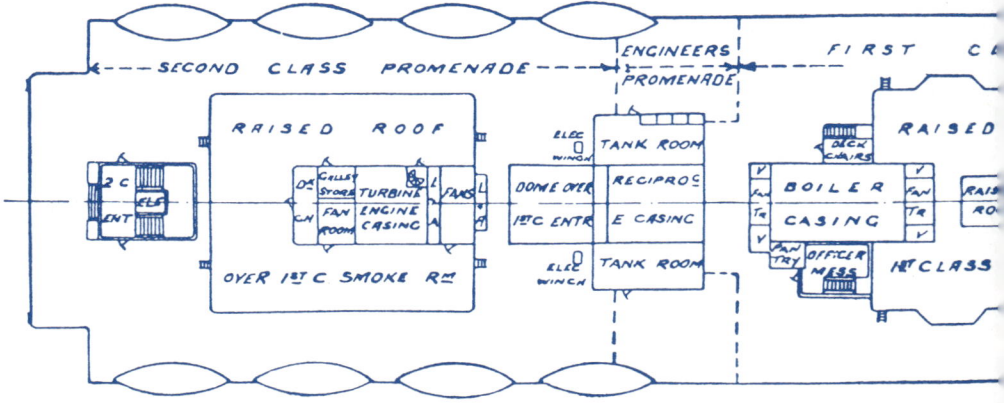

Bootsdeck